⊖ waren Seiten weise. Begriffserläuterung
Anacher der
zur Personal wirtschaftslehre
u. Personalfunktionen?

(39,–

Die Applikationsmöglichkeiten von Expertensystemen in den funktionalen Bereichen der Personalwirtschaft

Der Naturwissenschaftlichen Fakultät
der Technischen Universität Carolo-Wilhelmina
zu Braunschweig

zur Erlangung des Grades eines
Doktors der Wirtschaftswissenschaften
(Dr. rer. pol.)

genehmigte

Dissertation

von

Albert Heinecke

aus Peine

1. Referent : Prof. Dr. J. Hentze
2. Referent : Prof. Dr. U. Berr
eingereicht am : 2.12.1991
mündliche Prüfung am : 22.4.1992

Reihe Betriebswirtschaft

Albert Heinecke

Die Applikationsmöglichkeiten
von Expertensystemen
in den funktionalen Bereichen
der Personalwirtschaft

Verlag Shaker
Aachen 1992

> Die Deutsche Bibliothek - CIP-Einheitsaufnahme
>
> **Heinecke, Albert:**
> Die Applikationsmöglichkeiten von Expertensystemen
> in den funktionalen Bereichen der Personalwirtschaft /
> von Albert Heinecke. - Aachen: Shaker, 1992
>   (Reihe Betriebswirtschaft)
>   Zugl.: Braunschweig, Univ., Diss., 1992
>   ISBN 3-86111-137-3

Copyright Verlag Shaker 1992
Alle Rechte, auch das des auszugsweisen Nachdruckes,
der auszugsweisen oder vollständigen Wiedergabe, der
Speicherung in Datenverarbeitungsanlagen und der
Übersetzung, vorbehalten.

Als Manuskript gedruckt. Printed in Germany

ISBN 3-86111-137-3

Verlag Dr. Chaled Shaker, Rathausstraße 5, 5100 Aachen
Telefon: 0241/172715 - FAX: 0241/172593

Vorwort

Die vorliegende Arbeit ist zwischen 1988 und 1991 am Institut für Wirtschaftswissenschaften, Abteilung Unternehmensführung der Technischen Universität Braunschweig entstanden und von der naturwissenschaftlichen Fakultät als Dissertation angenommen worden.

Mein besonderer Dank gilt allen Personen, die während dieser Zeit eine Anteilnahme am Gelingen dieser Arbeit hatten:
Herrn Prof. Dr. Joachim Hentze für die Betreuung, Herrn Prof. Dr. Ulrich Berr für die freundliche Übernahme des Korreferats, Frau Dr. Angelika Kreitel für die stetige Diskussionsbereitschaft, Frau Ingrid Birker für die Mithilfe beim Lesen der Reinschriften der Arbeit und natürlich meinen Kollegen in der Abteilung für die ausgezeichnete Arbeitsatmosphäre während der gesamten Zeit.

Ebenso bin ich meiner Jutta zu Dank verpflichtet, die mir in allen Höhen und Tiefen viel Verständnis entgegengebracht hat.

Braunschweig, im Mai 1992　　　　　　　　　　　Albert Heinecke

Inhaltsverzeichnis   Seite

Verzeichnis der Abbildungen..................................V

Abkürzungsverzeichnis......................................VIII

1.   Problemstellung....................................1

I.   Rahmenbedingungen für den
            Einsatz von Elementen der Künstlichen
            Intelligenz in der Personalwirtschaft..........4

2.   Begriffe und Ansätze in der
            Personalwirtschaftlehre........................5

2.1   Die personalwirtschaftlichen
            Funktionen....................................13

2.1.1   Die Systematisierung personalwirtschaft-
            licher Funktionen nach Bisani.................13

2.1.2   Die Systematisierung personalwirtschaft-
            licher Funktionen nach Hentze.................26

2.1.3   Die Systematisierung personalwirtschaft-
            licher Funktionen nach Scholz.................33

3.   Begriff und Formen der Künstlichen
            Intelligenz...................................43

3.1   Der Begriff 'Künstliche Intelligenz'
            und 'Expertensysteme'.........................43

3.2   Ansätze und Entwicklung der Künstlichen
            Intelligenz...................................45

4.   Die Expertensysteme...........................50

4.1   Der Aufbau eines Expertensystems..............51

4.2   Die Komponenten eines Expertensystems.........54

4.2.1   Die Wissensbasis..............................54

4.2.2   Die Inferenzmaschine..........................62

4.2.3   Die Erklärungskomponente......................71

4.2.4	Die Benutzerschnittstelle	73
4.3	Die Integration von Expertensystemen in eine Systemumgebung	77
4.3.1	Schnittstellen zu Datenbanksystemen	78
4.3.2	Die Programmierumgebung	80
5.	Die Entwicklungsmethodik von Expertensystemen	82
5.1	Die konventionelle Softwareentwicklung	83
5.2	Bestehende Ansätze für die Expertensystementwicklung	85
5.3	Aufgabenbereiche bei der Entwicklung wissensbasierter Systeme	88
5.3.1	Die Wissensakquisition	89
5.3.2	Die Wissensrepräsentation	93
5.4	Ein Ablaufmodell für die Expertensystementwicklung	94
6.	Die Implementierung	99
6.1	Entwicklungsplatzsysteme	100
6.2	KI-Sprachen	103
6.2.1	PROLOG	104
6.2.2	LISP	107
7.	Betriebliche Expertensysteme	109
7.1	Voraussetzungen für den betrieblichen Einsatz von Expertensystemen	112

7.2	Expertensysteme in den funktionalen Bereichen des Unternehmens	115
7.2.1	Expertensysteme im Produktionsbereich	117
7.2.2	Expertensysteme im Vertrieb	119
7.2.3	Expertensysteme in der Beschaffung	121
7.2.4	Expertensysteme in der Forschung und Entwicklung	121
7.2.5	Expertensysteme in der Personalwirtschaft	123
7.2.6	Expertensysteme in den administrativen Bereichen des Unternehmens	126
8.	Die Hardware zur Anwendung von KI-Instrumenten	128
8.1	Die konventionelle Hardware	130
8.2	Die spezielle KI-orientierte Hardware	132
II.	**Analyse des Applikationspotentials von Expertensystemen in der Personalwirtschaft**	**135**
9.	Die Systematisierung der Personalwirtschaft als Grundlage einer Analyse	136
10.	Die Aufgabengruppen in den personalwirtschaftlichen Funktionen	142
10.1	Die Aufgabengruppen in der Personalbedarfsermittlung	142
10.2	Die Aufgabengruppen in der Personalbeschaffung	159
10.3	Die Aufgabengruppen in der Personalentwicklung	186

10.4	Die Aufgabengruppen im Personaleinsatz	212
10.5	Die Aufgabengruppen in der Personalerhaltung	240
10.6	Die Aufgabengruppen in der Personalfreisetzung	265
10.7	Die zentralen Aufgabengruppen in der Personalwirtschaft	275
11.	Die Integration von wissensbasierten Systemen	276
11.1	Die Integration von Expertensystemen in ein vorhandenes Personalinformationssystem	278
11.2	Die Integration von Expertensystemen in eine vorhandene Personaldatenbank	281
11.3	Alternative Integrationsmöglichkeiten von Expertensystemen in bestehende EDV-Konfigurationen	283
III.	**Potentielle Realisierungshemmnisse für Expertensysteme in der Praxis**	**285**
12.	Determinanten der Applikationsmöglichkeiten von Expertensystemen im Personalbereich	285
12.1	Das Kriterium der bestehenden EDV-Struktur	286
12.2	Das Kriterium Fachpersonal	292
12.3	Rechtliche Determinanten bei der Applikation von wissensbasierten Systemen	293
12.4	Die Arbeitnehmervertretung	299
13.	Ausblick	302

Literaturverzeichnis **305**

Verzeichnis der Abbildungen

Seite

I 1	Ziele des Personalwesens	14
I 2	Systematisierung des Personalwesens nach Bisani	17
I 3	Personalinformationsverwaltung durch ein Expertensystem	28
I 4	Struktur eines Analysemodells für informations- und entscheidungsorientierte Prozesse innerhalb der Personalwirtschaft	31
I 5	Das System des Personalmanagements	41
I 6	Die Evolution der 'Künstlichen Intelligenz' und der Expertensysteme	48
I 7	Die Architektur eines Expertensystems	53
I 8	Beispiel für ein semantisches Netz	56
I 9	Deklarative und prozedurale Wissensrepräsentationsmethoden	61
I 10	Die Vorgehensweise bei der Tiefensuche	68
I 11	Die Vorgehensweise bei der Breitensuche	69
I 12	Die grafische Darstellung eines Inferenzprozesses durch die Erklärungskomponente	72
I 13	Die Benutzeroberfäche eines Expertensystems	75
I 14	Die Aufgaben des knowledge engineer	92
I 15	Ablaufmodell einer Expertensystementwicklung	96
I 16	Aufbauorganisation eines Expertensystem-Projekts	98
I 17	Das Sprach-Werkzeug-Kontinuum	102
I 18	Expertensysteme im Bereich der Produktion	118
I 19	Konventionelles Hardwareangebot für die Expertensystementwicklung	131
II 1	Struktur des Analysemodells	138
II 2	Einordnung in einen möglichen informationsorientierten Ansatz der Personalwirtschaft	141
II 3	Expertensystem für die Erstellung von Anforderungsprofilen	149

II 4	Einsatz eines Expertensystems zur Erstellung von Fähigkeitsprofilen..................................	151
II 5	Ein Methodenverbund für die Personalbedarfsermittlung...	153
II 6	Integration der Expertensysteme in den vorhandenen Softwarerahmen für die Personalbedarfsermittlung...	158
II 7	Ablauf und Inhalt der Personalbeschaffung.........	160
II 8	Ein Expertensystem-Konzept für die Planungsphase der Personalbeschaffung.....................	172
II 9	Ein Expertensystem für die Planung und Kontrolle des Personalbeschaffungsprozesses.......	177
II 10	Konzept eines Expertensystems für die Personalbeurteilung..	183
II 11	Das System der Personalentwicklungsmaßnahmen......	193
II 12	Auswahlregeln für Entwicklungsadressaten..........	201
II 13	Applikationskonzept von Expertensystemen in der Personalentwicklung...........................	209
II 14	Das Arbeitsplatzsystem............................	219
II 15	Die Aufgabengruppen im Personaleinsatz............	224
II 16	Datensatzschema für die Ablage eines einstufigen Maßnahmenkataloges.......................	233
II 17	Ein Datensatzschema für die Ablage eines mehrstufigen Maßnahmenkataloges.......................	234
II 18	Konzeption einer Stellendatei in einer Datenbank...	236
II 19	Konzeption eines Expertensystems für die Stellenbesetzungskontrolle.......................	238
II 20	Komponenten der Entgeltdifferenzierung............	243
II 21	Möglichkeiten der Mitarbeiterbeteiligungen........	249
II 22	Konzeption eines Expertensystems zur Unterstützung eines außertariflichen Anreizsystems.....	256
II 23	Statischer Aufbau des Gesamtkonzeptes eines Expertensystems für die Unterstützung und Steuerung eines außertariflichen Anreizsystems....	259

II 24	Statischer Aufbau des Gesamtkonzeptes eines Expertensystems für die Unterstützung und Steuerung eines außertariflichen Anreizsystems	263
II 25	Grundlegende Arten der Personalfreistellung	267
II 26	Wissensbasiertes Konzept zur Entscheidungsunterstützung in der Personalfreistellung	273
II 27	Die Integration von Expertensystemen in ein Personalinformationssystem	280
II 28	Die Integration eines Expertensystems in ein Datenbanksystem	282
III 1	Mögliche Funktionen eines Personalinformationssystems	288
III 2	Einbindung eines Expertensystems in eine EDV-Struktur	291
III 3	Betriebsverfassungsrechtliche Normen bei der Anwendung im Personalbereich	298

Abkürzungsverzeichnis

BetrVG	:	Betriebsverfassungsgesetz
BDSG	:	Bundesdatenschutzgesetz
BFuP	:	Zeitschrift für Betriebswirtschaftliche Forschung und Praxis
CIM	:	Computer integrated Manufacturing
DBW	:	Die Betriebswirtschaft
EDV	:	elektronische Datenverarbeitung
ES	:	Expertensystem
GI	:	Gesellschaft für Informatik
GMD	:	Gesellschaft für Mathematik und Datenverarbeitung
GPS	:	General Problem Solver
HMD	:	Handbuch der modernen Datenverarbeitung
IO	:	Industrielle Organisation
IS	:	Informatik-Spektrum
KI	:	Künstliche Intelligenz
PC	:	Personal Computer
PIS	:	Personalinformationssystem
WiST	:	Das Wirtschaftsstudium
ZfB	:	Zeitschrift für Betriebswirtschaft
ZfbF	:	Zeitschrift für betriebswirtschaftliche Forschung
ZfO	:	Zeitschrift für Organisation
ZfP	:	Zeitschrift für Personalforschung

1. Problemstellung

Expertensysteme und weitere Gebiete der 'Künstlichen Intelligenz' haben sich als eine partielle Disziplin innerhalb der Informatik in den letzten Jahren stürmisch entwickelt und in vielen Bereichen Einzug gehalten. Auch die Betriebswirtschaft unterzieht sich zur Zeit diesem Prozeß in ihren einzelnen Funktionen, von denen die Produktion, Beschaffung und die Forschung und Entwicklung eine bedeutende Rolle bei der Anwendung dieser neuen Technik einnehmen.
Realisationen auf der Basis von Methoden der 'Künstlichen Intelligenz' benötigen jedoch immer einen Anwendungsbezug, der z. B. durch die Verbindung mit anderen Gebieten der Informatik oder anderen wissenschaftlichen Disziplinen hergestellt werden kann.

Wichtige Relationen zur Informatik sind die Robotik, die mit den Komponenten 'Expertensystem' und 'bilderkennende Methoden' sehr eng verbunden ist, sowie die systemorientierte Informatik mit der Entwicklung von ki-orientierten neuen Betriebssystemen [1]. Ein weitaus größerer Teil der angwandten KI-Methoden basiert auf interdisziplinären Forschungsergebnissen zwischen der Informatik und einer anderen Wissenschaft. Insbesondere die Forschung auf dem Gebiet der wissensbasierten Systeme, zu denen auch die Expertensysteme zählen, hätte ohne einen konkreten Anwendungsbezug nicht dieses bisherige Niveau erreicht.
Insofern nimmt die Klärung der Frage nach dem Applikationspotential dieser Systeme für einen spezifischen wissenschaftlichen oder allgemeinen Anwendungsbereich einen immer höheren Stellenwert ein, dem nur durch interdisziplinäre Forschungsarbeit entsprochen werden kann. Dieser Situation kann sich auch die Betriebswirtschaftslehre nicht entziehen, obwohl in einigen Gebieten der Betriebswirtschaftslehre durchaus noch dieser Eindruck entstehen kann. Hierzu muß zur Zeit auch die Personalwirtschaftslehre gezählt werden, die sich aufgrund des vielleicht

---

[1] Z. B. die angekündigte Entwicklung von Betriebssystemen für die Computer der 'fünften Generation', die auf der Grundlage der KI-Programmiersprache PROLOG implementiert werden sollen.

bestehenden Gegensatzes zwischen der Betrachtung des menschlichen Verhaltens - u.a. unter humanen als auch ökonomischen Aspekten - und der Verwendung von modernen Technologien schon immer etwas schwer getan hat, symbiotische Effekte herauszuarbeiten.

Dies erklärt vielleicht auch die momentane Situation hinsichtlich der Verwendung von Expertensystemen als Gegenstand der personalwirtschaftlichen Forschung, die sich bisher auf die Anerkennung der Existenz von wissensbasierten Systemen beschränkte, aber kaum personalwirtschaftliche Anwendungsbezüge dieser Systeme als Instrument zur Unterstützung der betrieblichen Personalarbeit als Ergebnis vorweisen konnte.

Voraussetzung für die Entwicklung von personalwirtschaftlichen Applikationen und Bezügen ist eine Analyse der einzelnen Teilaufgaben der Personalwirtschaft und die Relation zu dem Funktions- und Leistungsumfang von Expertensystemen.

Ziel der vorliegenden Arbeit ist die Erarbeitung von Applikationspotentialen von Expertensystemen in der Personalwirtschaft unter diesen Voraussetzungen, um Realisationsvorschläge für den Einsatz von Expertensystemen in den funktionalen Bereichen der Personalwirtschaft zu liefern, die in vorhandene Strukturen integriert werden können.

Den Ausgangspunkt der Arbeit bildet in Kapitel I die Darlegung der Rahmenbedingungen in der Personalwirtschaftslehre anhand unterschiedlicher Ansätze sowie die Begriffsbestimmung der Expertensysteme sowie deren Aufbau und Wirkungsweise. Ein weiterer Aspekt ist die Darstellung der bisherigen Anwendungen dieser wissensbasierten Systeme in der Betriebswirtschaft, um auf die gegenwärtige und zukünftige Relevanz dieser Systeme innerhalb der Betriebswirtschaft und deren einzelnen betrieblichen Funktionen hinzuweisen.

In Kapitel II erfolgt auf der Grundlage einer gewählten Systematisierung der Personalwirtschaft eine Differenzierung innerhalb der personalwirtschaftlichen Funktionen mit dem Ziel, relativ kompakte Aufgabengruppen in den einzelnen personalwirtschaftlichen Funktionen herauszuarbeiten, für die sich zur Unterstützung des Problemlösungsprozesses die Entwicklung und die Verwendung eines Expertensystems als sinnvoll erweisen könnte. Ein weiterer Schritt ist die Analyse dieser Aufgabengruppen im Hinblick auf die Applikationsmöglichkeiten von wissensbasierten Systemen, und zwar immer unter der Maßgabe der in Kapitel I fixierten Eigenschaften und Leistungsmerkmale von Expertensystemen sowie unter Berücksichtigung der Inhalte der personalwirtschaftlichen Aufgabengruppen.

Unter anderm wird auch der Frage nach der Integration dieser neuen Systeme in eine bestehende EDV-Struktur im Personalwesen eines Unternehmens ein hoher Stellenwert zugeordnet und entsprechende Vorschläge unterbreitet.

Das Kapitel III befaßt sich mit den zu erwartenden Determinanten, die aus den einzelnen Gruppen und Institutionen des In- und Umsystems des Unternehmens bei Einführung dieser Technologien gesetzt werden können und müssen.

Abschließend erfolgt ein Ausblick, der auch die Kriterien für die Realisierung von wissensbasierten Systemen beinhaltet und noch einmal auf die Relevanz des Themas, aufgrund von fehlenden gesellschaftlichen Rahmenbedingungen, für die betriebliche Praxis hinweisen soll.

I. **Rahmenbedingungen für den Einsatz von Elementen der Künstlichen Intelligenz in der Personalwirtschaft**

Ohne Zweifel besitzen beide Forschungsgebiete, d.h., zum einen die Personalwirtschaft und zum andern die Künstliche Intelligenz völlig unterschiedliche wissenschaftliche "Wurzeln", die auch in der Methodik und den Termini beider wissenschaftlicher Disziplinen zum Ausdruck kommen. Es ist daher geradezu unerläßlich, Definitionen der immer wiederkehrenden spezifischen Begriffe voranzustellen, verschiedene Methoden dieser wissenschaftlichen Gebiete darzulegen und den derzeitigen Forschungsstand aufzuzeigen, bevor es überhaupt möglich ist, eine interdisziplinäre Forschungsarbeit angehen zu können.

Berührungspunkte zwischen der Personalwirtschaft und der elektronischen Datenverarbeitung [1] und damit letztendlich auch mit der Informatik bestehen schon seit längerer Zeit, aber diese Aktivitäten führte in erster Linie zur Entwicklung von rechnergestützten Instrumenten zur Unterstützung von administrativen Aufgabenfeldern innerhalb der Personalarbeit und haben in der Literatur und theoretischen Diskussion kein interdisziplinäres, in sich geschlossenes und autonomes Forschungsgebiet hervorgebracht. Vielmehr zeigt sich noch bis zum heutigen Tage ein parallel nebeneinander verlaufender Entwicklungsprozeß in der Forschung, der nicht zuletzt aus einer fehlenden Akzeptanz von beiden wissenschaftlichen Disziplinen herrührt und sich durch ein nicht reflektiertes Hervorwagen in den anderen wissenschaftlichen Bereich nur noch verstärkt.

Es wäre daher wünschenswert, wenn langfristig eine "echte" interdisziplinäre Forschungsaktivität zustandekommen würde, um die weitere Entwicklung - gemeint ist eine edv-gestützte Personalwirtschaft - zu beschleunigen.

---

[1] Es sei an dieser Stelle an die Entwicklung von Personalinformationssystemen erinnert, die etwa Anfang der siebziger Jahre begann.

Selbstverständlich kann diese Forderung nicht durch die Arbeit erfüllt werden, aber ein erster Schritt in diese Richtung wäre bei interdisziplinären Tätigkeiten eine fundiertere Diskussion der sich darstellenden Situation der jeweiligen Forschungsobjekte.

2. Begriffe und Ansätze in der Personalwirtschaftslehre

Der Begriff der "Personalwirtschaft" ist nicht eindeutig definiert, sondern findet sich häufig in substitutiver Weise in der Literatur zu den Begriffen "Personalmanagement" oder "Personalwesen". Bei einer näheren Analyse der Begriffe wird jedoch deutlich, daß sehr wohl Differenzen zwischen den Inhalten bestehen. Der Terminus "Personalwesen" ist ein sehr früh gebrauchter Begriff für eine allgemeine Betrachtung der Personalarbeit innerhalb einer Unternehmung und wurde schon vor der zunehmenden sozialwissenschaftlichen Bedeutung der Theorien der Personalarbeit verwendet. Er beschreibt - ursprünglich betrachtet - die reinen administrativen Aufgabengebiete der Personalarbeit [2]. Ein weiterer Aspekt, der sich mit diesem Begriff verbindet, ist die Beschreibung einer Theorie der Personalwirtschaft, bei der sich noch nicht jener Grad an Strukturiertheit und konzeptioneller Geschlossenheit gezeigt hat, wie er sich beispielsweise in der Produktions- oder Marketingtheorie darstellt [3].

Der zweite Begriff "Personal-Management" hingegen resultiert aus den Ansätzen einer Neuorientierung der Betriebswirtschaftslehre, basierend auf der anglo-amerikanischen Organisations- und Entscheidungstheorie und wird in einer engeren Definition in der Bedeutung der Personalführung verwendet.

---

[2] J. Hentze (1991a), S. 20

[3] A. Remer (1978), S. 7

In einer weiter gefaßten Definition läßt sich das Personal-Managements in zwei Gebiete unterteilen [4]:

- Die Verhaltenssteuerung (Steuerung von Verhaltensweisen durch (Führungs-)prozesse) und
- die Systemgestaltung (Gestaltung von Systemen zur (Lenkung der Verhaltenssteuerung).

In dieser Form wird der Begriff dem gesamten Spektrum der Personalarbeit innerhalb einer Unternehmung ebenfalls nicht gerecht.
Der Terminus "Personalwirtschaft" beinhaltet hingegen alle Bereiche einer Organisation, die auf den Menschen ausgerichtet sind und beschreibt diese als ein System von Funktionen, die interdependent zu betrachten sind und als Ganzes zu einem übergeordneten System in Relation sich befinden [5]. Ein weiterer Aspekt, der zu einer Bevorzugung dieser Begriffswahl führt, ist der enthaltene Ausdruck "-wirtschaft", der zudem darauf hinweist, daß Personalarbeit innerhalb dieser Funktionen auch im Rahmen von gegebenen ökonomischen Bedingungen zu betrachten ist [6]. Insgesamt gesehen impliziert der Begriff "Personalwirtschaft" formal alle Gebiete einer Organisation, die den Menschen betreffen, und zwar unter dem sozialen und auch ökonomischen Aspekt. Insofern richtet sich das Bemühen der "Personalwirtschaftslehre" auf die Betrachtung des Menschen innerhalb eines sozio-ökonomischen Systems.
Dieses Bestreben läßt fast selbstverständlich unterschiedliche Perspektiven und Bezugsrahmen zu, die sich in verschiedenen wissenschaftlichen Ansätzen in der Personalwirtschaftslehre manifestiert haben.

---

[4]   J. Berthel (1989), S.7;
W. H. Staehle (1990), S. 719

[5]   J. Hentze (1991a), S. 23

[6]   W. A. Oechsler (1988), S. 8

Dies sind unter anderem [7]:

- Der Produktionsfaktor-Ansatz

- Die verhaltensorientierten Ansätze

- Der konfliktorientierte Ansatz

Der Produktionsfaktor-Ansatz basiert auf dem von Gutenberg entwickelten System der produktiven Faktoren (menschliche Arbeit, Betriebsmittel und Werkstoffe). Der Faktor Arbeit wird in diesem System in objektbezogene und dispositive Arbeit differenziert und orientiert sich in erster Linie an ökonomischen Aspekten, ohne Berücksichtigung von sozialen Mechanismen, die innerhalb des Systems "Unternehmung" zum Ablauf kommen [8]. Grundlage dieses Ansatzes ist das Menschenbild des homo oeconomicus. Aus heutiger Sicht ist dieser Ansatz nicht mehr akzeptabel [9], da

- das Verhalten der Träger der objektbezogenen Arbeit nicht umfassend beschrieben wird [10],
- die wissenschaftliche Erklärung von Verhalten zumindest in Frage gestellt wird,
- Humanisierungsaspekte unberücksichtigt bleiben und
- Entscheidungsprozesse nur individualbezogen eine Würdigung erfahren.

---

[7] H. Wächter (1979), S. 55ff.
W. A. Oechsler (1988), S. 6 f.

[8] E. Gutenberg (1966), S. 3

[9] H. Wächter (1979), S. 58

[10] Der Ansatz von Gutenberg wird allerdings auch vielfach als eine reine "Inhaltslehre" verstanden, die keinen systembildenden Mittelpunkt besitzt und dementsprechend abstrakte Faktorkombination als zureichende Erklärung nur benutzt.
J. Kolbinger (1961), S. 43

Der verhaltensorientierte Ansatz der Personalwirtschaft ist in diesem Zusammenhang als eine Gegenbewegung zu dem Gutenbergschen Modell zu verstehen. Er resultiert aus der sogenannten "Human Relations-Bewegung", deren Vertreter die Auffassung vertraten, daß nicht nur monetäre Anreize das menschliche Arbeitsverhalten verändern, sondern auch andere Faktoren, die auf die Verbesserung der Arbeitsbedingungen abzielten, zu einer Erhöhung der Arbeitsleistung führen [11]. Im Mittelpunkt des verhaltensorientierten Ansatzes stehen das menschliche Verhalten und die Analyse der damit verbundenen Einflußfaktoren unter sozialen und ökonomischen Gesichtspunkten und damit das entscheidende Individuum in wirtschaftlichen Organisationen [12]. Dies führt zu einer Aufwertung der interpersonalen informellen Beziehung zwischen den Mitgliedern einer Institution und der Erkenntnis, daß u.a. neben einer fachlichen Kompetenz von Führungskräften auch eine interpersonale Kompetenz existiert, die einen Einflußfaktor auf die Arbeitsleistung eines Institutionsmitgliedes, neben anderen Faktoren, darstellt [13]. Diese Zielsetzung erlaubt demzufolge eine Fülle von wissenschaftlichen Vorgehensweisen, die sich in der Literatur durch unterschiedliche aber prinzipiell verhaltensorientierte Ansätze [14] manifestiert haben. Hierzu zählen entscheidungsorientierte und motivationstheoretische Ansätze. Einer anderen Intention unterliegen die konfliktorientierten Ansätze in der Theorie der Personalwirtschaft. Kern dieser Ansätze ist der Interessensgegensatz zwischen dem Faktor Arbeit und Kapital innerhalb der Unternehmung. Ein Vertreter dieser Klasse von personalwirtschaftlichen Ansätzen ist die arbeitsorientierte Einzelwirtschaftslehre, die als Kritik an Kapitalinteressen orientierten Betriebswirtschaftslehre konzipiert wurde und darauf drängte, den personalwirtschaftlichen Frage-

---

[11] Das klassische Beispiel der Human-Relations-Bewegung ist die Studie in den amerikanischen Hawthorne-Werken (1927-1931), bei der durch die Verbesserung der Beleuchtungseinrichtung eine höhere Produktionsleistung erzielt wurde.

[12] R. Wunderer (1983), S. 219

[13] K.-F. Ackermann/ G. Reber (1981), S. 24

[14] W. A. Oechsler (1988), S. 8f.

stellungen eine größere Bedeutung innerhalb dieser relativ rational-ökonomischen Betrachtungsweise zukommen zu lassen. Zu dieser Klassse gehört auch der "konfliktorientierte Ansatz" [15], der auf der Basis eines heterogenen Insystems eines ökonomischen Systems nach Methoden und Lösungen sucht, das dadurch entstehende Konfliktpotential zwischen den verschiedenen Gruppen bzw. Teilsystemen zu analysieren und einem multivariablen Zielsystem, nämlich einen Interessenausgleich zwischen sozialen und ökonomischen Positionen, zu erreichen. Diese hohe selbstgesteckte Forderung dieses Ansatzes ist jedoch unter Berücksichtigung eines permanenten Konfliktprozesses der Subsysteme eines ökonomischen Systems zu betrachten, was die Vermutung nach sich zieht, daß eine absolute Konfliktlösung nicht durchführbar erscheint.

Diese vorgenommene Differenzierung der personalwirtschaftlichen Ansätze in der Literatur besitzt keine Allgemeingültigkeit, sondern ist vielmehr ein Strukturierungsversuch von theoretischen personalwirtschaftlichen Denkrichtungen. Zum Vergleich sei an dieser Stelle eine andere Systematisierung von Scholz [16] erwähnt, die auf anderen Grundlagen beruht, nach denen sechs Ansätze innerhalb der Personalwirtschaftslehre diskutiert werden, die jedoch nicht immer das gesamte Spektrum erfassen :

- der Personalmarketing-Ansatz
  in seiner engeren Auslegung setzt er sich inhaltlich mit den Fragen der Personalbeschaffung auseinander, während bei einer erweiterten Betrachtungsweise auch Unternehmensmitglieder Bezugspunkte der Personalmanagement-Funktionen darstellen. Die wichtigsten Vertreter dieses Ansatzes sind nach Scholz von Eckardstein und Schnellinger [17].

---

[15] R. Marr/ M.Stitzel (1979), S.25f.

[16] Ch. Scholz (1991), S. 4f.

[17] D. v. Eckardstein/ F. Schellinger (1975), Sp. 1592ff.

- der systemtheoretisch-kybernetische Ansatz
mit seiner Orientierung an strukturell-funktionalen Fragen setzt er sich in erster Linie mit Führungs- und Leitungsbeziehungen auseinander, wobei die Teilfunktionen der Personalwirtschaft in ein integriertes Gesamtsystem gebracht werden [18].

- der Kontingenzansatz,
resultierend aus der Organisationstheorie mit dem Schwerpunkt der situativen Personalführung, wurde schon in den sechziger Jahren entwickelt [19] und hat bis heute kaum an Aktualität eingebüßt, insbesondere deshalb nicht, weil es sich um einen erklärenden Ansatz handelt, der das System der Personalwirtschaft in einem Kontext zu anderen Systemen beschreibt und die Ursachen von Handlungsweisen nicht nur auf das personalwirtschaftliche System beschränkt, sondern als interdependent zu übergeordneten Systemen darstellt [20].

- der entscheidungsorientierte Ansatz
als ein weiterer Ansatz aus der Anreiz-Beitrags-Theorie der Organisationstheorie stellt die Partizipation des Individuums an Entscheidungsprozessen in den Vordergrund unter dem Aspekt seiner Bedürfnisse und Erwartungen [21].

---

[18] Vertreter dieses Ansatzes sind u.a. Rolf Hackstein und Michel Domsch, wobei durch Domsch insbesondere system- und informationsorientierte Aspekte eine Berücksichtigung erfahren.
vgl. M. Domsch (1980);
R. Hackstein u.a. (1974).

[19] F. E. Fiedler (1964), S. 149ff.

[20] Der Kontingenzansatz sieht damit die Personalwirtschaft als offenes System, das durch starke Beziehungen zur Umwelt charakterisiert ist. Eine mögliche Differenzierung der Systembeziehungen wäre eine Gliederung der Umwelt aus der Sicht der Personalwirtschaft in ein In-, Zwischen- und Umsystem.
J. Hentze (1991a), S. 44

[21] Scholz betrachtet in diesem Zusammenhang auch den konfliktorientierten Ansatz nach Marr/Stitzel.

- der sozio-technische Ansatz
  berücksichtigt die technischen und sozialen Komponenten gleichrangig, d.h., sowohl motivationale Gesichtspunkte als auch eine Betrachtung des Menschen als Produktionsfaktor gehen in diesen Ansatz ein [22].

- der Personalmanagement-Ansatz
  als eigenständiger Ansatz, abgeleitet aus dem amerikanischen Management-Theorie und verhaltensorientiert, betrachtet personalwirtschaftliche Prozesse im engeren Sinn unter dem Aspekt der Führung [23].

Einige der von Scholz aufgeführten Ansätze sind monodisziplinär bzw. -funktional [24] und zählen im eigentlichen Sinne nicht mehr als Ansatz für eine Theorie der Personalarbeit. Es spiegelt sich jedoch das breite Spektrum der Betrachtungsweisen wider, die allerdings, und das ist bei vielen Ansätzen der Fall, in einer detaillierteren theoretischen Diskussion sehr häufig auf einer funktionalen Gliederung der Personalwirtschaft basieren und diese unter den jeweiligen ansatzspezifischen Aspekten diskutieren.
Allein diese Vorgehensweise verdeutlicht schon die Notwendigkeit, daß die Entwicklung eines Ansatzes [25] immer in Relation zu einer Systematisierung der Personalarbeit betrachtet werden muß. Diesem wissenschaftlichen Postulat ist jedoch auch im anderen

---

[22] Ein Vertreter dieses Ansatzes ist Wächter, der eine Modelltriologie bestehend aus einem Input-, Transformations- und Outputmodell entwickelt hat.
     vgl. H. Wächter (1973)

[23] vgl. J. Berthel (1989)

[24] z.B. der Personalmarketing-Ansatz

[25] In diesem Zusammenhang sei darauf hingewiesen, daß in der theoretischen Diskussion der Gebrauch des Terminus "Ansatz" für wissenschaftliche Forschungsarbeiten verwendet wird. Andere Termini, die auf ein Fortschreiten von Forschungsarbeiten im Bereich der Personalwirtschaft hindeuten, d.h., über das Stadium des "Ansatzes" hinausgehen, werden in der entsprechenden Literatur nicht ausgewiesen, obwohl z.T. schon seit Jahrzehnten einige "Ansätze" existieren.

Zusammenhang Rechnung zu tragen, d.h., auch für eine Analyse von Applikationsmöglichkeiten technischer Systeme [26] in der Personalwirtschaft ist dieser eine Systematik der Personalwirtschaft voranzustellen, um eine Basis für weitere wissenschaftliche Tätigkeiten auf diesem Gebiet zu schaffen.

Die Problematik für eine Entwicklung und Konzeption einer derartigen Systematisierung liegt ohne Zweifel in der Vorgehensweise, zumal keine Klarheit darüber bestehen kann, ob es notwendig sein wird, eine gänzlich neue Systematisierung der Personalarbeit vorzunehmen oder ob es möglich ist, auf bestehende Gliederungen der Personalarbeit aufzubauen, um dieser Forderung gerecht zu werden. Es ist deshalb unabdingbar, zunächst vorhandene Systeme und Ansätze unter diesem Aspekt zu analysieren und gegebenenfalls zu modifizieren und weiter zu entwickeln.

---

[26] Insbesondere für den Einsatz von Instrumenten aus dem Bereich der "Künstlichen Intelligenz"

2.1 Die personalwirtschaftlichen Funktionen

2.1.1 Die Systematisierung der personalwirtschaftlichen Funktionen nach Bisani

Bisani ist als einer der Vertreter zu betrachten, die zu einem relativ frühen Zeitpunkt [27] eine Systematisierung und Gliederung der betrieblichen Personalarbeit durchführten und dabei von einer strengen eingegrenzten Ansatzorientierung abwichen [28]. Begründet wird diese Vorgehensweise damit, daß das Erkenntnisziel der Lehre vom betrieblichen Personalwesen einen Zielpluralismus in sich birgt, der nicht durch zielmonistische theoretische Ansätze sowohl in der Personal- als auch allgemein in der Betriebswirtschaftslehre abgedeckt werden kann [29]. Demzufolge plädiert Bisani für eine weit gefaßte Betrachtungsweise des wissenschaftlichen Erkenntnisobjekts, in diesem Fall der Personalwirtschaft [30]. Selbstverständlich kann dadurch das Einbringen des persönlichen Wertesystems nicht ausgeschlossen werden, aber bei Bisani erfährt es in dem Sinne eine Reduktion, daß er die Personalarbeit allgemein in dem breiten Rahmen eines sozio-ökonomischen Systems analysiert.
In diesem Kontext wird ein Zielsystem für das Personalwesen betrachtet, das sich, entsprechend in diesem System eingebettet, in ökonomische und soziale Formal- bzw. Sachziele [31] differenzieren läßt (siehe Abbildung I 1).

---

[27] Weitere Vertreter sind :
R. Hackstein/ K. H. Nüssgens/
P. H. Uphus (1971), S. 34;
D. v. Eckardstein/ F. Schnellinger (1973)

[28] F. Bisani (1976)

[29] F. Bisani (1976), S. 15

[30] Der Terminus "Personalwirtschaft" wird bei Bisani durch den Begriff "Personalwesen" umschrieben, was dem damaligen Erkenntnisstand entspricht und sich mit der in dieser Arbeit vorangegangenen Begriffsbestimmung dieses Terminus deckt.

[31] Ähnliche Zielsysteme des Personalwesens wurden schon zu einem früheren Zeitpunkt definiert.
R. Hackstein/ K.H. Nüssgens/ P.H. Uphus (1971), S. 33;
D. v. Eckardstein/ F. Schnellinger (1973), S. 12ff.

Sachziel des Personalwesens	
Bereitstellung der erforderlichen personellen Kapazität zur Erreichung des Organisationszieles a) in quantitativer Hinsicht b) in qualitativer Hinsicht (nach Leistungsfähigkeit und Leistungsbereitschaft) zur rechten Zeit und am rechten Ort	
Unter Berücksichtigung von Wirtschaftlichkeit und Rentabilität als Beurteilungskriterium für die Effizienz personalwirtschaftlicher Maßnahmen	Unter Berücksichtigung der menschlichen Erwartungen (wie Sicherheit, Zufriedenheit usw.) als Voraussetzungen für den sozialen Bestand des Betriebes
ökonomisch	sozial
Formalziele des Personalwesens	

Abbildung I 1 : Ziele des Personalwesens [32]

Der Schwerpunkt der Sachziele (genauer des Sachziels) liegt nach dieser Darstellung eindeutig im ökonomischen Bereich, d.h., in diesem personalwirtschaftlichen Zielsystem werden die sozialen Ziele als Formalziele identifiziert, die damit nur die Rahmenbedingungen zur Erreichung des dargelegten Sachziels schaffen. Dementsprechend besitzen nach dieser Auffassung die abgeleiteten Instrumente zur Realisierung der sozialen Formalziele ausschließlich den Charakter einer ökonomischen Effizienzsteigerung im Rahmen der Erreichung der übergeordneten Organisationsziele.

---

[32] F. Bisani (1976), S. 21

Die Zielerreichung bedingt selbstverständlich eine Aufgabenorganisation innerhalb der Personalwirtschaft [33], die bei Bisani durch ein übergeordnetes System von "Teilbereichen des Personalwesens [34]" mehrstufig beschrieben wird. Im einzelnen wird zwischen der Personalplanung und den personalwirtschaftlichen Einzelaufgaben differenziert.

Zu diesen Einzelaufgaben zählen bei Bisani [35]:

- Personalanwerbung und -auswahl,
- die Personalerhaltung,
- die Personalentwicklung,
- der Personaleinsatz,
- die Personalverwaltung, -statistik und das Sozialwesen.

Bestandteile dieser Einzelaufgaben sind wiederum auch Planungs- und Kontrollmaßnahmen innerhalb der jeweiligen personalwirtschaftlichen Funktion, während im eigenständigen Bereich der Personalplanung die Rahmenbedingungen für die übrigen Teilbereiche Gegenstand der Planungsaktivitäten darstellen.

Hierzu werden von Bisani [36]

- die Bestimmung der Arbeitsstruktur,
- die Festlegung der Arbeitsanforderungen und
- die Definition der Aufbauorganisation und der Kommunikationsstruktur

---

[33] bzw. nach Bisani des Personalwesens

[34] Vor Bisani wurde ein System von Teilbereichen bzw. personalwirtschaftsbezogen Funktionen von Hackstein entwickelt.
R. Hackstein/K.H. Nüssgens/P.H. Uphus (1971), S. 34

[35] F. Bisani (1976)

[36] F. Bisani (1976), S. 79ff.

als Aktionsfelder einer strukturbestimmenden Personalplanung betrachtet, während die

- die Festlegung des Personalbedarfs,
- die Planung der personalwirtschaftlichen Einzelmaßnahmen und
- die Kontrolle der Personalplanung

u.a. als Teile einer kollektiven Maßnahmenplanung angesehen werden.
Damit sind in erster Linie unter diesem Begriff der Personalplanung Maßnahmen beschrieben, die einen dispositiven und strategischen Charakter aufweisen und dazu dienen sollen, einen Adaptionsprozeß im Hinblick auf die Organisationsstruktur des Unternehmens in die Wege zu leiten, der auf das Erreichen des Sachziels des Personalwesens, das wiederum als Subziel der Organisationsziele verstanden wird, abzielt.
Die operative Komponente und ein Teil der dispositiven Elemente der Personalplanung ordnet Bisani den personalwirtschaftlichen Einzelaufgaben zu.

Insofern stellt sich die von Bisani dargelegte Systematisierung folgendermaßen dar (vgl. Abbildung I 2) :

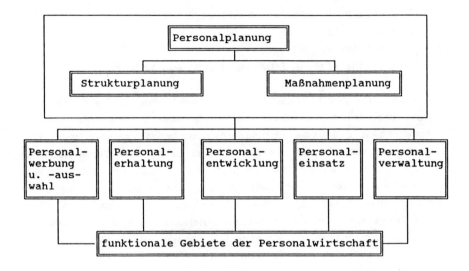

Abbildung I 2 : Systematisierung des Personalwesens nach Bisani

Die von Bisani gewählten Termini für die personalwirtschaftlichen Funktionen sind zwar z. T. prägnant und selbsterklärend, sie stehen jedoch jeweils für eine Vielzahl von Maßnahmen, Methoden und Vorgehensweisen, die so große Interpretationsspielräume zulassen, daß eine Präzisierung erforderlich ist.

- Personalanwerbung und Personalauswahl

Beide Begriffe werden als Teilfunktionen der Personalbeschaffung angesehen, deren Aufgaben in der Beseitigung einer "... durch die Personalbedarfsplanung festgestellten personellen Unterdeckung in quantitativer und "..."qualitativer Form " liegen [37].

---

[37] F. Bisani (1976), S. 112

Zu den Formen der Personalbeschaffung zählen :

- die Überstunden,
- Erhöhung der Arbeitsintensität,
- die Versetzung,
- kurzfristige und
- die langfristige Erhöhung der Belegschaftszahl.

Der Ablauf einer Personalbeschaffungsmaßnahme, die auf die Erhöhung der Belegschaftszahl zielt, beginnt bei Bisani mit der Beobachtung des externen und internen Arbeitsmarktes und gliedert sich dann in die als nächstes zu erfolgende Personalanwerbung mit den entsprechenden Methoden [38] und der Bewerberauswahl [39]. Als letzte Teilfunktion der Personalbeschaffung sieht Bisani die Personalbindung und -einführung. Erst nach einer erfolgreichen Bindung an die Unternehmung wird die Personalbeschaffungsmaßnahme als erfolgreich abgeschlossen betrachtet [40].

- Die Personalerhaltung

Die Aufgabe der Personalerhaltung besteht nach Bisani darin, "...die dem Betrieb durch die Personalbeschaffung bereitgestellte Personalkapazität auch langfristig in ihrem Leistungsumfang zu sichern..." [41].

---

[38] Z.B. Stellenangebote, innerbetriebliche Versetzung, Unterstützung von staatlichen Vermittlungsstellen, Bearbeitung von Stellengesuchen usw.

[39] Die Auswahlphase wird bei Bisani in mehreren Stufen vollzogen : Vor- und Endauswahl.
F. Bisani (1976), S. 119 und 120

[40] Die Einbeziehung der Personalbindung und die Arbeitsmarktbeobachtung machen deutlicher, daß der Begriff "Personalanwerbung und -auswahl" für diese Funktion nicht den inhaltlichen Rahmen widerspiegelt.

[41] F. Bisani (1976), S. 123f.

Zwei Aspekte werden dabei in den Vordergrund gestellt :

1. die Erhaltung der Leistungsfähigkeit und
2. die Erhaltung der Leistungsbereitschaft.

Die Leistungsfähigkeit ist eng mit den Faktoren "Innerbetriebliche Sicherheitstechnik" und "Gestaltung der Erholungszeiten" verknüpft, die in ihrer Konzeption maßgeblichen Anteil an einer dauerhaften körperlichen Leistungsfähigkeit besitzen.
Die Erhaltung der Leistungsbereitschaft wird bei Bisani von zwei Gesichtspunkten beherrscht :

1. Schaffung eines guten "Betriebsklimas" und
2. die Fähigkeit der Konfliktbeherrschung.

Für das Erreichen des ersten Punktes nimmt die Identifizierung des Mitarbeiters mit dem Unternehmen einen besonderen Stellenwert ein, während für den zweiten Punkt die Anerkennung von Konflikten, entstanden aus Interessensgegensätzen einzelner Gruppierungen im innerbetrieblichen System, und die Bereitschaft zur Konfliktlösung entscheidend sind [42]. Die Lösungsstrategie von Konflikten ist nach Bisani in Abhängigkeit zur Art des Konfliktes zu sehen, d.h., handelt es sich um einen individuellen oder um einen Mehrpersonenkonflikt. Da eine Konfliktlösung nicht für jede Konfliktform durchführbar ist, sollte zumindest der Versuch unternommen werden, das Konfliktpotential zu reduzieren und die Konfliktformen zu eliminieren, bei denen sich am ehesten und einfachsten Lösungen anbieten. Dies sind insbesondere die immer wieder auftretenden Zielkonflikte zwischen den verschiedenen Gruppen innerhalb des betrieblichen Systems.

---

[42]   Die Darstellung dieser personalwirtschaftlichen Funktion macht deutlich, daß es sich aus heutiger Sicht nicht um eine umfassende theoretische Diskussion zu diesem Thema handeln kann.
F. Bisani (1976), S. 128f.

- Die Personalentwicklung

Die Notwendigkeit der Personalentwicklung als eine personalwirtschaftliche Funktion begründet Bisani mit einer zunehmenden Bedeutung der Qualifikation der Mitarbeiter eines Unternehmens als ein auschlaggebendes Erfolgskriterium für den gesamten Unternehmenserfolg [43]. Der Ansatz für Personalentwicklungsmaßnahmen basiert nach Bisani auf drei Kriterien, die eine Leistungssteigerung der Mitarbeiter hervorrufen können [44] :

- Vermittlung von Wissen,
- Entwicklung des Könnens der Mitarbeiter und
- Einwirkung auf deren Verhalten.

Diese Kriterien sind bei verschiedenen Phasen der beruflichen Entwicklung von Mitarbeitern zu beachten :

- in der berufsvorbereitenden Bildung (d.h. in der beruflichen Grund- und Fachausbildung)
- in der berufsbegleitenden Fortbildung, die in eine Anpassungs- und Aufstiegsfortbildung differenziert wird und
- in der berufsverändernden Fortbildung mit dem Ziel, dem Mitarbeiter die Qualifikation für einen anderen Beruf zu ermöglichen.

Die dazu notwendigen Maßnahmen der Personalentwicklung werden von Bisani in die Maßnahmen am Arbeitsplatz (training on the job) und die Maßnahmen außerhalb des Arbeitsplatzes (training off the job) gegliedert.

---

[43] Der Begriff der "Personalentwicklung" war zu dem damaligen Zeitpunkt (1976) relativ neu und rückte erst in den darauf folgenden Jahren in die zentrale Position, die die Personalentwicklung in heutiger Zeit besitzt.

[44] F. Bisani (1976), S. 131

Zu den ersteren zählen [45] :

- Anleitung und Beratung durch den Vorgesetzten,
- die Tätigkeit als Assistent,
- die Betrauung mit Sonderaufgaben und
- der systematische Arbeitsplatzwechsel (job rotation)

während zu den letzteren folgende Maßnahmen von Bisani gerechnet werden :

- die Vorlesungsmethode,
- die programmierte Unterweiung,
- die Konferenzmethode und Gruppendiskussion,
- die Fallmethode und
- das Planspiel.

Für die Erfolgskontrolle von Personalentwicklungsmaßnahmen werden von Bisani drei Methoden der Erfolgsmessung vorgeschlagen [46] :

- die Erfassung durch Fragebögen,
- die Durchführung von Abschlußprüfungen und
- die Bestimmung des Erfolges durch Beobachtung von Beurteilenden bei der Ausübung von praktischen Tätigkeiten [47].

Die Erfolgskontrolle ist nicht in jedem Fall durchführbar, insbesondere bei Entwicklungsmaßnahmen, die auf ein Einwirken auf Verhaltensstrukturen von Mitarbeitern zielen.

---

[45] F. Bisani (1976), S. 136f.

[46] F. Bisani (1976), S. 138

[47] Die von Bisani 1976 unterbreiteten Personalentwicklungsmaßnahmen und -kontrollen sind natürlich im Laufe der Zeit verfeinert und weiterentwickelt worden. In diesem Zusammenhang sei auf Arbeiten von Norbert Thom verwiesen.
z.B. N. Thom (1984)

Hier lassen sich Veränderungen nur langfristig, ohne zwingende Kausalität zwischen Maßnahme und Verhalten, durch Beobachtungen eventuell feststellen [48].

- der Personaleinsatz

Das Ziel des Personaleinsatzes ist nach Bisani der Einsatz der in einem Betrieb Beschäftigten unter Berücksichtigung von legitimen sozialen Belangen in der Weise, daß ein wirtschaftliches Optimum erreicht wird [49]. Diese Zielsetzung beinhaltet damit eine Zuordnung von Mitarbeitern und Stellen in qualitativer wie auch in quantitativer Hinsicht. Für die Durchführung der quantitativen Zuordnung bieten sich Verfahren aus dem Gebiet der Unternehmensforschung, wie die Simplexmethode an, während eine qualitative Zuordnung in summarischer Form, d.h. mit einer undifferenzierten Betrachtung der Fähigkeiten der Mitarbeiter, und in analytischer Form durch eine detaillierte Differenzierung der Anforderungen einer Stelle und den Fähigkeiten eines Mitarbeiters vorgenommen werden. In der Regel wird von Bisani für diesen Zweck die Erstellung von Anforderungs- und Fähigkeitsprofilen vorgeschlagen [50], die nach einem Profilabgleich entsprechende Ergebnisse für die Eignung für eine bestimmte Stelle liefern. Dieser Abgleich kann sowohl mathematisch, durch Berechnung von sogenannten Eignungswerten, als auch grafisch erfolgen [51]. Bei der analytisch mathematischen Methode werden die einzelnen ope-

---

[48] F. Bisani (1976), 138

[49] F. Bisani (1976), S. 138

[50] Der Abgleich von Anforderungs- und Fähigkeitsprofilen bei der qualitativen Zuordnung von Stellen und Personen ist auch in heutiger Zeit noch sehr verbreitet.

[51] Für die Ermittlung dieser Eignungswerte bieten sich verschiedene Verfahren an, die über eine definierte Funktion mit parameterisierten Größen für Anforderungs- und Fähigkeitskriterien bis hin zur Berechnung von Korrelationen reichen. Eine detaillierte Beschreibung an dieser Stelle erscheint nicht sinnvoll, da es sich nicht mehr um ein primäres Problem der Systematisierung der Personalarbeit handelt.

rationalisierten Größen der Anforderungs- und Fähigkeitskriterien der einzelnen Stellen und Mitarbeiter in Matrizenform dargestellt und durch eine mathematische Funktion in eine sogenannte Eignungsmatrix transferiert, die aus den Eignungskoeffizienten besteht. Die analytischen Methoden bieten zudem den Vorteil, eine Stelle nach zwei unterschiedlichen Kriterien zu besetzen :

- auf jeden Platz der beste Mann oder
- jede Spezialbegabung an ihren Platz.

- Die Personalverwaltung, -statistik und das Sozialwesen

Unter diesen drei Begriffen faßt Bisani die noch ausstehenden sonstigen Tätigkeiten im Personalbereich zusammen. Im einzelnen fallen unter den Begriff "Personalverwaltung" alle Bürotätigkeiten, die mit der Einstellung und der Beschäftigung von Personal verbunden sind [52]. Dies beinhaltet bei der Einstellung das Anfertigen von Personalfragebögen und die Konzeption von Arbeitsverträgen, bei der Beschäftigung von Personal das Führen der Personalakte bzw. -kartei sowie das Personalabrechnungswesen.
Zur Personalstatistik zählen hingegen alle Tätigkeiten, die zur Erfassung und Darstellung des personalwirtschaftlichen Geschehens innerhalb des Betriebes dienen. Ziel der Personalstatistik ist es, Informationen zu beschaffen, die für eine Personalplanung und einen ökonomisch sinnvollen Personaleinsatz notwendig sind.
Das Sozialwesen definiert Bisani als "... die Summe aller zusätzlichen Sozialleistungen, die dem Arbeitnehmer gewährt werden, ohne daß sie reguläres Arbeitsentgelt oder Erfolgsbeteiligung darstellen..." [53].

---

[52] F. Bisani (1976), S. 145

[53] F. Bisani (1976), S. 148

Diese Sozialleistungen werden den Arbeitnehmern in Form von Sozialmaßnahmen des Unternehmens angeboten, die vielfältiger Art sein können [54]:

- betriebliche Wohlfahrtseinrichtungen,
- Betriebssport,
- Beihilfen in Notfällen,
- betriebliche Altersversorgung,
- betriebliches Wohnungswesen usw.

Die von Bisani in der Form definierten Einzelaufgaben der Personalwirtschaft ist einer der ersten Systematisierungsversuche der Personalwirtschaft nach funktionalen Prinzipien. Inhaltlich werden die einzelnen Funktionen allerdings nicht hinlänglich beschrieben, was jedoch von Bisani auch in der Präferenz für den Begriff "Personalwesen" statt "Personalwirtschaft" entsprechend dokumentiert wird. Diese inhaltlich unzureichende Darstellung der Einzelaufgaben besitzt im Hinblick auf die Systematisierung und Gliederung der Personalwirtschaft als Grundlage für eine interdisziplinäre Arbeit eine sekundäre Bedeutung [55], entscheidender sind die Determinanten dieser Systematisierung, die sich folgendermaßen darstellen:

1. Bisani differenziert indirekt zwischen administrativen und dispositiven Aufgaben in der Personalarbeit durch die Bildung der eigenständigen Funktion der Personalverwaltung.

---

[54] Die folgende Aufzählung beinhaltet einige Beispiele ohne Anspruch auf Vollständigkeit.

[55] Es kann zum einen nicht davon ausgegangen werden, daß zu einem solch frühen Zeitpunkt (1976) alle personalwirtschaftlichen Funktionen im Detail diskutiert und analysiert werden konnten, zum anderen sind die von Bisani dargelegten Funktionen in den letzten Jahren von anderen Autoren immer wieder aufgegriffen und inhaltlich weiter ausgestaltet worden, so daß sie aus heutiger Sicht begrifflich als standardisiert betrachtet werden können.

2. Die Personalplanung besitzt eine übergreifende Funktion, die sich auf alle Gebiete der Personalarbeit erstreckt und eine Schnittstelle mit der Planung in den personalwirtschaftlichen Einzelaufgaben auf der operativen Ebene aufweist.

Diese beiden Aspekte sollten nicht, aufgrund der relativ weit zurückliegenden Entstehung dieser Arbeit von Bisani, als nicht mehr interessant fallengelassen werden, da die Betrachtung der Personalwirtschaft aus dem Blickwinkel der KI-Forschung, insbesondere im Bereich der wissensbasierten Systeme, völlig anderen Kriterien unterliegen kann, die sich auch aus den Spezifika dieser KI-Systeme ergeben können [56].

---

[56] Eine ausführliche Darstellung und Entwicklung von Kriterien für den Einsatz von wissensbasierten Systemen folgt im Anschluß an die Diskussion von bestehenden Ansätzen in der Personalwirtschaft.
(vgl. Kapitel 3)

2.1.2 Die Systematisierung der personalwirtschaftlichen Funktionen nach Hentze

Ähnlich wie bei Bisani wurde von Hentze eine Systematisierung der Personalwirtschaft unter dem funktionalen Aspekt vorgenommen [57]. Allerdings wird bei Hentze im Vergleich zu Bisani zwischen folgenden personalwirtschaftlichen Funktionen differenziert [58]:

- die Personalbedarfsermittlung,
- die Personalbeschaffung,
- die Personalentwicklung,
- der Personaleinsatz,
- die Personalerhaltung und Leistungsstimulation und
- die Personalfreistellung.

Zudem wird die Personalplanung nicht wie bei Bisani als eine personalwirtschaftliche Einzelaufgabe angesehen, sondern vielmehr einer hierarchisch-mehrdimensionale Struktur zugeordnet, die sich zum einen auf die personalwirtschaftlichen Funktionen und zum anderen hierarchisch auf die strategische, operative und taktische Komponente bezieht. Eng verbunden mit der Personalplanung ist das Personalcontrolling [59], das einen wesentlichen Einfluß auf die Effizienz der Personalplanung besitzt, aber auch unter anderem an der Gestaltung der Personalinformationswirtschaft. Es ist als ein Koordinationsinstrument zwischen der Zielbildung, Planung und Kontrolle zu verstehen [60], das auf den

---

[57] J. Hentze (1979), Bd.1 und 2

[58] Auf eine detaillierte Erläuterung der einzelnen Funktionen wird an dieser Stelle verzichtet. Eine ausführliche Darstellung findet sich bei J. Hentze (1991a), S. 23.

[59] Der Begriff "Personalcontrolling" umfaßt damit neben der Personalkontrolle die Steuerung und Lenkung von personalwirtschaftlichen Prozessen und ist ein Konzept zur Effizienzmessung, Steuerung und Planung.
H. Th. Beyer (1990), S. 280;
E. Potthoff/ K. Trescher (1986), S. 25

[60] J. Hentze (1991a), S. 115

personalwirtschaftlichen Entscheidungsprozeß einwirkt, der sich im Detail in folgende Phasen gliedert [61]:

- Die Planung (mit der Anregungs-, Such- und Entscheidungsphase),

- die Durchsetzung (Realisierungsphase) und

- die Kontrolle (bzw. Kontrollphase).

Zwischen diesen Phasen finden "Feed-back-Prozesse" statt, die der jeweiligen Überprüfung von Zielvorgaben und erreichten Ist-Werten dienen und entsprechende notwendige Korrekturen ermöglichen. Der Entscheidungsprozeß ist darüber hinaus mit einem Informationsprozeß, d.h. mit einem Informationsbeschaffungs- und -verarbeitungsprozeß gekoppelt, der die Qualität des Entscheidungsprozesses bestimmt. Dieser Informationsprozeß wird von Hentze als Ansatzpunkt für den EDV-Einsatz betracht, der auch schon die Betrachtung von Expertensystemen einbezieht [62]. Dabei wird in allgemeiner Form folgender Ablauf für die Integration von Expertensystemen im Informationsprozeß vorgeschlagen [63]:

1. Definition von Restriktionen durch den Entscheidungsträger,
2. Aktualisierung der Wissensbasis
3. Testen über die Inferenzmaschine
4. Nutzung des Systems unter Einbeziehung der Erklärungskomponente [64]

---

[61] J. Hentze (1991a), S. 64f.

[62] Dieser Ansatz wurde von Hentze auch in neuerer Zeit weiterentwickelt.
J. Hentze (1991a), S. 75f.

[63] J. Hentze (1991a), S. 75

[64] Die Begriffe "Wissensbasis" und "Inferenzmaschine" werden in Kapitel 3 ausführlich dargestellt.

Die Abbildung I 3 zeigt das formale Konzept eines Expertensystems für die einzelnen personalwirtschaftlichen Funktionen.

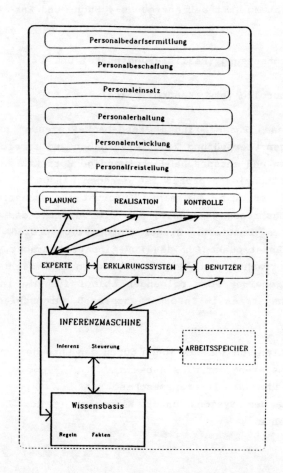

Abbildung I 3 : Personalinformationsverwaltung durch ein Expertensystem [65]

---

[65] J. Hentze (1991a), S. 76

Dieses Konzept ist jedoch in der Form kaum durchführbar, da die Struktur von Expertensystemen jeweils nur einen sehr begrenzten Anwendungsbereich zuläßt, der nicht alle personalwirtschaftlichen Funktionen umfassen kann [66].

Ein weiteres Instrument zur Unterstützung des Informations- und damit des Entscheidungsprozesses ist ein Datenbanksystem, mit dessen Hilfe insbesondere die Qualität der einzelnen Phasen des Entscheidungsprozesses verbessert werden soll, indem in der Planungsstufe zunächst planungsrelevante und speicherbare Information erfragt, Soll-Werte definiert und in der Datenbank abgelegt werden. Der nächste Schritt ist in der Realisierungsphase die Speicherung der gewonnenen Ist-Größen und der notwendigen Frühwarnindikatoren für den im letzten Abschnitt durchzuführenden Soll-Ist-Wert-Vergleich im Rahmen der Kontrollphase [67].

Da die von Hentze aufgezeigten edv-orientierten Aspekte mit dem allgemeinen personalwirtschaftlichen Entscheidungsprozeß gekoppelt sind und zudem der definierte Entscheidungsraum nicht auf die betriebliche Organisation beschränkt ist, sondern sich auch auf das Umsystem einer Unternehmung erstreckt [68], wird der Einsatz von EDV-Instrumenten in allen Bereichen der Personalwirtschaft nicht verneint, aber auch nicht weiter ausgeführt. Ansatzpunkte könnten sich allerdings in der eingenständig definierten Funktion der Personalinformationswirtschaft ergeben, die als der Teil der gesamten betrieblichen Informationswirtschaft betrachtet wird, der zur Erfüllung der Informationsbedürfnisse der personalwirtschaftlichen Funktionen sowie der Organisationsmitglieder notwendig ist [69]. Mit diesem Element der Personalwirtschaft wird nochmals die informationsorientierte Dimension

---

[66] Diese Meinung kommt auch bei Hentze zum Ausdruck, da ausdrücklich auf diese Situation hingewiesen wird, indem beispielsweise klar erkannt wurde, daß eine Substitution der Datenbankfunktion durch ein Expertensystem nicht möglich ist.
J. Hentze (1991a), S. 75

[67] J. Hentze (1991a), S. 73f.

[68] J. Hentze (1991a), S. 68f.

[69] J. Hentze (1991b), S. 288

der einzelnen Elemente der funktionalen Gliederung der Personalwirtschaft unterstrichen. Einschränkend ist hinzuzufügen, daß die in der Personalinformationswirtschaft dargelegten Informationsarten in erster Linie administrative Aufgabenbewältigungen unterstützen und ohne eine weitere Aufbereitung nicht als eine Grundlage für wissensbasierte edv-gestützte Systeme dienen können [70].

Es wird jedoch deutlich, daß im Vergleich zu Bisani die Systematisierung der Personalwirtschaft wesentlich detaillierter durchgeführt wurde und auch dem zunehmenden Einfluß der EDV im Personalwesen Rechnung getragen wurde [71]. Die einzelnen definierten personalwirtschaftlichen Funktionen stehen in einem logischen Zusammenhang [72] und könnten damit als Basis für ein Gesamtsystem der Personalwirtschaft die edv-orientierte Abbildung von Informations- und Entscheidungsprozessen zwischen den Funktionen ermöglichen [73]. Eine Analyse dieser Abbildung könnte sicherlich weitere Ansatzpunkte für die Vorgehensweise bei einer Untersuchung von Applikationsmöglichkeiten von Expertensystemen in der Personalwirtschaft liefern. Dazu wäre formal die Definition von Relationen zwischen den personalwirtschaftlichen Funktionen in einer zweidimensionalen Form notwendig, die entsprechend unter den informations- und entscheidungsorientierten Kriterien in einem ersten Schritt quantitativ und qualitativ unter dem Aspekt einer KI-Unterstützung zu analysieren wären. Bei einer derartigen Methode ist die Funktion der Personalinformationswirtschaft modifiziert in das System zu integrieren, da einzelne Elemente

---

[70] Die dargelegten Informationen dienen primär der Dokumentation, z.B. Informationen aus dem personalbezogenem Rechnungswesen, der Personalverwaltung u. Belegschaftsinformationen.

[71] Z.B. findet sich eine Berücksichtigung der immer mehr an Bedeutung gewinnenden Personalinformationssysteme. J. Hentze (1991b), S. 332

[72] Beginnend bei Personalbedarfsermittlung bis zur Personalfreistellung.

[73] Beispielsweise besteht ein Informationsbedürfnis zwischen der Personalbedarfsermittlung und der -beschaffung, das sich u.a. in einem notwendigen Anforderungsprofil für eine Stelle im Rahmen einer Personalbeschaffungsmaßnahme dokumentieren könnte.

dieser Funktion durch die Definition der Relationen zwischen den anderen Funktionen in die Systematisierung von Hentze eingehen. Die dadurch entstehende Struktur wäre dann methodisch betrachtet der Ausgangspunkt für eine interdisziplinäre Betrachtung der Personalwirtschaft. Die Abbildung I 4 zeigt die schematisierte Struktur dieses Modells, bei dem die einzelnen Elemente isoliert Gegenstand einer weiteren Analyse sein können und damit die notwendige Transparenz für weitere Schritte erhalten.

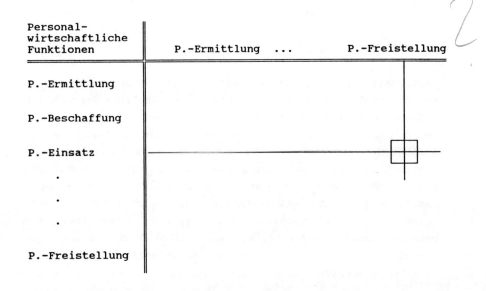

Abbildung I 4 : Struktur eines Analysemodells für informations- und entscheidungsorientierte Prozesse innerhalb der Personalwirtschaft [74]

---

[74] Unter Berücksichtigung einer funktionalen Gliederung der Personalwirtschaft nach Hentze.

Die Kreuzungspunkte in der in Abbildung I 4 aufgezeigten Matrix wären als Untersuchungsgegenstände zu betrachten [75], die aufgrund ihrer Abgrenzung Aussagen über die Verwendung von wissensbasierten Systemen zulassen könnten [76]. Das Modell schließt in dieser Form noch nicht die verschiedenen Ebenen des Entscheidungs- und Informationsprozesses ein, wie sie bei Hentze formuliert sind, wenn man die Personalplanung als eine Phase des Entscheidungsprozesses versteht. Gemeint ist die taktische, operative und strategische Ebene [77]. Dies würde dann ein dreidimensionales Untersuchungsmodell mit definierten Relationen ergeben, die auf drei Ebenen, unter Berücksichtigung von etwaigen Interdependenzen zwischen den Ebenen zu analysieren wären. Inwieweit dazu eine Notwendigkeit besteht, ist an dieser Stelle noch nicht zu klären.

Festzuhalten bleibt, daß die Systematisierung der Personalwirtschaft inhaltlich wie auch strukturell wesentliche Fortschritte zwischen den 70er und 80er Jahren gemacht hat und dadurch Ansätze für eine interdisziplinäre Betrachtung liefern kann. Man darf jedoch die Tatsache nicht vernachlässigen, daß die bisherigen Systematisierungen zwar über die reinen ökonomischen Restriktionen als Basis hinausgehen und z. B. soziale und verhaltenspsychologische Aspekte berücksichtigen, aber noch nicht im ausreichenden Maße edv-orientierte Gesichtspunkte einbeziehen. Auch wenn in verschiedenen Publikationen Ansätze zu verzeichnen sind, handelt es sich bei einer näheren Analyse eher um hypothetische oder fragmentarische Aussagen, die aufgrund von allgemein gehal-

---

[75] Beispielsweise in der Relation (Personalbedarfsermittlung/ -beschaffung) bestehen u.a. Informationsprozesse, die eine Stellenbeschreibung zum Ergebnis haben können. Dieses Ergebnis dient in der Personalbeschaffung wiederum als Grundlage für einen Entscheidungsprozeß der eine Bewerberauswahl zum Ergebnis haben kann.

[76] Diese Aussage muß an dieser Stelle noch im Konjunktiv formuliert werden, da die Validität durch eine fundiertere Diskussion über Expertensysteme noch zu untermauern ist.

[77] J. Hentze (1991a), S. 96f.

tenen Formulierungen kaum überprüfbar sind, als um Detailentwürfe, die einer Validitätsanalyse bzw. Durchführbarkeitsanalyse unterzogen werden bzw. standhalten könnten [78].

2.1.3 Die Systematisierung der personalwirtschaftlichen Funktionen nach Scholz

In jüngster Zeit sind zur Veränderung dieser Situation weitere Versuche unternommen worden, von denen die Arbeit von Scholz als ein vorläufiger Endpunkt zu betrachten ist [79]. Das Bemühen von Scholz zielt darauf ab, einen Ansatz in der Personalwirtschaft zu entwickeln, der sowohl verhaltens- als auch informationstheoretische Grundlagen berücksichtigt. Ausgangspunkt der Betrachtung von Scholz ist der Managementbegriff, von dem die drei Grundfunktionen der

- "Planung" (als gedankliche Vorwegnahme von Ereignissen),
- "Führung" (als Zielvorgabe und Zielreaktionskontrolle) sowie
- "Gestaltung" (als sach- und personenbezogene Umsetzung)

als zentrale betriebswirtschaftliche Zielsetzungen des Personalmanagement gefolgert werden [80]. In der weiteren Vorgehensweise werden bei Scholz die bisher beschriebenen personalwirtschaftlichen Funktionen als Personalmanagementfelder in folgender Form definiert [81]:

- Die Personalbestandsanalyse
  Sie hat die quantitative und qualitative Erfassung des Mitarbeiterpotentials sowie entsprechende Prognosen zum Ziel

---

[78] z.B. M. Domsch (1980)

[79] Ch. Scholz (1991)

[80] Ch. Scholz (1991), S. VI

[81] Ch. Scholz (1991), S. 9

- Die Personalbedarfsbestimmung
  Sie dient der Ermittlung des Soll-Personalbestandes

- Die Personalbeschaffung
  Mit dem Ziel einer Anpassung an den Personalbedarf

- Die Personalentwicklung
  Als Instrument zur Anpassung an den Qualifikationsbedarf

- Die Personalfreisetzung
  Als weitere Maßnahme zum Ausgleich zwischen Personalbedarf und Personaldeckung [82]

Die zwischen der Personalbeschaffung, -entwicklung und -freisetzung bestehenden Interdependenzen und die daraus resultierenden Aufgaben werden von Scholz in einem integrativen Aufgabenbereich zusammengefaßt, der als Personalveränderungsmanagement bezeichnet wird. Weitere Gebiete sind :

- Das Personaleinsatzmanagement
  Es hat die optimale Zuordnung von Mitarbeitern und Stellen zum Ziel, auch unter dem Aspekt der sinnvollen Gestaltung des Arbeitsplatzes, der Regelung der Arbeitszeit und des Arbeitsablaufes.

- Die Personalführung
  Im Gegensatz zum Personaleinsatzmanagement konkretisiert die Personalführung nicht formalisiert das Verhältnis zwischen Vorgesetzten und Mitarbeitern, sondern bezieht sich auf die zielorientierte Beeinflussung von Verhaltensprozessen.

---

[82] Diese Maßnahme wird von Scholz genauso wie bei Hentze nicht nur als "Entlassungsmaßnahme" verstanden.
Ch. Scholz (1991), S. 9;
J. Hentze (1991b), S. 258ff.

- Das Personalkostenmanagement
  Es stellt das Bindeglied zwischen dem Personalmanagement und den anderen Bereichen des Unternehmens dar.

- Das Personalinformationsmanagement
  Dieses Personalmanagementfeld befaßt sich mit der computergestützten Verarbeitung von Informationen über den "Potentialfaktor Mensch".

Die Zusammenfassung dieser aufgezählten Personalmanagementfelder ergibt das von Scholz danach definierte Personalmanagement, das sich inhaltlich auf diese Gebiete mit den Tätigkeiten des "Führens", "Planens" und "Gestaltens" bezieht. Eine weitere Differenzierung dieser deduzierten Tätigkeiten resultiert aus der Betrachtung des temporalen Aspektes, indem das Personalmanagement in verschiedenen Ebenen zu gestalten ist :

- der operativen,
- taktischen und
- strategischen Ebene [83].

Weitere Differenzierungskriterien für die Ebenengestaltung sind die organisatorische Einbindung in die Unternehmenshierarchie, das Maß an Relevanz des Handlungsobjekts, der Strukturiertheitsgrad der Planungsmethode sowie die Notwendigkeit des proaktiven Handelns [84].

---

[83] Ch. Scholz (1991), S. 12f.

[84] Ch. Scholz (1991), S. 13

Damit versteht zwar Scholz den "Personalmanagement"-Begriff in der konklusiven anglo-amerikanischen Version, er erweitert ihn jedoch in der Form, daß er das betriebliche Personalmanagement als eine funktionsspezifische Dimension des allgemeinen Managementprozesses auffaßt und entsprechend auf alle personalwirtschaftlichen Funktionen ausweitet [85].

Der ursprüngliche Personalmanagement-Ansatz mit einer Betrachtung der personalwirtschaftlichen Prozesse aus der Sicht der Führung [86] wird von Scholz damit weiter aufgegeben und das Personalmanagement mehr in eine reine funktionale Gliederung der Personalwirtschaft letztendlich überführt [87], wo die Personalführung als eigene personalwirtschaftliche Funktion aufgenommen ist, so daß die Arbeit von Scholz tatsächlich eher auf einer Systematisierung der Personalwirtschaft als auf einer Systematisierung des Personalmanagements beruht. Verstärkt wird dieser Eindruck durch die Tatsache, daß die einzelnen definierten "Personalmanagement-Felder" inhaltlich durch die Darstellung entsprechender Methoden die eingangs von Scholz postulierten Kriterien eines Personalmanagements, nämlich die Planung, Führung und Gestaltung vermissen lassen. Insofern erscheint es durchaus legitim, aus den von Scholz erarbeiteten Ergebnissen, trotz dieses zu verzeichnenden Mankos, eine weitere Systematisierung der Personalwirtschaft abzuleiten, die z.B. im Vergleich zu Hentze eine sehr detaillierte Beschreibung einer computerge-

---

[85] Der Bezug des Personalmanagements auf alle personalwirtschaftlichen Funktionen findet sich auch bei Berthel, allerdings mit einer strengeren Ausrichtung auf die Elemente des Planens und Gestaltens als Aufgabe des Personalmanagements ohne eine eigenständige Funktion der Personalführung wie es bei Scholz der Fall ist.
J. Berthel (1989);
Ch. Scholz (1991), S. IV

[86] Wie er sich z. B. bei Berthel noch zeigt.
J. Berthel (1989)

[87] Nicht zuletzt durch die Gestaltung des "Personalmanagentfeldes" der Personalführung.

stützten Personalinformationswirtschaft beinhaltet [88]. Insbesondere die Unterscheidung in mehrere Ebenen [89] und der ausdrückliche Hinweis, daß dieses "Personalmanagement-Feld" integrativ in bezug zu den anderen Management-Feldern zu sehen ist und für diese informationsversorgende Aufgaben wahrzunehmen hat [90], vermittelt einen möglichen Ansatzpunkt für eine eventuelle interdisziplinäre Sicht der Personalwirtschaft, nach einer näheren Analyse der von Scholz aufgezeigten Integration dieser im eigentliche Sinne zu verstehenden personalwirtschaftlichen Funktion im Gesamtsystem der Personalwirtschaft.

Zunächst einmal besteht die Aufgabe des Personalinformationsmanagements darin, die vorhandenen Management-Ebenen mit relevanten Informationen zu versorgen. Zu diesem Zweck wird von Scholz für das Informationsmanagement ebenfalls diese Dreiteilung übernommen, d.h., es existiert nach Scholz eine operative, taktische und strategische Ebene des Personalinformationsmanagements, die durch folgende Signifikanzen differenzierbar sind [91]:

- die operative Ebene
  (sie befaßt sich in erster Linie mit den Aufgaben und Inhalten von Personalinformationssystemen)
- die taktische Ebene
  (auf dieser Ebene sollen die Informationen über alle Personalmanagement-Felder aggregiert werden; diese Ebene impliziert damit sowohl das Personalberichtswesen als auch das Personalcontrolling)

---

[88] Die Personalinformationswirtschaft wird zwar von Scholz als Personalinformationsmanagement präsentiert, sie läßt aber ebenfalls die von ihm postulierten Managementkriterien vermissen und beschränkt sich nur auf die reine Beschreibung von möglichen EDV-Instrumenten zur Unterstützung der Aufgabenbewältigung in diesem Bereich.
Ch. Scholz (1991), S. 507ff.

[89] D.h. in eine operative, taktische u. strategische Ebene.

[90] Ch. Scholz (1991), S. 508

[91] Ch. Scholz (1991), S. 510

- die strategische Ebene
  (diese Ebene dient der Formulierung und Implementierung von langfristig gültigen Strategien für das Personalinformationsmanagement)

Auf den ersten Blick scheint diese Gliederung eines Personalinformationsmanagements sinnvoll und plausibel zu sein, und sicherlich verläuft in der Praxis, bewußt oder auch nicht bewußt, im Rahmen des personalwirtschaftlichen Entscheidungsprozesses der parallele Informationsprozeß auf den von Scholz diskutierten Ebenen ab. Insbesondere trifft dies für die operative Ebene zu, auf der schon seit Jahren Instrumente wie die Personalinformationssysteme Eingang gefunden haben. Auch die von Scholz als Alternativen aufgezeigten EDV-Systeme für diese Ebene werden im zunehmenden Maße zur Beschaffung und Aufbereitung von Informationen für den operativen Informationsprozeß genutzt [92]. Die von Scholz beschriebene taktische Ebene mit den beiden Komponenten Personalberichtswesen und Personalcontrolling stellt sich im Detail als fast schon traditionelles Element der Personalinformationstätigkeiten in der Praxis dar und findet sich auch dementsprechend in abgewandelter Form in älteren Systematisierungen der Personalarbeit, mit z. T. wesentlich präziseren Darlegungen wieder [93].
Innovative Aspekte ergeben sich in der Deskription der strategischen Ebene des Informationsmanagements, deren Aufgabe, d.h., die Formulierung und Implementierung von langfristigen Informationstrategien, nur in Verbindung mit allgemeingültigen Strategien grundsätzlicher Art bewältigt werden kann. Dies bedeutet bei Scholz die Entwicklung einer

- Strukturstrategie zur Konzeption der informatorischen betrieblichen Infrastruktur,

---

[92] Es handelt sich dabei um Kalkulations- und Textverarbeitungsprogramme sowie um Datenbanksysteme bzw. integrierte Softwarepakete.
Ch. Scholz (1991), S.522-530;
J. Hentze/ A. Heinecke (1989a), S. 19f.

[93] Z. B. bei J. Hentze (1986b), S. 327

- einer Methodenstrategie für die Selektion von Planungs- und Dispositionsansätzen in den Personalmanagement-Feldern und -Ebenen,

- Datenstrategie für eine sinnvolle Zuordnung von charakteristischen Datenbeständen zu der jeweiligen Managementebene,

- die Verwirklichung einer Akzeptanzstrategie zur Internalisierung der Bereitschaft betroffener Mitarbeiter und

- die Konzeption einer Informationskulturstrategie zur Ermittlung von unternehmenskulturellen Implikationen des Informationsmanagements.

Während die Forderung nach einer Struktur-, Methoden- und Akzeptanzstrategie bei der Formulierung und Implementierung eines Personalinformationsmanagements eine unbestrittene Berechtigung besitzt [94], scheint die Konzeption einer Informationskulturstrategie nicht so ohne weiteres einleuchtend, zumal das von Scholz in diesem Zusammenhang entwickelte duale Informationskulturmodell, strukturiert als Faktorenmodell [95], einen Interaktionsprozeß zwischen den Größen "Unternehmensleitung" und "kulturellen Grundannahmen" beschreibt, der mehr hypothetischen Charakter aufweist. Eine Reflexion dieser Determinanten auf die konkrete Ausgestaltung eines edv-gestützten Personalinformationsmanagements ist unter diesen Bedingungen kaum möglich und bedarf einer - bei Fortführung dieses Gedankens - fundierteren Analyse, die u.a. auch die technischen Restriktionen einbezieht, da auch von dieser Seite Beschränkungen bei der Konzeption der taktischen und strategischen Ebene des Personalinformationsmana-

---

[94] Sicherlich würde niemand ein Interesse daran besitzen, ein Personalinformationsmanagement als eine Art "Zufallsprodukt" in einer betrieblichen Organisation zu internalisieren.

[95] Die dazu notwendigen Basisnormen für die Bestimmung der Informationskultur wurden von Scholz aus den personenbezogenen Determinanten McClellands eines leistungsorientierten Verhaltens abgeleitet.
Ch. Scholz (1991), S. 565 u. 569

gements zu erwarten sind, wenn die drei Ebenen in integrativer Weise verstanden werden sollen [96].

Die Systematisierung von Scholz kann daher nicht als Grundlage für ein Diskussionskonzept der Personalwirtschaft im Hinblick auf den Einsatz von wissensbasierten Systemen ohne weiteres herangezogen werden, auch wenn festgehalten werden kann, daß formal der Versuch unternommen worden ist, die Funktion der Personalinformationswirtschaft funktionsübergreifend zu definieren und anhand einer EDV-Orientierung zu aktualisieren. Sicherlich ist in diesem Zusammenhang auch die vorgenommene Darstellung von möglichen EDV-Instrumenten [97] für die Unterstützung der Personalarbeit und die Differenzierung in verschiedene Ebenen des Informationsmanagements im Prinzip zu begrüßen, doch die inhaltliche Beschreibung der taktischen und strategischen Ebene kann einfach nur als zu allgemein und "künstlich aufgesetzt" bezeichnet werden. Abbildung I 5 zeigt in schematisierter Form das System des Personalmanagements mit den vorhanden Schnittstellen zu den anderen Bereichen der betrieblichen Organisation nach Scholz, welches aufgrund des erweiterten Begriffes des "Managements" durchaus als ein System der Personalwirtschaft aufgefaßt werden kann.

---

[96] Ch. Scholz (1991), S. 509f.
[97] Ch. Scholz (1991), S. 522ff.

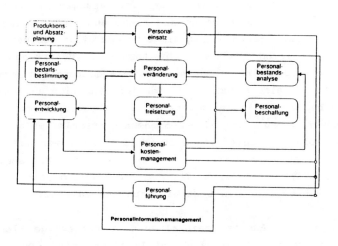

Abbildung I 5 : Das System des Personalmanagements [98]

Die eingezeichneten Pfeile in der Abbildung sollen den Zusammenhang zwischen den einzelnen Feldern verdeutlichen [99]. Der Vollständigkeit halber ist diese Darstellung durch die drei von Scholz definierten Management-Ebenen zu ergänzen, die insbesondere in bezug auf die Komponente des Personalinformationsmanagements die anderen Managementfelder einbetten.

---

[98] Ch. Scholz (1991), S. 11

[99] Die Abbildung zeigt u.a., daß ein Zusammenhang der Personalführung nur mit den Personalmanagementfeldern des Personaleinsatzes und der Personalentwicklung besteht und ein "Feed-back" auf die Personalführung nicht existiert.

Zur Entwicklung einer Methodik bei der Analyse von Applikationsmöglichkeiten von Expertensystemen im Personalbereich erweisen sich die bisher dargestellten Systematisierungen der Personalwirtschaft für ein Instrument als nicht ausreichend. Man darf bei einer solchen Feststellung die Tatsache nicht übersehen, daß alle dargestellten Ansätze nicht für einen derartigen Zweck entwickelt worden sind, sondern eher die Bedeutung der Personalwirtschaft als eigenständige betriebliche Funktion untermauern, der eine bedeutende Rolle im betrieblichen System zukommt. Insofern können interdisziplinäre Komponenten nur als Teilaspekt in einem personalwirtschaftlichen System behandelt werden. Es besteht damit für die weitere Vorgehensweise eine Notwendigkeit darin, eine Systematisierung für die interdisziplinären Belange zu modifizieren oder als Gesamtaufgabe neu zu konzipieren [100].

Alle dargelegten Ansätze beinhalten dazu notwendige Elemente, die zu diesem Zweck herauszukristallisieren sind. Doch zuvor scheint es sinnvoller zu sein, die Charakteristika und Funktionsweisen von wissensbasierten Systemen grundlegend zu untersuchen, um weitere Anhaltspunkte für die Kriterienbestimmung einer Ausgangsbasis zu erzielen.

---

[100] Was eine stärkere Berücksichtigung von personalwirtschaftlichen Teilfunktionen notwendig werden läßt.

3. Begriff und Formen der Künstlichen Intelligenz
3.1 Der Begriff 'Künstliche Intelligenz' und 'Expertensystem'

Der Begriff "Künstliche Intelligenz" (KI) ist eine Übersetzung des amerikanischen Begriffes "Artificial Intelligence", wobei der deutsche Begriff "Intelligenz" eine andere Bedeutung aufweist als das amerikanische Wort "Intelligence" [101]. Im weiteren Sinne ist unter dem Ausdruck "Intelligence" z. B. eine Information bzw. Nachricht zu verstehen, was durch die deutsche Übersetzung nicht berücksichtigt wird. Diese Mehrdeutigkeit des amerikanischen Begriffes setzt sich auch bei den Definitionsversuchen der KI weiter fort.
Nach einer Definition von E. Rich ist die "... Künstliche Intelligenz (KI) die Forschung darüber, wie man Computer Dinge ausführen lassen kann, die zur Zeit noch vom Menschen beherrscht werden" [102]. Der Nachteil bei dieser Definition liegt in der temporalen Justierung, die eine dynamische Fortentwicklung der Computertechnologie ignoriert.
Aber auch weit kuriosere Definitionen des KI-Begriffes trifft man in der einschlägigen Literatur. So läßt sich z. B. bei P. H. Winston folgende Definition der "Künstlichen Intelligenz" nachlesen [103] : "Künstliche Intelligenz ist die Untersuchung von Ideen, die es Computern ermöglichen, intelligent zu sein". Eine solche Definition trägt mehr zur Verwirrung als zur Klärung eines Begriffes bei, denn sie provoziert dazu, die vor einigen Jahren abgeschlossene Homunculusdiskussion wieder aufzunehmen.
Aber trotz einer Fülle von Definitionen zu dem Begriff "Künstliche Intelligenz" hat sich in der neueren Literatur eine recht alte Definition von M. L. Minsky durchgesetzt, die auch die erweiterte Bedeutung des ursprünglichen amerikanischen Ausdrucks nicht ausschließt [104] : "Artificial Intelligence is the science

---

[101] K. Kurbel (1989), S. 1

[102] aus : E. Rich (1989), S. 1

[103] aus : P. H. Winston (1989), S. 21

[104] aus : M. L. Minsky (1966), S. 15

of making machines do things that would require intelligence if done by men". Die in dieser Definition beschriebene Intention, nämlich Maschinen zu entwickeln, die eine selbständige Leistung erbringen, die in der Regel eine intelligente Vorgehensweise erfordern, hat sich im Rahmen der Informatik schon soweit als eigener wissenschaftlicher Zweig manifestiert, daß sich eine Fülle von Hauptforschungsgebieten der KI gebildet hat.
Hierzu zählen folgende Schwerpunkte [105] :

- Verarbeitung natürlicher Sprachen
- Deduktionssysteme und automatische Programmierung
- Analyse und Verstehen von Bildern
- Robotik
- Intelligent Computer aided Instruction (ICAI) (Intelligente Lehrsysteme)
- KI-orientierte Programmiersprachen
- Expertensysteme

Damit ist erkennbar, daß die Expertensysteme eines der Hauptforschungsgebiete der "Künstlichen Intelligenz" repräsentieren und dementsprechend einzuordnen sind.
Bei der begrifflichen Einordnung ergeben sich jedoch die gleichen Probleme wie bei der Charakterisierung des Begriffes "Künstliche Intelligenz". Für Kurbel [106] ist ein Expertensystem ein Programm, das "... in einem eng abgegrenzten Anwendungsbereich die spezifischen Problemlösungsfähigkeiten eines menschlichen Experten erreicht oder übertrifft". Diese Eigenschaft kann aber auch ein konventionelles Softwareprogramm - mit einem zugegeben hohen Aufwand - ebenfalls aufweisen. Eine präzisere Bestimmung des Begriffs "Expertensystem" wurde schon 1983 von Feigenbaum [107] vorgenommen, der bereits 1965 an der Entwicklung

---

[105] H.-J. Bullinger/K.-P. Fähnrich (1988), S. 7 f.;
J. H. Siekmann (1982), S. 3-8;
K. Kurbel (1989), S. 4-15

[106] K. Kurbel, (1989), S. 22

[107] E. A. Feigenbaum/P. McCorduck (1983), S. 63ff.

eines der ersten Expertensysteme beteiligt war. Demzufolge versteht man unter einem Expertensystem "...ein ... Computerprogramm, das Wissen und Inferenzverfahren benutzt, um Probleme zu lösen, die immerhin so schwierig sind, daß ihre Lösung ein beträchtliches menschliches Fachwissen erfordert ".
Insbesondere durch die Verwendung von Wissen und Inferenzmaschinen läßt sich eine deutliche Abgrenzung gegenüber den anderen Teilgebieten der KI-Forschung vornehmen.
Diese Definition gilt zwar auch gleichermaßen für die allgemeine Umschreibung von 'Wissensbasierten Systemen' (Knowledge-based systems), die von einigen Autoren immer noch als Oberbegriff von Expertensystemen aufgefaßt werden, aber eine Begriffsdifferenzierung erscheint nicht mehr sinnvoll, da sich gezeigt hat, daß das Forschungsgebiet der Expertensysteme mittlerweile so expandiert ist, daß ein klarer Ansatz für 'Wissensbasierte Systeme', die nicht als Expertensystem eingestuft werden können, nicht mehr erkennbar ist [108].

3.2 Ansätze und Entwicklung der 'Künstlichen Intelligenz'

Der Gedanke, Maschinen zu entwickeln, die Leistungen erbringen können, zu denen menschliche Denkprozesse notwendig sind, ist sehr alt und reicht weit über die Anfänge der Computertechnologie zurück. Die grundlegenden Ideen stammen demzufolge auch aus anderen wissenschaftlichen Disziplinen, insbesondere aus der mathematischen Logik, der Rekursivitätstheorie aber auch aus der theoretischen Linguistik und der kognitiven Psychologie [109].
Die Ursprünge der 'Künstlichen Intelligenz' als Forschungsgebiet sind damit interdisziplinär und nicht - wie vielfältig angenommen wird - in der Informatik zu finden.
Die Informatik hat jedoch in einem sehr starken Maße zu der Entwicklung dieses Forschungsgebietes bis zum heutigen Tage bei-

---

[108] P. Szolovitz (1988), S. 26

[109] H.-J. Bullinger / K.-P. Fähnrich (1988), S. 2; G. Barth/ T. Christaller u.a. (1991), S. 203

getragen. Wichtige Stationen dieses Entwicklungsprozesses sind die Forschungsarbeiten von A. M. Turing [110], der in den 50er Jahren eine theoretische Maschine entwickelte, damit erste Aussagen über die Berechenbarkeit treffen konnte und schon zu dieser Zeit erkannte, daß man mit Computern auch menschliches Problemlösungsverhalten simulieren kann, aber auch die Konferenz in Dartmouth 1956, wo der Begriff 'Artificial Intelligence' geprägt wurde. Der gesamte Evolutionsprozeß dieses wissenschaftlichen Forschungsgebietes läßt sich in drei Zeitstufen beschreiben [111] :

- die klassische Periode (1955-1960)

Innerhalb dieses Zeitraumes wurde ein für den weiteren Verlauf wichtiges Programm entwickelt : der "General Problem Solver" (GPS). Der GPS besaß zwar keine allgemeinen Problemlösungsfähigkeiten, erwies sich aber dennoch als relativ leistungsfähig und führte zu der Erkenntnis, daß die Entwicklung von allgemeinen Problemlösungsprogrammen den falschen Ansatzpunkt für eine weitere Forschung auf dem Gebiet der 'Künstlichen Intelligenz' darstellt [112].

- die romantische Periode (1965-1975)

Dieser zeitliche Abschnitt war durch das Suchen nach neuen grundlegenden Methoden und Techniken für die Darstellung der Probleme und die Wissenspräsentation gekennzeichnet, die mit Hilfe von spezialisierteren Programmen angewandt werden sollten.

---

[110] A. M. Turing (1950) S. 433-460;
D. Anderson (1989), S. 13ff.

[111] K. Kurbel (1989), S. 3;
St. E. Savory (1985), S. 14f.;
P. Jackson (1987), S. 3ff.

[112] K. Kurbel (1989), S. 3;
eine vertiefendere Beschreibung der Arbeitsweise eines GPS findet sich bei P. H. Winston (1987), S. 163-175 und Y. Sirai/Jun-ichi Tsujii (1984), S. 72-77

Ein wissenschaftlicher Durchbruch wurde in diesem Zeitraum noch nicht erreicht.

- die moderne Periode (ab 1975)

Erst in dieser Periode gelangte man zu der Erkenntnis, daß in erster Linie nicht die Verbesserung der Methoden und Techniken die Problemlösungsfähigkeit eines Programms steigern, sondern die qualitative Wissensaufbereitung. Je mehr spezifisches Wissen über ein Problem dem Programm zur Verfügung stand desto leistungsfähiger ließen sich Probleme mit den konstruierten Programmen lösen. Der Schwerpunkt der Forschung auf dem Gebiet der 'Künstlichen Intelligenz' verlagerte sich immer weiter auf die Wissensaufbereitung und -präsentation [113]. Die Programme wurden für spezielle, eng abgegrenzte Problembereiche entwickelt und das notwendige Wissen für den Problemlösungsprozeß durch Expertenbefragungen erfaßt. Wichtige Programmsysteme, die einen entscheidenden Beitrag zur Weiterentwicklung von diesen wissensbasierten Systemen leisteten, waren MYCIN [114] und GUIDON [115]. Ein weiterer Schritt war die Entwicklung von KI-orientierten Programmiersprachen (z. B. PROLOG), deren Sprachstruktur der Problemlösungsmethodik von wissensbasierten Systemen angepaßt

---

[113] N. H. C. Thuy/ P. Schnupp (1989), S. 30

[114] MYCIN ist ein Prototyp eines Expertensystems für die Diagnose von Meningitis, es wurde an der Universität von Stanfort entwickelt und gilt als Pioniersystem im Bereich der KI-Forschung.
L. Johnson/ E.T. Keravnou (1988) S. 6ff.;
P. Raulefs (1982), S. 67-75;
K. Kurbel (1989), S. 33-34

[115] GUIDON ist ein Lehrsystem, das auf MYCIN aufbaut und angehende Mediziner im Bereich der Diagnostik trainieren soll, indem in einem Konsultationsprozeß zwischen Mensch und Maschine Krankheitssymptome eines vermeintlichen Patienten erfragt werden können, um letztendlich eine Diagnose stellen zu können, die vom System überprüft wird.
P. Harmon / D. King (1989), S. 267

wurde und damit die Effizienz dieser Systeme wiederum steigerten [116].

Erst in diesem Zeitabschnitt erfolgte eine Splittung des Forschungsgebietes in mehrere Teilbereiche und man begann von Expertensystemen zu sprechen, die als eigenständige Teildisziplin neben den anderen Forschungsschwerpunkten der 'Künstlichen Intelligenz' betrachtet werden müssen (siehe Abbildung I 6), die sich im gleichen Zeitraum herauskristallisierten.

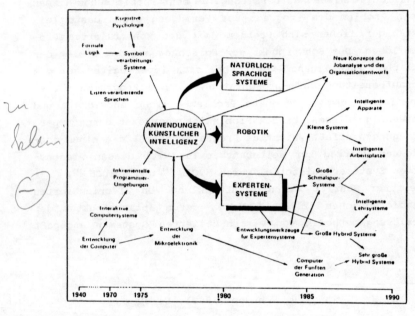

Abbildung I 6 : Die Evolution der 'Künstlichen Intelligenz' und der Expertensysteme [117]

---

[116] PROLOG ist eine auf der Prädikatenlogik basierende Programmiersprache, die 1972 von A. Colmerau und P. Roussel in Marseille erstmals implementiert wurde.
K. Kurbel (1989), S. 118 ff.;
P. Harmon / D. King (1989), S. 101-103

[117] P. Harmon/ D. King (1989), S. 5

In diesem Zusammenhang sind einmal die natürlichsprachigen Systeme [118] und die Robotik [119] zu nennen. Anfang der 80er Jahre bildeten sich weitere Teildisziplinen der 'Künstlichen Intelligenz' wie z. B. die Bildanalyse [120] und intelligente Lehrsysteme [121].

Den vorläufigen Abschluß dieser Entwicklung stellt ein ehrgeiziges Projekt von acht japanischen Unternehmen dar, die sich zum Ziel gesetzt haben, eine neue Computergeneration (Computer der 5. Generation) im Laufe von ca. 10 Jahren zu schaffen, die in der Lage sein sollen zu lernen, zu assoziieren und Entscheidungen zu treffen, die bisher nur mit Hilfe menschlicher Vernunft möglich waren [122].

Das Gebiet der Künstlichen Intelligenz verkörpert damit eine Schlüsselfunktion für den Einsatz von Computern in der näheren Zukunft.

---

[118] Gegenstand dieses Forschungsgebietes ist die Untersuchung natürlicher Sprache und die Entwicklung von Programmsystemen, mit denen ein natürlichsprachlicher Dialog über einen eingeschränkten Bereich möglich ist. Erste Ansätze finden sich in den Arbeiten von T. Winograd (1972).

[119] Gegenstand dieses Forschungsgebietes ist die Entwicklung von computergesteuerten Handhabungssystemen, die eine zunehmende "Eigenintelligenz" entwickeln. Die Anfänge gehen auf Arbeiten von P. Hart (1972) und P. Ambler (1975) zurück.

[120] Die Bildanalyse befaßt sich mit den Mechanismen der visuellen Wahrnehmung von Gegenständen und liefert wichtige Erkenntnisse für das Gebiet der menschlichen Wahrnehmung aber insbesondere für technologische Anwendungen im Bereich des Roboterbaus und der Konstruktion von medizinischen Geräten.
J. Siekmann (1982), S. 5;
P. H. Winston (1987), S. 349-396;
B. Neumann (1982), S. 285-349

[121] Diese Systeme sind in der Lage, sich dem Niveau des Benutzers anzupassen und aufgrund des Benutzerverhaltens ein adäquaten Programmablauf zusammenzustellen.
K. Kurbel (1989), S. 13;
B. Buchberger (1982), S. 142-196

[122] A. W. Scheer (1985), S. 179-182

4. Expertensysteme

Expertensysteme unterscheiden sich von der konventionellen Software durch ihre Einsatzmöglichkeiten. Während die Einsatzfelder der konventionellen Software vorwiegend im Bereich der Verarbeitung von Massendaten und der Bearbeitung von gut strukturierbaren Problemen liegen, etwa im betrieblichen Sektor im Rechnungswesen, der Lagerhaltung, Stücklistenauflösung und Überwachung von Produktionsabläufen, simulieren Expertensysteme das menschliche Problemlösungsverhalten – jeweils auf ein eng spezifiziertes Problem beschränkt – und sind damit für völlig andere Anwendungsgebiete prädestiniert.

Allgemein lassen sich diese Anwendungsgebiete so umschreiben :

- es liegt ein schlecht strukturierbares komplexes Problem vor,
- welches ein "intelligentes" Verhalten erforderlich werden läßt
- und damit nach einer Integration von unterschiedlichem Wissen
  beim Problemlösungsprozeß verlangt um
- vorhandene Interpretationsspielräume zu verringern bzw. zu beseitigen.

Weitere Abgrenzungsmerkmale zwischen der konventionellen Software und den Expertensystemen finden sich in der Konzeption der Systeme. Herkömmliche Software ist immer durch die Dreiteilung

- Programm
  (Eine Sammlung von statischen, sich nicht selbst veränderbaren Algorithmen),
- Daten
  (als Verarbeitungsobjekt zu betrachtende Komponente) und
- I/O-Prozeduren
  (Schnittstelle zwischen Mensch/Maschine bzw. Maschine/Maschine)

gekennzeichnet.

Dieses Softwarekonzept ist auf Expertensysteme nicht mehr transferierbar. Obwohl die Expertensysteme keine einheitliche Konzeption besitzen, sind sie völlig zu der dargelegten Dreiteilung different.

4.1 Der Aufbau eines Expertensystems

Die beschriebenen Anwendungsgebiete der Expertensysteme liefern den Rahmen für die Architektur dieser Systeme. Danach müssen folgende Anforderungen erfüllt sein :

- Expertensysteme sollen quantitativ und qualitativ ein komplexes Expertenwissen verarbeiten können. Dieses Wissen muß edv-"gerecht" zur Verfügung stehen, d. h. - datentechnisch betrachtet - in elektronischer Form gespeichert sein.

- Expertensysteme sollen das menschliche Problemlösungsverhalten simulieren können. Dies erfordert die Entwicklung und den Einsatz von entsprechenden Methoden und Mechanismen, mit denen das gespeicherte Wissen modifiziert werden kann.

- Die mit Hilfe dieser Methoden erzielten Ergebnisse sollen nachvollziehbar sein. Es ist damit ein Programmodul erforderlich, welches das Problemlösungsverhalten des Systems dem Benutzer aufzeigt und erklärend darstellt.

- Die Ergebnisse und Erklärungen müssen dem Benutzer eines Expertensystems in einer überschaubaren Form zugänglich gemacht werden. Eine komfortable Benutzeroberfläche für ein Expertensystem ist damit unumgänglich.

Gemäß dieses groben, aber für Expertensysteme allgemeingültigen Anforderungskatalogs ergeben sich folgende Architekturelemente eines Expertensystems [123]:

- die Wissensbasis (Knowledge base)
  (für die Speicherung des Expertenwissens in Form von Regeln und Fakten)

- die Wissenserwerbskomponente (Kowledge acquisation facility)
  (sie ist sowohl die Schnittstelle zwischen Expertensystem und dem Experten als auch das Aufbereitungsmodul dieses Wissens für die Wissensbasis)

- die Inferenzmaschine (Inference system)
  (sie beinhaltet die Methoden für das Problemlösungsverhalten und die Steuerung des Systems)

- die Erklärungskomponente (Advice, explanations)
  (ein Programmodul für die Darstellung und Erläuterung des Lösungsweges)

- die Benutzerschnittstelle (Input/Output system)
  (als Schnittstelle zwischen Mensch und Maschine)

Die aufgezählten Elemente sind sowohl in eine logische als auch technische Beziehung zueinander zu setzen. Zudem besitzen die einzelnen Komponenten eines Expertensystems spezifische Charakteristika, die einer näheren Erläuterung bedürfen. Die Abbildung I 7 zeigt daher in schematisierter Form nur die grobe Architektur eines Expertensystems und die logischen Verknüpfungen der Elemente (hier durch Pfeile angedeutet).

---

[123] E. A. Feigenbaum/ P. McCorduck (1983), S. 77ff.;
A.-W. Scheer (1988), S. 7-9;
F. Puppe (1986), S. 2;

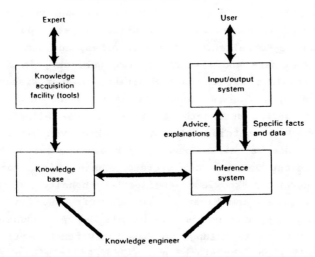

Abbildung I 7 : Die Architektur eines Expertensystems [124]

Der in der Darstellung nicht aufgeführte Arbeitsspeicher ist nicht der Architektur zuzurechnen, er ist aber für die Verarbeitung der Informationen in der Wissensbasis unerläßlich, da komplexe Wissensbanken nur auf Sekundärspeichermedien abgelegt werden können. Eine Bearbeitung dieser abgelegten Daten kann - aufgrund der Arbeitsweise von Rechneranlagen - jedoch nur durch einen partiellen Transfer zwischen Sekundärspeichermedium und Arbeitsspeicher erreicht werden.

---

[124] E. A. Feigenbaum/ P. McCoduck (1983), S. 76

4.2 Die Komponenten eines Expertensystems

4.2.1 Die Wissensbasis

Die Wissensbasis oder auch Wissenskomponente [125] enthält die Fakten und Regeln, die auf dem Expertenwissen zu einem bestimmten Anwendungsgebiet basieren. Dieses Wissen, durch Befragung oder andere Konsultationsformen erworben, muß, in eine elektronisch speicher- und fixierbare Form gebracht, in der Wissensbasis abgelegt werden. Die Modifikation des Wissens für die Speicherung in der Wissensbasis kann in der Regel nicht vom Experten selbst durchgeführt werden, da die Wissensrepräsentation [126] Fachkenntnisse über die Struktur von Wissensbasen erfordert, die bei einem Experten für ein spezielles Anwendungsgebiet nicht vorausgesetzt werden können. Diese Aufgaben sind dem sogenannten "knowledge-engineer" vorbehalten, der als Bindeglied zwischen dem Experten und dem aufzubauenden System fungiert und dementsprechend sowohl mit dem Anwendungsgebiet als auch mit der Entwicklung von Expertensystemen vertraut ist. Er ist damit auch sehr stark in den Prozeß der Wissensakquisition involviert.

Bei der Wissensrepräsentation werden grundsätzlich zwei Formen unterschieden, die sich einander nicht ausschließen, sondern sich an die Differenzierung zwischen Fakten und Regeln in der Wissensbasis anlehnen. Zum einen bezeichnet man die Darstellung des Wissens in der Wissensbasis in Form einer statischen Sammlung von Fakten als deklarative oder passiv-deklarative Wissensrepräsentation [127], während man von einer prozeduralen oder auch aktiv-prozeduralen Wissensrepräsentation bei der Formulierung

---

[125] Dieser Begriff wird in einigen wissenschaftlichen Abhandlungen synonym verwandt.
A.-W. Scheer (1988), S. 8

[126] Unter einer Wissensrepräsentation ist eine bestimmte Form der Informationscodierung zu verstehen, die auf den Informationsverarbeitungsprozeß abgestimmt ist.

[127] K. Kurbel (1989), S. 36f.;
E. Puppe (1986), S. 5;
N. H. C. Thuy/ P. Schnupp (1989), S. 75

von Bearbeitungsvorschriften für das Wissen im ES (Konstruktion von Regeln) spricht. Insbesondere bei der Darstellung heuristischen Wissens ist die Nutzung von prozeduralen Methoden der Wissenrepräsentation unumgänglich. Die wichtigsten Methoden der Wissensrepräsentation sind [128]

- semantische Netze (semantic networks)
- Objekt-Attribut-Wert-Tripel (object-attribute-value-triplets)
- Prädikatenlogik (predicate logic)
- regelbasierte Wissensrepräsentation (logical representation schemes)
- Frames

Zwischen diesen Methoden existieren wiederum Mischformen. Es ist auch davon auszugehen, daß die Wissensrepräsentation bei der Entwicklung von Expertensystemen auf keiner reinen der o.g. Methoden beruht.

- semantische Netze

Die semantischen Netze sind eine Darstellungsform, bei der das Wissen in Form von Netzwerkstrukturen abgebildet wird. Ein solches Netz besitzt zwei verschiedene Elemente :

- die Knoten
  (sie beinhalten Ereignisse, Objekte, Abstraktas)
- die Kanten
  (sie beschreiben die Beziehungen zwischen den Knoten).

Diese Beziehungen besitzen in der Regel einen hierarchischen Charakter, so daß sich für die Wissenspräsentation eines Sachverhalts ein gerichteter Graph ergibt, dessen Kanten die Beziehungen beschreiben, während die Knoten Elemente repräsentieren, die mit dem hierarchisch zu präferierenden Objekt in irgendeiner

---

[128] Ch. Fenly (1988), S. 8f.;
K. Kurbel, (1989), S. 38;
G. Rahmstorf (1987), S. 12
H.-J. Bullinger/ G. Wasserloos (1989), S. 24
M. Richter (1989), S.119

Verbindung stehen. Die Abbildung I 8 zeigt ein Beispiel für ein semantisches Netz.

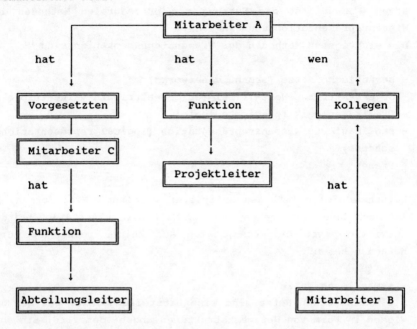

Abbildung I 8 : Beispiel für ein semantisches Netz [129]

Die in der Abbildung beschriebenen Kanten stellen hierarchische Beziehungen dar, wobei die getroffenen Aussagen über einen Knoten einer höheren Hierarchiestufe für untergeordnete Knoten ebenfalls eine Gültigkeit besitzen. Die Vorteile dieses Repräsentationsschemas liegen in dem hohen Flexibilitätsgrad. Durch das Einfügen neuer Knoten und Kanten ergeben sich detaillierte Aussagen über das Gesamtsystem. Allerdings lassen sich nur statische Fakten mit dieser Methode beschreiben [130].

---

[129] Im Beispiel wird die Stelleneinordnung eines Stelleninhabers dargestellt.

[130] Dies ist auch der Grund, daß einige Autoren die semantischen Netze nicht als eigenständige Form der Wissenrepräsentation betrachten.
F. Puppe (1988), S. 32

- Objekt-Attribut-Wert-Tripel (O-A-W-Tripel)

Eine weit verbreitete Methode der Wissensrepräsentation ist die Darstellung in einem O-A-W-Tripel. Die Objekte stehen im allgemeinen für Begriffe und Gegenstände, denen mit Hilfe des Attributs gewisse Eigenschaften zugeordnet werden können. Die spezifische Ausprägung dieser Eigenschaften wird als Wert bezeichnet. Die Komponenten des Tripels sind prinzipiell mit den Knoten eines semantischen Netzes vergleichbar, die allein durch die Definition in einem Tripel in Beziehung zueinander gesetzt werden. Damit lassen sich die O-A-W-Tripel als Spezialfall der semantischen Netze interpretieren [131]. Die Tripel können durch Hinzufügen neuer Tripel untereinander in neue Relationen gesetzt werden, so daß durch diesen Tripel-Verkettungsprozeß Netzwerkstrukturen von semantischen Netzen entstehen. Auch die O-A-W-Tripel zählen damit zu den objektorientierten Methoden der Wissensrepräsentation.

- Prädikatenlogik

Die Prädikatenlogik ist aus dem als allgemein zu betrachtenden logischen System der Aussagenlogik hervorgegangen [132]. Sie ist eine Erweiterung der Aussagenlogik, indem die vorhandenen Objekte, über die eine Aussage getroffen wird, mit Prädikaten versehen werden [133]. Prädikate sind Aussagen über Objekte und haben einen Wahrheitswert (wahr oder falsch). Das Prädikat ist innerhalb der Prädikatenlogik eine Funktion, die einer Kombination von Argumenten (Objekten) einen Wahrheitswert zuordnet. Z. B. kann die Aussage, daß Mitarbeiter C Vorgesetzter von Mit-

---

[131] P. Harmon / D. King (1989), S. 45;
K. Kurbel (1989), 40f.;
J. Hentze / A. Heinecke (1989c), S. 103

[132] Aussagen werden als falsch oder wahr eingestuft. Eine Verknüpfung der Aussagen erfolgt über z. B. UND-, ODER-, NICHT-Relationen und erzeugt neue Aussagen. Die Aussagelogik ermittelt den Wahrheitswert von Aussagen, der auch in Abhängigkeit von der Art der Aussageverbindung durch Regeln bestimmt werden kann.

[133] P. H. Schmitt (1987), S. 79

arbeiter A ist durch das Prädikat :

Mitarbeiter A (Mitarbeiter C,Vorgesetzter)

beschrieben werden.
Die Aussagen können durch All- und Existenz-Quantoren [134] detaillierter gestaltet werden.
Das besondere Interesse an der Prädikatenlogik rührt jedoch daher, daß das gesamte System geschlossen ist und formale Konklusionsmechanismen erlaubt. Wenn z. B. aus einer Aussage (A) eine weitere Aussage (B) folgt (A => B) und A ist eine wahre Aussage, dann muß auch B eine wahre Aussage sein [135]. Ein weiteres Schlußfolgerungsverfahren ist die Resolution [136]. Dabei werden zwei wahre Aussagen (A und C) mit der Aussagekonjunktion ODER verbunden (A ODER C). Wenn nun eine Implikation zu einer Aussage B besteht (A => B), folgt daraus, daß auch (B ODER C) gilt.
Die Prädikatenlogik ist auch in anderen Gebieten der Künstlichen Intelligenz anzutreffen, insbesondere in dem Gebiet der Deduktionsverfahren, wo sie eine zentrale Rolle einnimmt.

- regelbasierte Wisssensrepräsentation
Die häufigste Form der Wissensrepräsentation bei den Expertensystemen ist die Verwendung von Regeln. Die meisten Expertensysteme oder Entwicklungswerkzeuge sind regelbasierte Systeme [137].

---

[134] Ein Prädikat kann damit für alle Argumente gelten oder für mindestens einen Vertreter eines Arguments.
Eine ausführliche Darstellung der Prädikatenlogik, des Prädikatenkalküls und der Klauseln findet sich bei :
P. Jackson (1985), S. 77-99;
K. Parasaye, M. Chignell (1988), S. 78-94

[135] Diese Form der Konklusion wird auch als **Modus ponens** bezeichnet.

[136] P. H. Winston (1987), S. 232ff.

[137] F. Puppe (1988), S. 2
G. Rahmstorf (1987), S. 12;

Dies ist nicht zuletzt durch die für menschliche Denk- und Verhaltensformen geläufige Ausdrucksweise erklärbar [138].
Eine allgemein formulierte Regel lautet :

WENN "Prämisse" DANN "Konklusion"

Eine Regel besteht also aus einer Prämisse und einer Konklusion, womit wie in der Prädikatenlogik ebenfalls eine Implikation beschrieben werden kann. Allerdings verbirgt sich bei den regelbasierten Systemen keine Aussage sondern eine Aktion hinter der Konklusion einer Regel. D. h., wenn eine Prämisse zutrifft, wird die in der Konklusion definierte Aktion ausgeführt. Der Prämissenteil der Regel kann auch durch eine Verknüpfung von mehreren Prämissen (z. B. UND- oder ODER-Verknüpfung) erweitert werden, um so eine Fülle von konditionellen Influenzfaktoren für die Durchführung einer Aktion beschreiben zu können. Auch die Konklusion muß nicht unbedingt auf eine Aktion beschränkt bleiben, sondern kann durchaus eine Vielzahl von Aktionen beschreiben, die bei Erfüllung der Prämisse auszuführen sind.
Die Bearbeitung der Konklusion führt dabei zu neuen Fakten, die der Wissensbasis zugefügt werden müssen. Man bezeichnet die Regeln daher auch als Produktionen oder Produktionsregeln [139], mit denen aus bekannten Fakten neue Fakten erstellt werden. Der Prozeß der Faktenerzeugung läuft in drei Phasen ab :

- Laden von bestehenden Fakten aus einer Datei [140],
- Anwendung der Produktionen auf die Fakten und Erzeugung neuer Fakten,
- Abspeichern der neuen Fakten in die Faktenbasis.

---

[138] Auch in anderen Bereichen ist diese Darstellungsform zu finden, z. B. bei Gesetzesformulierungen, Entscheidungstabellen usw.

[139] K. Kurbel (1989), S. 49

[140] In diesem Fall bezeichnet man diese Datei auch als Faktenbasis.

Ein System, das den Prozeß der Faktenerzeugung in dieser Form leisten kann, wird auch als Produktionssystem bezeichnet [141].

- Frames

Frames sind eine andere Methode der Wissenrepräsentation. Ein Frame beschreibt ein Objekt in einer tabellenähnlichen Form, wobei die einzelnen Zeilen als Slots [142] bezeichnet werden. Diese Slots beinhalten jeweils mit dem Objekt assoziierte Informationen, die sich aus Attributen und deren wertmäßiger Ausprägung bestimmen. Anstelle der wertmäßigen Ausprägungen können auch andere Zeiger auf andere Frames definiert werden, so daß auch bei dieser Darstellungsform Relationen zwischen den Objekten erstellt werden können. Mit diesem Instrument lassen sich auch sogenannte Unterframes von einem Frame anlegen, welche die Eigenschaften des Vorgängerframes übernehmen [143]. Frames sind keine rein deskriptive Form der Wissensrepräsentation, sondern können auch als prozedurale Methode eine Anwendung finden, da eine Belegung der Slots mit prozeduralen Ausdrücken zur wertmäßigen Bestimmung anstatt eines Wertes ebenfalls möglich ist. Damit lassen sich auch die vorher beschriebenen Produktionsregeln in einem Frame realisieren. Frames ermöglichen eine umfangreiche Repräsentation des Wissens, die jedoch ungleich schwieriger im Vergleich zu den O-A-W-Tripeln oder den regelbasierten Systemen zu gestalten ist. Vielfach wird in der Literatur auch die These [144] aufgestellt, daß Frames als ein Sonderfall der semantischen Netze anzusehen sind. Diese Meinung kann jedoch nicht geteilt werden, da die semantischen Netze eindeutig den deskriptiven Repräsentationsmethoden zugeordnet werden müssen, was für die Frames nicht zutrifft.

---

[141] Auf die Kontrollmechanismen und Methodik des Systems wird an anderer Stelle vertiefender eingegangen.

[142] Sogenannte Abteile, im eigentlichen Sinn versteht man unter einem Slot im deutschen den Begriff "Schlitz".

[143] Eine solche Vorgehensweise wird auch als Aufbau einer Vererbungshierarchie bezeichnet.
vgl. F. Puppe (1986), S. 6;

[144] P. Harmon / D. King (1989), S. 52f.

Eine Klassifikation der diskutierten Methoden ergibt im Hinblick auf den deskriptiven bzw. prozeduralen Charakter folgendes Bild (siehe Abbildung I 9) :

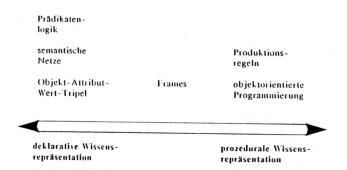

Abbildung I 9 : Deklarative und prozedurale Wissensrepräsentationsmethoden

Die meisten der bisher entwickelten Wissensbasen für Expertensysteme fußen auf dem O-A-W-Tripel oder sind regelbasierte Systeme, während die semantischen Netze mehr einen theoretischen Ansatz für die Funktionsbeschreibung von Wissenrepräsentationen darstellen. Aber auch die Prädikatenlogik gewinnt mehr und mehr an Bedeutung. Insbesondere in Japan und Europa genießt sie aufgrund ihrer Leistungsfähigkeit eine zunehmende Wertschätzung [145]. Eine wichtige Determinante für die Verbreitung der dargestellten Methoden sind natürlich die Implementierungswerk-

---

[145] P. Harmon / D. King (1989), S. 55

zeuge [146], welche eindeutig für die Konstruktion von regelbasierten Systemen bzw. O-A-W-Tripeln angelegt sind.

4.2.2 Die Inferenzmaschine

Die zweite Komponente eines wissensbasierten Systems ist die Inferenzmaschine. Ihre Aufgabe besteht in der Anwendung, Steuerung und Kontrolle von Inferenzmechanismen [147]. Grundsätzlich lassen sich drei Formen der Inferenz für Expertensysteme festhalten [148]:

- das deduktives Schließen (Modus ponens),
- das approximatives Schließen und
- die Resolution.

Das deduktive Schließen ist die am häufigsten verbreitete Inferenzstrategie bei den wissensbasierten Systemen. Sie basiert auf der Anwendung von logischen Regeln (Modus ponens) auf vorhandenem Wissen und Fakten. Durch das deduktive Schließen werden aus bestehenden Fakten neue Fakten erzeugt. Wenn z.B. die Aussage A wahr ist und eine Regel existiert, die besagt, daß wenn A dann auch B, folgt daraus, daß auch B wahr sein muß. Der Vorteil dieses Inferenzverfahrens liegt in der Einfachheit der Regeln und Verständlichkeit der Deduktionsergebnisse.
Eine zweite Form der Inferenz ist das approximative oder probabilistische Schließen, das insbesondere bei unvollständigen Informationen Ergebnisse liefern kann. Die Voraussetzung, daß der Wahrheitswert einer Prämisse einer Regel zu überprüfen ist,

---

[146] Implementierungswerkzeuge sind in erster Linie KI-orientierte Programmiersprachen bzw. sogenannte Entwicklungsplatzsysteme, auf die jedoch an anderer Stelle näher eingegangen wird.

[147] Unter dem Begriff 'Inferenz' ist die Eigenschaft zu verstehen, aus vorhandenem Wissen neues Wissen mit Hilfe von Regeln zu erschließen.

[148] P. Harmon / D. King (1989), S. 56

wird bei diesem Verfahren aufgehoben und durch eine Zuordnung eines Konfidenzfaktors (Certainty Factor) [149] zu einer Prämisse ersetzt. Die aus einer Regel gezogene Schlußfolgerung wird durch den Konfidenzfaktor der Prämisse beeinflußt und weist ebenfalls einen Konfidenzwert auf, der auf zweifache Art und Weise zustandekommen kann:

- Wenn die Prämisse einen eindeutigen Wahrheitswert aufweist, erfolgt eine Zuordnung des Konfidenzfaktors des bearbeiteten Faktums zu der Konklusion der Regel.

- Weisen die Prämisse und die Konklusion einer Regel jeweils einen Konfidenzfaktor auf, bestimmt sich der neue Konfidenzfaktor der Konklusion bei Anwendung der Regel aus dem Produkt des Prämissenkonfidenzfaktors und des alten Konklusionskonfidenzfaktors (siehe Beispiel).

Zum zweiten Fall ein Beispiel :
Die Regel lautet :
WENN eine Umsatzsteigerung von 12 % erreicht wird, DANN ist ein zweites Produkt einzuführen.

Die Konfidenzfaktoren lauten : Umsatzsteigerung 12 % = 0.6
Produkteinführung = 0.4

Bei Anwendung der Regel ergibt sich für die tatsächliche Produkteinführung ein Konfidenzfaktor von 0.24 (0.6 x 0.4).
Wäre die Prämisse der Regel eindeutig, d.h. der Konfidenzfaktor beträgt 1.0 würde sich für die tatsächliche Produkteinführung

---

[149] In der Regel liegt das Zahlenintervall für die Konfidenzfaktoren zwischen 0 und 1, wobei ein Faktor 1 ein Zutreffen der Prämisse mit eindeutiger Sicherheit bezeichnet, während der Faktor 0 ein Zutreffen der Prämisse mit vollständiger Unsicherheit beschreibt.
K. Parsaye/ M. Chignell (1988), S. 40;
J. G. Cleary (1988), S. 325

ein Konfidenzfaktor von 0.4 ergeben, was dem ersten dargelegten Fall entspricht.
Die Notwendigkeit einer solchen Inferenzstrategie scheint auf dem ersten Blick umstritten, sie ist aber zu bejahen, da Schlußfolgerungsverfahren bei unvollständigen Informationen in vielen Fällen auch von menschlichen Experten vorzunehmen sind. Auch Experten sind in der Lage, ohne vollständige Informationen Ratschläge zu erteilen. Gerade solche Situationen erzwingen die Konsultation eines Experten, um trotz unvollständiger Informationen eine Lösung anstreben zu können.
Ein weiteres Inferenzverfahren, das auf der Grundlage der vollständigen Information eine Anwendung finden kann, ist das Resolutionsverfahren [150]. Es dient dazu, anhand einer Zahl von logischen Regeln festzustellen, ob ein neues Faktum erzeugt werden kann. Kern des Resolutionsverfahrens ist die Transformation von WENN-DANN-Regeln bzw. Aussagen in sogenannte ODER-Aussagen. So ist z. B. die Aussage :" WENN A, DANN B" äquivalent zu der Formulierung " Nicht (A) oder B".
Eine weitere Operation, die bei der Resolutionsmethode benötigt wird, ist die Zusammenfassung von mehreren ODER-Verknüpfungen [151].
Anhand dieser zusätzlichen Operationen lassen sich ähnliche Ergebnisse erzielen wie bei dem o. b. ursprünglichen deduktiven Schließen. Es ist auch durchaus möglich, die Modus-ponens-Struktur durch die Resolutionsmethode zu ersetzen.
Eine Inferenzmaschine benötigt neben der verwendeten Inferenzform weitere Methoden, mit denen insbesondere der Ablauf des Inferenzverfahrens gesteuert und überwacht werden muß [152].

---

[150] Y. Shirai/ Jun-ichi Tsujii (1984), S. 77

[151] Z. B. können die Ausdrücke "Nicht(A) oder B" und "B oder C" zu dem Ausdruck "B oder C" zusammengefaßt werden.

[152] Neben diesen Verfahren existieren auch Techniken für die Effizienzmessung von Regelwerken bei gegebenen Inferenzprozessen. Näheres dazu findet sich bei : M. Shanahan/ R. Southwick (1989), S. 22ff.

Notwendig sind diese Methoden aus zwei Gründen :

1. Ein Expertensystem muß in der Lage sein, den Ausgangspunkt für einen Inferenzmechanismus bei gegebenen Fakten und Regeln in der Wissensbank zu lokalisieren.

2. Bei auftretenden alternativen Inferenzschritten während des Schlußfolgerungsprozesses muß die eindeutige Bestimmung des nächsten Inferenzschrittes gewährleistet sein.

Für die Erfüllung dieser Aufgaben bieten sich unterschiedliche Methoden an [153] :

1. Die Vorwärtsverkettung (Forward-chaining)

2. Die Rückwärtsverkettung (Backward-chaining)

Für die Lokalisierung des Ausgangspunktes bei Durchführung des Inferenzprozesses werden die Forward- bzw. Backward-chaining-Strategien eingesetzt. Beim Forward-chaining liegt der Ausgangspunkt bei den bekannten Prämissen, die in der Wissensbasis abgelegt sind, und die Suche verläuft dann über den Konklusionen bis ein Ergebnis erzielt werden kann. Die Prämissen der Regeln werden anhand der vorliegenden Informationen auf ihre Gültigkeit überprüft und bei einem Zutreffen die Konklusionen ausgeführt bzw. als wahr eingestuft, es entstehen also neue Informationen, mit denen die Regeln der Wissensbasis auf ihre Anwendung wieder überprüft werden können. Die Vorwärtsverkettung wird vor allem dann angewandt, wenn die möglichen Zielzustände nicht bekannt sind, sondern ermittelt werden sollen. Dieser Suchvorgang wird auch als datengetriebene Inferenz [154] bezeichnet.

---

[153] K. Parsaye/ M. Chignell (1988), S. 254 und 271
K.-P. Fähnrich (1988), S. 154f.

[154] K. Kurbel (1989), S. 57

Die Rückwärtsverkettung ist immer dann sinnvoll, wenn ein bestimmter Zielzustand oder eine Situationsbeschreibung zutreffen kann. In diesem Fall ist der Zielzustand der Ausgangspunkt für den Inferenzprozeß, und es wird versucht, aus der Wissensbasis die Regeln herauszusuchen, die diesen Zustand als Konklusion beinhalten. Die Prämissen dieser gefundenen Regeln dienen wiederum als neue Zustände, auf die das gleiche Verfahren wieder angewandt wird. Vor jeder Bestimmung einer Regel erfolgt noch eine Überprüfung der Faktenbasis auf den aktuellen Zustand hin. Das Verfahren ist dann abgeschlossen, wenn der aktuelle Zustand in der Faktenbasis enthalten ist, denn nur dann ist es möglich, ausgehend von dem gefundenen Zustand in der Faktenbasis, die Kette bis zum eingangs definierten Zielzustand aufzubauen. Kann bei Ablauf des Verfahrens jedoch keine Regel gefunden werden, die den aktuellen Zustand im Konklusionsteil aufweist, und dieser Zustand befindet sich auch nicht in der Faktenbasis, wird das Verfahren ebenfalls abgebrochen, mit dem Ergebnis, daß der gewünschte Zielzustand nicht erreicht werden kann.

Die Rückwärtsverkettung wird als Suchstrategie in vielen Expertensystemen verwendet, da die Probleme, die mit dem ES gelöst werden sollen, häufig so beschrieben werden, daß die angestrebten Ergebnisse als abzuleitende Ziele vorgegeben werden. Man bezeichnet diese Vorgehensweise auch als zielgetriebene Inferenz [155].

Bei beiden Verkettungsstrategien muß der nächste Schritt im Inferenzprozeß eindeutig festgelegt sein. Dies ist aber nicht immer gewährleistet, wenn man noch einmal die Methoden der Wissensrepräsentation in der Wissensbasis aufgreift [156], wo die einzelnen Regeln durch die Kombination von Prämisse und Konklusion, die wiederum Prämisse für eine andere Regel sein kann, in einer Netzwerkstruktur verbunden werden können. Die Bearbeitung dieser Struktur beim Inferenzprozeß mittels der Rückwärts- bzw. Vorwärtsverkettungsstrategie führt zu Kollisionen, wenn ein

---

[155] K. Kurbel (1989), S. 58

[156] K. Parsaye/ M. Chignell (1988), S. 273

Knoten mit zwei Nachfolgern im Netzwerk erreicht wird, d.h., der nächste Inferenzschritt ist nicht mehr eindeutig. Es sind also Strategien zur Kollisionsvermeidung notwendig, um für den Inferenzprozeß die vorher beschriebenen "Chaining-Verfahren" erfolgreich anwenden zu können.

Die meisten Expertensysteme arbeiten bei dieser Kollisionsvermeidung entweder mit der Strategie [157] der

- Tiefensuche (Depth-First-Search) oder
- der Breitensuche (Breadth-First-Search).

Beide Strategien sind in Verbindung mit der Rückwärtsverkettung oder auch Vorwärtsverkettung einsetzbar.
Die Tiefensuche bedeutet bei Anwendung der Rückwärtsverkettung, daß immer der Versuch unternommen wird, die nächste Regel zu erreichen, die als Konklusion die Prämisse der gerade bearbeiteten Regel enthält. Existiert diese Regel nicht mehr, werden die bisherigen Verkettungen wieder bis zu dem Punkt aufgelöst, wo sich eine andere Regel mit dieser Eigenschaft finden läßt. Die Netzstruktur wird damit erst auf einem Zweig bis in das Detail abgearbeitet bis eine "Sackgasse" erreicht wird und erst dann wird der andere Ast einer Verzweigung, wo die dortige Regel anwendbar ist, angestrebt.
Auch bei der Vorwärtsverkettung wird bei der Tiefensuche ein Zweig in der Netzstruktur bis zum Ende verfolgt bis ein Erfolg bzw. Nichterfolg erkannt wird. Danach wird die Verkettung ebenfalls bis zu der letzten anwendbaren Regel, die aber Alternativen als Nachfolger zuläßt, gelöst und dieser Zweig geprüft. Die Abbildung I 10 zeigt die Vorgehensweise bei der Tiefensuche.

---

[157] P. H. Winston (1987), S. 106f.;
K. P. Fähnrich (1988), S. 155;
A.-W. Scheer (1989), S. 11

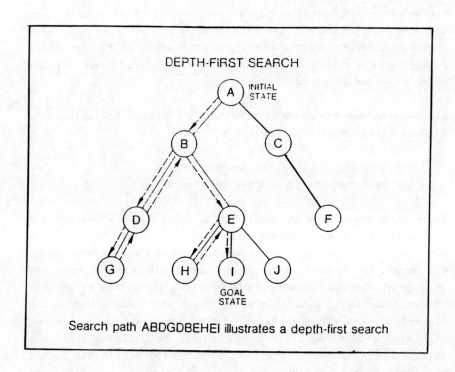

Abbildung I 10 : Die Vorgehensweise bei der Tiefensuche [158]

Bei der Breitensuche wird hingegen der Versuch unternommen, einen erreichten Zustand zunächst auf einer Ebene der Netzstruktur zu stabilisieren bevor der nächste Schritt auf die nächste Ebene vorgenommen wird. Es werden also zuerst die Konklusionen der Regeln einer Ebene untersucht und erst wenn eine dazugehörige Prämisse zutrifft die nächste Ebene angestrebt, bis eine Prämisse mit einem Element der Faktenbasis bei erfolgreicher Suche übereinstimmt (vgl. Abbildung I 11). Die Breitensuche hat den Nachteil, daß von Ebene zu Ebene die Anzahl der Knoten sehr stark zunimmt, was sich beim Dialog mit dem Expertensystem durch

---

[158] Ch. Fenly (1988), S. 13

den entstehenden Eindruck bemerkbar macht, daß das System zu
global reagiert und nicht in der Lage ist, ein gestelltes Problem zu spezialisieren. Deshalb arbeiten viele Expertensysteme
verständlicherweise nach dem Tiefensuchverfahren [159].

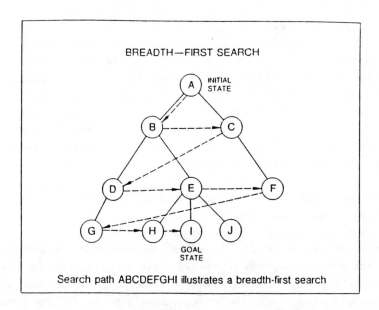

Abbildung I 11 : Die Vorgehensweise bei der Breitensuche [160]

Weitere Differenzierungsmerkmale der Inferenzmaschinen ergeben
sich aus der Administration von neuem, durch die Inferenzprozesse gewonnenem Wissen. So können beispielsweise die bei dem
Schlußfolgerungsverfahren als wahr deduktierten Werte und Fakten
für die gesamte Konsultationsdauer Bestand haben. Die Menge der

---

[159] K. Kurbel (1989), S. 61

[160] Ch. Fenly (1988), S. 14

wahren Informationen im ES würde damit ständig anwachsen. Man bezeichnet diesen Prozeß auch als monotones Schließen [161].
Viele existierende ES arbeiten nach dem Prinzip des monotonen Schließens, nicht zuletzt aus der relativ einfachen Transformation dieser Methode in ein wissensbasiertes System.
Es gibt aber auch Situationen, wo es durchaus sinnvoll erscheint, die als wahr deklarierten Fakten und Informationen wieder zu verwerfen, d. h., eine Revision des gewonnenen Wissens vorzunehmen. Beim Menschen ist dieser Sachverhalt häufig zu registrieren, nämlich immer dann, wenn durch neue Erkenntnisse und Informationen bisheriges Wissen an Gültigkeit verliert. Dieser als nicht-monotones Schließen [162] bezeichnete Vorgang wird von ES nur selten nachvollzogen. Es gibt kaum ES, die ein nicht-monotones Schließen gewährleisten, da der Aufwand für die Entwicklung dieses Prinzips erheblich ist.

Eine weitere Möglichkeit für eine dynamische Wissensmodifikation bietet das sogenannte "temporale Schließen", das die Gültigkeit von Regeln nur für spezifische Zeitintervalle erlaubt [163].
Ein anderes Problem bei den Inferenzmechanismen ist die undifferenzierte Betrachtung von Fakten und Regeln. Alle Informationen in der Wissensbank werden im Schlußfolgerungsverfahren als gleichrangig eingestuft, so daß grundsätzlich bei der Konsultation des Systems alle in Frage kommenden Regeln monoton bearbeitet werden, obwohl für bestimmte Situationen die Bearbeitung von vornherein gar nicht notwendig ist. Es fehlt das sogenannte Metawissen [164] für das Wissen und die Informationen in der Wissensbank, um das Inferenzverfahren zu verkürzen und effizienter

---

[161] K. Kurbel (1989), S. 61

[162] P. Harmon / D. King (1989), S. 66
F. Puppe (1989), S. 57

[163] F. Puppe (1989), S. 66f.

[164] Unter dem Begriff versteht man das "Wissen über das Wissen", d.h., die nächst höhere Ebene des Wissens.
K. Kurbel (1989), S. 61f

gestalten zu können. Es lassen sich zwar schon Bemühungen verzeichnen, die die Intention der Installation des Metawissens bei Expertensystemen verfolgen, aber bei den bisher entwickelten und auch einsetzbaren ES wird dieser Aspekt selten berücksichtigt. Ein Vertreter dieser Expertensysteme ist MYCIN, das seit seiner Konzeption und Implementierung in den 70er Jahren immer weiter entwickelt wurde und mittlerweile in seiner Wissensbasis sogenannte "Meta-Regeln" beinhaltet, die zwar selbst nicht im Inferenzprozeß auftreten, aber den Ablauf des Inferenzprozesses beeinflussen [165].

4.2.3 Die Erklärungskomponente

Das dritte Architekturelement von Expertenystemen ist die Erklärungskomponente [166]. Sie dient dazu, die Ergebnisse aus den Inferenzprozessen für den Benutzer des ES zu veranschaulichen, falls dies bei der Konsultation des ES gewünscht wird. Die Präsenz der Erklärungskomponente erhöht zum einen

- die Akzeptanz des gesamten Expertensystems und
- versetzt zum andern den Anwender in die Lage, die Schlußfolgerungskette zu prüfen.

Dies kann während des Inferenzprozesses parallel erfolgen, indem die bearbeiteten Regeln mit den dazugehörigen Ergebnissen der Prüfung wiedergegeben werden oder auch nachträglich meist in grafischer Form, wo die Bearbeitungsfolge der Regeln in einer Netzstruktur aufgezeigt werden. Viele Systeme bieten auch beide Möglichkeiten, um mehr Transparenz in das Expertensystem zu

---

[165] P. Jackson (1989), S. 40

[166] In der Literatur findet sich synonym auch der Begriff "Erklärungssubsystem".
P. Harmon / D. King (1989), S. 40

bringen. Aber nicht nur der Benutzer, sondern auch der Experte kann von einer qualitativ guten Erklärungskomponente profitieren, indem er schon bei der Entwicklung des Regelwerks die gewünschten Teilprozesse der Inferenzmechanismen mit Hilfe dieser Komponente überprüft. Die Abbildung I 12 zeigt eine grafische Darstellungsform des Inferenzprozesses bei einem Expertensystem, das mit einem Entwicklungsplatzsystem erstellt wurde.

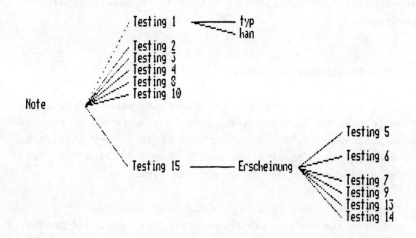

Abbildung I 12 : Die grafische Darstellung eines Inferenzprozesses durch die Erklärungskomponente [167]

Die Knoten in der Abbildung repräsentieren die angewandten Regeln beim Inferenzmechanismus. Das System selbst arbeitet mit dem Backward-chaining-Verfahren und der Tiefensuche. Die linken Knoten sind die gesetzten Ziele, die durch Abfrage der Regeln bei zusätzlichen Fakten auf ihren Wert überprüft werden. Die

---

[167] Die Erklärungskomponente stammt von dem amerikanischen Entwicklungsplatzsystem VP-Expert

Bearbeitungsreihenfolge erstreckt sich vom linken oberen Knoten bis zum rechten oberen Knoten ohne Nachfolger und verläuft dann über die am weitesten rechts liegende Verzweigung in den anderen Ast. Das Verfahren setzt sich dann in der gleichen Weise weiter fort. Die Darstellung zeigt auch, aufgrund von mehreren rechten Wurzelknoten an der linken Seite der Grafik, daß mehrere Ziele, die miteinander verpflochten sein können, parallel in einer Konsultation bearbeitet werden. Viele derzeitige Expertensysteme können jedoch nicht diesen an die Erklärungskomponente gestellten Anforderungen entsprechen.

4.2.4 Die Benutzerschnittstelle

Die Benutzerschnittstelle erfüllt insbesondere drei Aufgaben [168]:

- die Entwicklung der Wissensbasis
- die Ergebnisdarstellung und
- die Befragungsunterstützung

Die Konsultation, aber auch die Entwicklung eines Expertensystems erfolgt im Dialog zwischen dem System [169] und dem Anwender bzw. Entwickler. Dementsprechend muß die Benutzerschnittstelle auf einer Dialogbasis ausgerichtet sein und für den Anwender eine Masken- und Menuesteuerung aufweisen, die eine einfache Handhabung des ES gewährleistet. Für den Entwickler hingegen empfiehlt sich bei der Konzeption eines ES zusätzlich auch die Verwendung von grafischen Elementen, die ihm einen Überblick über das Inferenzverhalten des Systems geben können und eine Wissenserwerbskomponente, die einen weit höheren Leistungsumfang

---

[168] A. Kellner u.a., S. 102

[169] Die Entwicklung eines Expertensystems im Dialog erfolgt insbesondere auf der Basis eines Entwicklungsplatzsystems, der sogenannten "Shell".

als ein konventioneller Programmeditor besitzen muß, um z. B. ähnliche gewünschte Regelstrukturen zu initiieren, die nur noch vom Benutzer bzw. Entwickler zu spezifizieren sind [170].
Zusätzlich zu diesen Eigenschaften ist die Benutzerschnittstelle auch das Darstellungsinstrument der Erklärungskomponente des ES. Die Informationen der Erklärungskomponente müssen in einer anschaulichen Form dem Anwender oder Entwickler über die Benutzerschnittstelle ebenfalls dargelegt werden.
Die Akzeptanz bei den Benutzern ist damit sehr stark von der Qualität der Benutzerschnittstelle abhängig, aber auch die Leistungsfähigkeit eines ES ist mit der Qualität der Benutzerschnittstelle verbunden, da die Entwicklung des ES ausschließlich über die Benutzerschnittstelle erfolgt und unterstützt wird.

---

[170] F. Puppe (1989), S. 136

Allerdings sind mit einer zunehmenden Komfortabilität der Dialogschnittstelle auch Nachteile verbunden, die sich in einer langsamen Interaktionsgeschwindigkeit manifestieren. Die Abbildung I 13 zeigt die Benutzeroberfläche eines ES, das mit einem Entwicklungsplatzsystem [171] erstellt wurde.

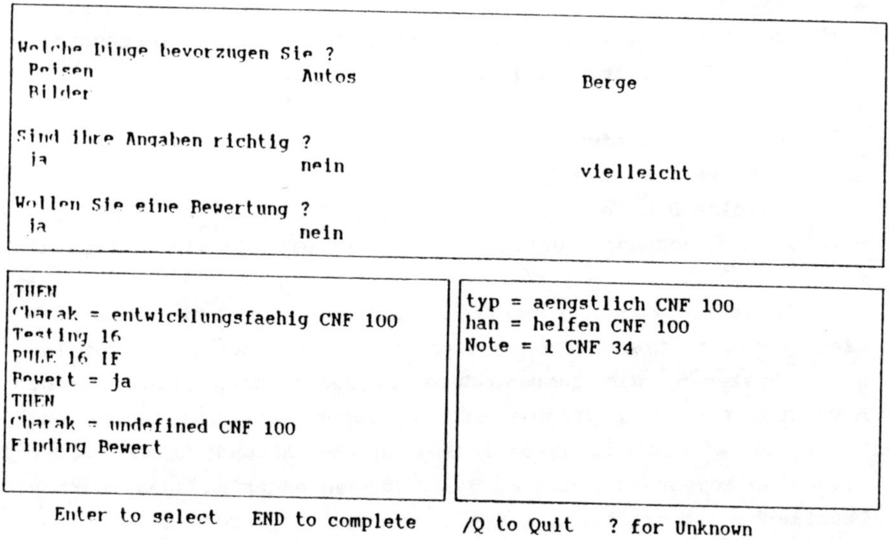

```
Welche Dinge bevorzugen Sie ?
  Reisen              Autos                    Berge
  Bilder

Sind Ihre Angaben richtig ?
  ja                  nein                     vielleicht

Wollen Sie eine Bewertung ?
  ja                  nein
```

```
THEN                                    typ = aengstlich CNF 100
Charak = entwicklungsfaehig CNF 100     han = helfen CNF 100
Testing 16                              Note = 1 CNF 34
RULE 16 IF
Bewert = ja
THEN
Charak = undefined CNF 100
Finding Bewert
```

Enter to select   END to complete   /Q to Quit   ? for Unknown

Abbildung I 13 : Die Benutzeroberfläche eines ES [172]

---

[171] Es handelt sich um das System VP-Expert.

[172] Erstellt mit VP-Expert.

Der Bildschirm teilt sich in drei Fenster, von denen das sogenannte Dialogfenster die obere Bildschirmhälfte einnimmt. Im linken unteren Fenster kann der Benutzer erkennen, welche Regel aus der Wissensbasis zur Zeit bearbeitet wurde. Das rechte untere Fenster zeigt die während des bisherigen Inferenzprozesses gewonnenen Ergebnisse an. Der Benutzer hat während einer Konsultation die Möglichkeit, sich ausschließlich den Dialog mit dem System vergrößert zeigen zu lassen und die unteren Fenster zu schließen.

Unter den Fenstern befindet sich die Menuezeile, die insbesondere für den Entwickler die Möglichkeit erlaubt :

- über die Tracefunktion den Inferenzprozeß grafisch oder in Textform nachzuvollziehen,
- einzelne Regeln sich anzuschauen und
- die angenommenen Werte der Variablen sich zeigen zu lassen.

Eine derartige Benutzeroberfläche ist für die Entwicklung von kleinen und mittleren Expertensystemen ausreichend, bei komplexeren Systemen, die insbesondere im technischen Bereich eine Anwendung finden, empfiehlt sich hingegen eine Erweiterung und Verbesserung der Dialogmöglichkeiten des Anwenders mit einer visuellen Komponente, die z. B. im Rahmen einer mausgesteuerten Oberfläche mit grafischen Symbolen erreicht werden kann.

4.3 Die Integration von Expertensystemen in eine Systemumgebung

Obwohl sich wissensbasierte Systeme vom Aufbau sehr stark von konventioneller Software unterscheiden, besteht eine Notwendigkeit, diese Systeme in diese konventionelle Systemumgebung zu integrieren.
Für diese Forderung lassen sich insbesondere zwei Hauptargumente anführen :

1. Expertensysteme benötigen für ihre Wissensbasis eine Fülle von statischen Fakten, die in der Regel auch schon vor Einführung und Anwendung eines Expertensystems in anderer Form elektronisch gespeichert waren. Das Instrument für die Administration dieser Fakten sind die Datenbanksysteme [173]. Eine Definition von Schnittstellen zwischen Datenbank- und Expertensystemen ist damit unter dem Integrationsaspekt wünschenswert.

2. Vielfach werden Expertensysteme als Programmodul in einem komplexeren informationsverarbeitenden System eingesetzt. Dies erfordert eine Einbettung des wissensbasierten Programmkonzepts in eine flexible Programmiersprachenumgebung. Die Entwicklungswerkzeuge von wissensbasierten Systemen sollten daher zu einer konventionellen Programmierumgebung verträglich sein.

---

[173] F. Puppe (1986), S. 10;
A.-W. Scheer (1988), S. 21;
R. Gabriel/ D. Frick (1991), S. 552

4.3.1 Schnittstellen zu Datenbanksystemen

Informationsverarbeitungsprozesse werden in fast allen Bereichen von Datenbanksystemen unterstützt, die seit Mitte der 70er Jahre mit immer besseren Speichertechniken arbeiten, über wesentlich schnellere Zugriffsmechanismen verfügen und damit eine sehr hohe Effizienz bei der Bearbeitung von großen Datenmengen über externe Speicher erreicht haben. Insofern ist der Wunsch verständlich, sich dieses EDV-Werkzeug auch für die Entwicklung und den Einsatz von wissensbasierten Systemen zunutze zu machen, obwohl es sich um zwei völlig unterschiedliche Konzepte handelt. Expertensysteme weisen zwar in ihrer Wissensbasis - in Abhängigkeit von der Komplexität - statische Fakten auf, aber unter der Prämisse, daß beim Inferenzprozeß diese Fakten sich im Arbeitsspeicher befinden und damit ein schneller Zugriff gewährleistet ist. Erst in einer Situation, wo die Kapazität des Arbeitsspeichers unzureichend wird, entstehen Laufzeitprobleme bzw. die Grenzen des ES werden erreicht und die Konsultation des Systems läßt sich nicht fortsetzen. Die Grund liegt in einer zu umfangreichen Wissensbasis, die vom System nicht mehr 'handelbar' ist. Einige wissensbasierte Systeme besitzen zwar Funktionen, die eine Sekundärspeicherverwaltung ermöglichen und damit eine Transformation eines Teils der Wissensbasis auf ein Sekundärspeichermedium zulassen, aber häufig sind die dafür entwickelten Methoden so ineffizient, daß mit ihnen keine Laufzeitprobleme beseitigt werden können. Die einfachsten Methoden bestehen z. B. darin, Dateien auf dem Sekundärspeichermedium sequentiell zu durchsuchen [174]. Eine Elimination dieses Problems kann jedoch durch die Verbindung des ES mit einem Datenbanksystem erreicht werden. Die ersten ernsthaften Bemühungen zur Konzeption von solchen Kopplungswerkzeugen liegen noch nicht sehr weit zurück [175] und erst seit jüngster Zeit lassen sich allgemeine Aus-

---

[174] K. Kurbel (1988), S. 179

[175] F. Puppe (1986), S. 10f.

sagen über die Effizienzsteigerung von Expertensystemen, die mit derartigen Schnittstellen ausgestattet sind, treffen.

Für die Verbindung von Datenbanken und Expertensystemen existieren vier grundsätzliche Möglichkeiten [176] :

1. Elementares Datenmanagement in Expertensystemen

Ein spezielles Datenbanksystem findet bei dieser Lösung keine Anwendung, vielmehr verfügt das wissensbasierte System über eigene Datenverwaltungsfunktionen.

2. Datenmanagement in Expertensystemen

Die gesamten Datenmanagementfunktionen sind im Expertensystem integriert. Allerdings sind diese kleinen, in das wissensbasierte System integrierten Datenbanksysteme unter dem Aspekt der Leistungsfähigkeit und der Effizienz nicht mit standardisierten Datenbanken vergleichbar.

3. Transfermöglichkeiten zwischen Datenbank- und Expertensystem

Bei dieser Art der Koppelung zwischen einer Datenbank und einem ES handelt es sich um eine lose Koppelung. Es findet ausschließlich ein Datentransfer zwischen beiden Systemen statt, die eigenen Funktionen des Datenbanksystems werden durch das ES nicht in Anspruch genommen, sondern durch eigene, in der Regel weniger leistungsfähige, Routinen ersetzt.

---

[176] Die Intensität der Verbindung zwischen den Systemen ist in dieser Aufzählung aufsteigend.
K. Kurbel (1988), S. 180f.

4. Enge Koppelung zwischen Daten- und Expertensystem

Erst eine enge Koppelung zwischen den beiden Systemen erlaubt ein effizientes Arbeiten des wissensbasierten Systems mit einer großen Wissensbasis. Das ES kann bei dieser Koppelungsform eigene Datenbankanfragen in der entsprechenden Datenbankanfragesprache (z. B. in der Sprache SQL [177]) kreieren und somit den Datentransferprozeß zwischen den Systemen dynamischer und effektiver gestalten. Einige wissensbasierte Systeme sind tatsächlich schon jetzt dazu in der Lage [178], so daß man davon ausgehen muß, daß diese Koppelungsalternative langfristig sich durchsetzen wird.

4.3.2 Die Programmierumgebung

Bei der Verwendung von Expertensystemen in den betrieblichen Funktionsbereichen eines Unternehmens ist davon auszugehen, daß der Einsatz dieser wissensbasierten Systeme nur dann effizient gestaltet werden kann, wenn die bisher bestehende DV-Struktur und -Umgebung berücksichtigt wird, d.h., ein ES sollte damit in eine bestehende Softwarebasis integriert werden.
Dieser Integrationsprozeß wirft jedoch aufgrund der unterschiedlichen Konzeptionen zwischen wissensbasierten Systemen und konventionellen Softwarebasen Probleme auf. So erfolgt die Erstellung eines ES in der Regel mit einer KI-orientierten Programmiersprache bzw. mit Hilfe eines Entwicklungsplatzsystems [179], während für die Entwicklung der bestehenden Systeme

---

[177] G. Schlageter / W. Stucky (1983), S. 148

[178] Z. B. erzeugt das Entwicklungsplatzsystem NEXPERT selbständig Anfragen in der Sprache SQL für das Datenbanksystem ORACEL.

[179] Auf beide Entwicklungsinstrumente für ein ES wird an anderer Stelle vertiefender eingegangen.

höhere Programmiersprachen [180] und maschinennahe Sprachen [181] eingesetzt wurden. Eine Integrationsmöglichkeit wäre die schon beschriebene Koppelung mit einem Datenbanksystem, sie reicht aber nicht aus, um eine völlige Integration zwischen einem ES und der schon bestehenden Software zu erreichen. Ein anderer Integrationsschritt, der eine Einbettung eines wissensbasierten Systems in die vorhandene Softwarebasis erlaubt, ist die Verträglichkeit der unterschiedlichen Entwicklungsinstrumente von diesen Systemen. Nur in einem solchen Fall besteht z. B. die Möglichkeit, über ein vorhandenes Informationssystem eine Konsultation mit einem ES für ein spezielles Problem aufzurufen. Hier sind also Anforderungen an die Entwicklungsinstrumente von ES zu formulieren :

1. Es sollte die Möglichkeit vorhanden sein, ein ES in eine herkömmliche Programmierumgebung zu betten. Dies erfordert die Option, aus einem ES heraus ein in einer höheren Programmiersprache geschriebenes Programm aufzurufen und zu starten.

2. ES sollten auch aus einem laufenden Programm gestartet werden können, wobei Daten dieses Programms über das ES weiter verarbeitet werden sollten.

3. Auch die umgekehrte Nutzung von konventioneller Software in Form einer Implementierung in einem wissensbasierten System sollte möglich sein, um prozedurale Elemente in eine objektorientierte Bearbeitung integrieren zu können [182].

---

[180] Insbesondere werden zu diesem Zweck die Programmiersprachen : COBOL, C und PASCAL eingesetzt, wobei die Sprache C ein immer stärkeres Interesse findet.

[181] Insbesondere sind viele ältere Programme in der maschinennahen Sprache ASSEMBLER geschrieben worden.

[182] N. H. C. Thuy/ P. Schnupp (1989), S. 208

Um diese Anforderungen erfüllen zu können, müssen die Entwicklungsinstrumente eines ES Prozeduraufrufe von anderen Programmteilen zulassen, auch wenn sie in einer anderen Programmiersprache erstellt wurden und Schnittstellen für bestimmte Übergabeparameter zulassen. Viele Instrumente lassen diese Möglichkeiten zu, so sind z. B. bei der Verwendung von einigen Dialekten der KI-orientierten Sprache PROLOG Prozeduraufrufe von Programmmodulen, die in C, PASCAL oder ASSEMBLER geschrieben sind, zulässig [183]. Auch der Einsatz eines Entwicklungsplatzsystems schließt in einigen Fällen diese Möglichkeit nicht aus. Insbesondere moderne Entwicklungsplatzsysteme [184] bieten häufig Schnittstellen zu höheren Programmiersprachen und erlauben damit eine Einbettung eines ES in eine vorhandene Softwareumgebung des Unternehmens.

Aber auch die Existenz dieser Schnittstellen kann eine Integration eines ES nicht garantieren, da auch die Hardware bei beiden Softwarekonzeptionen eine bedeutende Rolle einnimmt. Wissensbasierte Systeme werden aufgrund der erforderlichen Rechengeschwindigkeiten auf speziellen isolierten aber schnellen Rechnerkonfigurationen installiert, während für die konventionelle Software eine völlig andere Hardwarearchitektur genutzt wird. In diesem Bereich sind langfristig Veränderungen in der Form notwendig, daß Hardwarearchitekturen entwickelt werden, die die Integrationsfähigkeit der beiden Softwarekonzeptionen fördern.

5. Die Entwicklungsmethodik von Expertensystemen

Die Merkmale eines ES heben sich in starkem Maße von denen der konventionellen Software ab. Sie weisen eine andere Architektur auf, sie sind für andere Einsatzzwecke bestimmt und arbeiten nach anderen Prinzipien. Insofern ist auch zu erwarten, daß bei

---

[183] Turbo Prolog (Handbuch II) (1988), S. 77ff.

[184] Z. B. weisen die Entwicklungsplatzsysteme VP-Expert und NEXPERT Schnittstellen zu den Sprachen C und PASCAL auf.

der Entwicklung von Expertensysteme andere Methoden angewandt werden, die sich von der herkömmlichen Softwareentwicklungsmethodik unterscheiden.

5.1 Die konventionelle Softwareentwicklung

Für die Entwicklung von konventioneller Software haben sich drei grundlegende Verfahren durchgesetzt [185] :

1. Das lineare Phasenmodell,
2. Das Phasenmodell mit Rückkopplungen und
3. Das Prototyping

Besonders die Phasenmodelle sind sehr stark verbreitet und werden als sehr wirkungsvoll angesehen. Beim Phasenmodell wird davon ausgegangen, daß ein Softwareprodukt von der Idee bis zum marktreifen Erzeugnis nacheinander verschiedene Abstraktionsformen (Phasen) mit zunehmendem Konkretisierungsgrad annimmt, die sich von der verbalen Anforderungsdefinition bis zum konkreten Programmcode erstrecken. Ein streng linearer Entwicklungsprozeß findet jedoch selten statt, da die einzelnen Phasen sehr eng miteinander verbunden sind. Zwei wichtige Merkmale sind allerdings für alle Phasenmodelle zutreffend :

- die Unterteilung des Entwicklungsprozesses mit überprüfbaren Ergebnissen und
- eine umfangreiche Analyse vor der konkreten Realisierung.

---

[185] K. Kurbel / W. Pietsch (1989), S. 135

Insbesondere als wirkungsvoll sind Phasenmodelle dann einzustufen, wenn [186]

- Anwendungsprobleme gut strukturierbar sind,
- die Entwickler auf Erfahrungen bei ähnlichen Problemen zurückgreifen können,
- die Anforderungen recht früh formuliert werden und
- während des Entwicklungsprozesses eine Stabilität aufweisen.

Diese Kriterien sind nur in wenigen Fällen ausreichend zu erfüllen, so daß sich bei einer streng linearen Vorgehensweise eine Kontrolle nach Abschluß der einzelnen Phasen empfiehlt. Die Form des Phasenmodells, auch als Phasenmodell mit Rückkopplungen bezeichnet, verbessert den Flexibilisierungsgrad von Softwareentwicklungsprozessen und ist daher mit einem höheren Praxisbezug behaftet.
Eine völlig andere Strategie der Softwareentwicklung wird mit dem Prototyping verfolgt. Die Intention dieser Methode liegt darin, möglichst schnell anhand eines realen Systems Informationen in bezug auf die Spezifikation, den Entwurf und die Akzeptanz zu sammeln. Zu diesem Zweck wird mit Hilfe von geeigneten Softwarewerkzeugen versucht, recht schnell ein betriebsfähiges System zu entwickeln, an dem die notwendigen Erkenntnisse ermittelt werden können.
Das Prototyping ist dadurch der Anwendung von Phasenmodellen in manchen Situationen - wie z. B. beim Zeitaspekt - überlegen. Es birgt jedoch auch den schwerwiegenden Nachteil in sich, daß eine fundierte Analyse vor der Realisierung nicht mehr stattfindet und deshalb einmal implementierte Lösungsansätze nicht mehr grundsätzlich in Frage gestellt werden können.

---

[186] K. Kurbel / W. Pietsch (1989), S. 135

5.2 Bestehende Ansätze für die Expertensystementwicklung

Eine Nutzung der konventionellen Softwareentwicklungsmethoden bei Expertensystemen ist aufgrund ihrer Besonderheiten nicht ohne weiteres möglich. Es haben sich vielmehr eigenständige Strategien für die Expertensystementwicklung durchgesetzt, die auf drei unterschiedlichen Ansätzen [187] basieren :

- Die experimentelle Entwicklung

Die KI-Forschung befaßt sich im Bereich der Expertensysteme sehr stark mit Heuristiken, für die nicht absolut vorhersehbar ist, ob sie zutreffen oder nicht. Es ist aber durchaus möglich, die Heuristiken im empirischen Sinne wissenschaftlich zu überprüfen. Ähnlich verhält es sich mit Programmen, die Heuristiken beinhalten, auch in diesem Fall läßt sich die Qualität des Programms nur durch Testverfahren ermitteln. Diese Vorgehensweise ist auf die Entwicklung von Expertensystemen übertragbar. Der erste Schritt bei diesem Verfahren wäre eine Analyse des Problemlösungsverhaltens von Experten und eine auf deren Ergebnissen basierende Modellierung der Verhaltensmuster. Das daraus entstandene Modell wird im nächsten Schritt in eine Wissensbasis durch Abbilden des Problemlösungsverhaltens in Regeln [188] eines ES tranferiert. An diesem Punkt setzt nun die experimentelle Entwicklung an, indem anhand von Problemvorgaben die Qualität des Modellierungsprozesses getestet wird. Bei erkennbaren Abweichungen zwischen den Testergebnissen und der Realität müssen diese Spezifika des Problemlösungsverhaltens des Experten als Sonderfall bei den weiteren Modellierungsversuchen berücksichtigt

---

[187] K. Kurbel / W. Pietsch (1989), S. 136

[188] Unter Regeln ist in diesem Zusammenhang die Anwendung von Wissensrepräsentationsmethoden zu verstehen.

werden. Es findet bei dieser Entwicklungsmethodik ein ständiges Verändern und Erweitern des Modells statt, und zwar mit dem Vorteil, daß die Modifikationen sofort überprüft und damit auftretende Fehler augenblicklich eliminiert werden können.

Ziel dieser Vorgehensweise ist die Rekonstruktion des gesamten Problemlösungsverhaltens eines Experten für einen spezifischen Bereich durch die Formulierung von Regeln, die - in einer Wissensbasis - abgelegt von Inferenzmechanismen aufgegriffen werden können.
Der gravierende Nachteil dieser Methode liegt in ihrem Aufwand und der Unverträglichkeit mit den ökonomischen Prämissen einer möglichst kostengünstigen und schnellen Entwicklung eines ES.

- Rapid Prototyping

Der entstehende Aufwand bei der experimentellen Entwicklung eines ES ist sehr hoch. Nicht zuletzt auch deshalb, weil die ständigen Überprüfungen immer die Konsultation des Experten erfordern. Beim Rapid Prototyping wird deshalb einer anderer Weg bis zur Entwicklung eines ES beschritten. Die Grundidee [189] besteht in der Entwicklung eines Versuchssystems, das Aufschluß darüber geben soll, ob ein sinnvoller Einsatz von KI-Techniken in dem bestimmten Problemgebiet praktikabel ist. Es wird daher zunächst ein kleines System entworfen und implementiert, aus dem dann nach einer positiven Überprüfung die Anforderungen für die Entwicklung des eigentlichen Expertensystems definiert werden. Andere Ergebnisse dieser Überprüfung können natürlich auch zu der Einsicht führen, daß das untersuchte Problemgebiet viel zu komplex für den Einsatz eines ES ist, oder daß das Problemgebiet eine höhere Strukturierfähigkeit besitzt als allgemein vermutet wurde. Hier liegt ein eindeutiger Vorteil dieses Ansatzes. Man kann recht früh Aussagen über den Nutzen von Expertensystemen

---

[189] P. Harmon / D. King (1989), S. 222ff.

bei bestimmten Problemgruppen treffen und damit recht fundierte Prognosen über den Erfolg von langfristigen Projekten mit dem Ziel der Entwicklung eines ES abgeben. Die Gefahr bei diesem Ansatz liegt in der Qualität des Prototyps. Z. B. kann die Wahl des falschen und stark determinierten Entwicklungswerkzeugs für diesen Prototyp den Schluß bewirken, daß eine Entwicklung des eigentlichen ES nicht für dieses Problemgebiet möglich ist. Ein weiterer Nachteil ist die zu enge Eingrenzung des Prototyps, die dann im nachhinein die Behandlung von vielen Sonderfällen erfordert und damit schnell an Komplexitätsbarrieren stößt [190].

- Modellorientierte Ansätze

Die Wahl der Entwicklungsmethodik für ein Expertensystem interdependiert in einem sehr starken Maße mit der Komplexität der vorgefundenen Problemstellung. In diesem Sinne scheiden Methoden, die auf den Ansätzen des Rapid Pototyping bzw. der Experimentellen Entwicklung beruhen, bei Problembereichen mit einem höheren Komplexitätsgrad für die betriebliche Praxis aus. Diese Klasse von Problemen erfordert für ihre Bewältigung ein umfangreicheres Wissensgebiet, das nicht mehr von einem Experten abgedeckt werden kann. Das Expertenwissen muß a priori akquiriert und systematisiert werden, bevor es überhaupt möglich ist, einen Prototyp oder ein experimentelles Modell zu entwerfen. Aber schon nach der Wissensakquirierung wird sehr schnell deutlich, daß der Modifikationsprozeß beim experimentellen Modell und die Erstellung eines Prototyps aufgrund der notwendigen Dimensionalität nicht mehr durchführbar sind bzw. den Aufwand in einem akzeptablen Rahmen rechtfertigen. Für diese Situationen empfiehlt sich daher vorab die Entwicklung eines unabhängigen Wissensmodells, indem das akquirierte Wissen systematisiert und ohne Berücksichtigung der Wissensrepräsentationsformen in einem ES dargestellt werden. Man bezeichnet eine derartige Methodik

---

[190] K. Parsaye/ M. Chignell (1988), S. 291

auch als modellorientierten Ansatz [191]. Der bedeutendste Vertreter dieses Ansatzes, der auch zur Zeit am ausgereiftesten erscheint, ist der KADS-Ansatz, bei dem zunächst ein Wissensmodell auf vier unterschiedlichen Ebenen erstellt wird, das durch die Kombination von sogenannten Interpretationsmodellen zu einem Gesamtmodell erweitert wird [192], bis die Implementierungsfähigkeit zu einem konkreten Expertensystem erreicht wird. Diese Vorgehensweise birgt den Nachteil in sich, daß eine Überprüfung des Systems nur zu einem relativ späten Zeitpunkt erfolgen kann.

5.3 Aufgabenbereiche bei der Entwicklung wissensbasierter Systeme

Eine nähere formale Betrachtung dieser Ansätze läßt den Schluß zu, daß sie sich kaum von den Methoden bei der konventionellen Softwareentwicklung unterscheiden. Eine Ausnahme bildet der Ansatz der Experimentellen Entwicklung, aber gerade die Methoden, die sich diesem Ansatz zurechnen lassen, können nur bei der Konstruktion von kleinen Expertensystemen effektiv wirken. Inhaltlich ergeben sich bei der Bildung eines ES aufgrund des Applikationszwecks und der Architektur völlig andere Aufgaben als bei der Entwicklung der üblichen Software.

---

[191] In der Literatur findet sich eine differenziertere Betrachtung dieser Vorgehensweise, die sich insbesondere durch die Begriffe "knowledge definition" und "expert model" manifestiert hat. Insbesondere sind in diesem Zusammenhang : M. Freiling, J. Alexander, S. Messick, (1985), S. 151ff; Iwashita, Y. (1986) zu nennen.

[192] K. Kurbel / W. Pietsch (1989), S. 137

So sind prinzipiell für den Aufbau eines ES folgende Aufgaben zu bewältigen :

1. Erwerb des Expertenwissens
2. Transformation des Wissens in ein konsistentes System
3. Modellierung dieses Systems bis zur Implementierungsfähigkeit
4. Implementierung des Systems
5. Kontrolle des Systems

In der Literatur findet sich eine etwas andere Deskription der Aufgaben, die die oben aufgelisteten Positionen zu zwei Komplexen zusammenfaßt, die im folgenden dargestellt werden sollen [193].
Es handelt sich um die Wissensakquisition und Wissensrepräsentation.

5.3.1 Die Wissensakquisition

Unter dem Begriff "Wissensakquisition" ist die Erhebung des Wissens aus geeigneten Quellen zu verstehen [194]. Diese Quellen können schriftliche Dokumente, wissenschaftliche Abhandlungen oder menschliche Experten sein, wobei gerade der menschliche Experte bei der Akquisition von Wissen bei den ES eine bedeutende Rolle einnimmt. Vielfach hängt die Qualität des wissensbasierten Systems von den Verhaltensmustern und dem Fachwissen des Experten ab. Insbesondere das Verhaltensmuster kann zu einer Barriere bei

---

[193] K. Kurbel / W. Pietsch (1989), S. 138
K.-P. Fähnrich (1988), S. 169f.

[194] K. Kurbel / W. Pietsch (1989), S. 138;
andere Autoren benutzen besonders in älteren Literaturquellen synonym den Begriff "Wissenserwerb";
F. Puppe (1986), S. 7

der Entwicklung und Realisierung eines ES werden, wenn es nicht gelingt, das Fachwissen in eine strukturierte Form zu bringen, die eine Modellierung eines Wissenssystems zuläßt. Gerade diese Tätigkeit gehört nicht mehr zu dem Aufgabengebiet des Experten, sondern wird in der Regel von einer Person wahrgenommen, die auch in der Lage ist, das notwendige Modell so zu konzipieren, daß es durch die Verfahren der Wissensrepräsentation darstellbar ist. Diese Person, auch "knowledge engineerer" genannt, übernimmt damit eine Schlüsselfunktion bei der Entwicklung eines Expertensystems. Viele Projekte für die Realisierung von wissensbasierten Systemen scheitern in der Praxis an diesem Punkt, d.h., am Transfer des Fachwissens zwischen dem eigentlichen Experten und dem knowledge engineerer [195]. Einige offensichtliche Ursachen ergeben sich z. B. aus dem Wahrnehmungsdefizit des knowledge engineerers bei der Konsultation eines Experten oder durch den differenten Wissensstand [196], der zu einer Fehlkonzeption des Wissensmodells führen kann.

Um diesem Dilemma entgegentreten zu können, schlägt Kurbel [197] unterschiedliche Methoden vor, deren positive Effekte bisher noch nicht validiert worden sind.

---

[195] In diesem Zusammenhang sei auf eine Arbeit von Ulrich Frank hingewiesen, in der diese Transferproblematik sehr ausführlich diskutiert und analysiert wird; U. Frank (1989), S. 23ff.
Das Problem ist jedoch schon seit längerer Zeit bekannt und wurde schon 1983 in der anglo-amerikanischen Literatur diskutiert.
E. A. Feigenbaum/ P. Mc Corduck (1983), S. 80

[196] Gemeint ist im Extremfall eine gravierende Kommunikationsbarriere zwischen dem Experten und dem knowledge engineerer.

[197] Es handelt sich zum einen um eine globale Betrachtung des Fachwissens eines Experten (fallorientiertes Wissen wird explizit behandelt) und zum andern um das induktive Lernen, dem induktiven Schließen in speziellen zu allgemeineren Fällen.
K. Kurbel (1988), S. 79f.

Andere Methoden der Wissensakquisition, die eine Funktion des knowledege engineerers ausschließen sind [198] :

- die direkte Wissensakquisition

Der Experte kommuniziert direkt mit dem ES über eine Akquisitionskomponente, deren Interpretationspotential auch nicht KI-orientierte Sprachen einschließt.

- die automatische Wissensakquisition [199]

Der Wissenserwerb findet automatisch durch das System statt, indem Probleme gelöst werden und durch die Kombination von Problemstellung und Lösung die Wissensbasis erweitert wird.

Realistisch betrachtet erfordern beide Methoden die Entwicklung und Implementierung von Akquisitionskomponenten für ein ES, die die Funktion des knowledge engineeres völlig ersetzen müssen, was beim derzeitigen Stand der Softwareentwicklung kaum der Fall sein kann.

---

[198] F. Puppe (1989), S. 110

[199] Diese Form der Wissensakquisitation ist bisher noch nicht realisiert worden und eignet sich auch nicht für den neuen Aufbau einer Wissensbasis. Allerdings sind "semi-automatische" Formen der Wissensaquisition mit zwei Expertensystemen an der Stanford Universität bereits getestet worden.
D. C. Wilkens/ W. J. Clancey/ B. G. Buchanan (1988), S. 183 ff.

Insofern kommt dem knowledge engineerer auch weiterhin eine bedeutende Rolle bei der Entwicklung von Expertensystemen zu, die sich auf folgende Fragestellungen und Lösungen erstreckt :

PHASEN	BESCHREIBUNG	DURCHFÜHRUNG	HILFSMITTEL
Problemcharakterisierung	Identifikation der Problemlösungsstrategie und der Wissensrepräsentation	Wissensingenieur befragt Experten	Interviewtechniken und Protokolle
Shell-Entwicklung	Bereitstellung eines Expertensystem-Shells mit komfortabler Wissenserwerbskomponente	Auswahl oder Neuentwicklung durch den Wissensingenieur	allgemeines Expertensystem-Werkzeug
Aufbau der Wissensbasis	Formalisierung des Expertenwissens	Experte, eventuell unterstützt durch Wissensingenieur	Shell
Wartung der Wissensbasis	Tuning und Weiterentwicklung, Anpassung an neue oder geänderte Anforderungen	Experte, eventuell unterstützt durch automatische Analysetechniken	Falldatenbank

Abbildung I 14 : Die Aufgaben des knowledge engineerers [200]

Der knowledge engineerer ist damit von der Problemerkennung mit den dazugehörigen Determinanten bis zum Testen des erstellten Gesamtsystems in einen Prozeß mit Revisionsmöglichkeiten invol-

---

[200] K. Kurbel (1988), S. 72;
F. Puppe (1989), S. 111;
ähnliche Phasenmodelle finden sich bei :
B. G. Buchanam et. al. (1983), S. 139;
F. Hayes-Roth et. al. (1983);
K.-P. Fähnrich (1988), S. 173;
U. Noelke (1985), S. 112-120;
W. König/ J. Niedereichholz (1986), S. 373

viert, der sich sowohl auf den Bereich der Wissensaquisition (Identifikation, Konzeption und Formalisierung) als auch auf den Bereich der Wissensrepräsentation (Implementierung und Testen) erstreckt und damit tatsächlich nicht automatisierbar ist. Dies trifft im besonderen Maße für die Erweiterung und Veränderung der Wissensbasis (Tuning) zu [201].

5.3.2 Die Wissensrepräsentation

Der zweite Aufgabenkomplex bei der Erstellung eines Expertensystems ist die Wissensrepräsentation, die die Transformation des Expertenwissens in eine Form, die einen Automatismus bei Deduktions- und Inferenzprozessen von seiten eines wissensbasierten EDV-Systems ermöglicht. Dazu besteht die Notwendigkeit, das akquirierte Expertenwissen in der Weise zu formalisieren, daß eine Implementierung, d. h. Darstellung des Wissens in rechnergestützter Form (Konstruktion der Wissensbasis eines ES) durchführbar ist. Als Vorgehensweise empfehlen Kurbel und Pietsch zunächst die Konstruktion eines konzeptionellen Wissensmodells bzw. einer -basis, die implementierungsunabhängig ist [202], was soviel bedeutet, daß die Beschreibung des Wissens losgelöst von dem jeweiligen Entwicklungswerkzeug mit der ihr eigenen Wissensrepräsentationsmethode [203] erfolgt. Das in einer halbformalen Struktur entstandene konzeptionelle Wissensmodell ist dann, in der Regel durch den Wissensingenieur, mit Hilfe der

---

[201] I. Graham/ P. Llewelyn Jones (1988), S. 302

[202] Näheres zu diesem Themenkomplex findet sich bei:
K. Kurbel (1989), S. 86ff. und
K. Kurbel / W. Pietsch (1989), S.139f.

[203] Die Repräsentationsmethoden sind schon ausführlich bei der Beschreibung der Wissensbasis (Kapitel 2.2.3.1.1.1) dargestellt worden. Es handelt sich um die O-A-W-Tripel, Prädikatenlogik, Frames usw.

Entwicklungswerkzeuge [204] in ein implementierbares Modell umzusetzen.

Dieses Verfahren erfordert, wie in Abbildung I 14 angedeutet, permanent eine Rückkopplung zu den bisherigen Abschnitten der Expertensystementwicklung [205].

5.4 Ein Ablaufmodell für die Expertensystementwicklung

Die vorangegangenen Ausführungen deuten schon darauf hin, daß insbesondere die Entwicklung von komplexen wissensbasierten Systemen nur durch eine systematisierte Vorgehensweise einen Erfolg versprechen kann. Wie eine abgeschlossene Entwicklungsmethodik sich darstellen kann, soll an einem Ablaufmodell für die Expertensystementwicklung an dieser Stelle veranschaulicht werden. Es handelt sich dabei um einen Vorschlag von Kurbel und Pietsch aus dem Jahre 1988 [206].

---

[204] In diesem Zusammenhang sind darunter entweder die Shells mit ihren spezifischen Repräsentationsmethoden bzw. die KI-orientierten Programmiersprachen zu verstehen, auf die an anderer Stelle detaillierter eingegangen wird.

[205] Von einigen Autoren wird gefordert, daß der Umfang des Wissensmodells mit zunehmender Implementierbarkeit erweitert wird, während für das konzeptionelle Modell ein globalerer Rahmen vorgeschlagen wird.
z. B.: K. Kurbel / W. Pietsch (1989), S. 139

[206] Es existieren weitere Konzeptionen, die ebenfalls berücksichtigenswert sind. Die Entscheidung für die Darstellung dieses Ablaufmodells basiert auf der Tatsache, daß von Kurbel und Pietsch mit diesem Modell auch ökonomische und dispositive Restriktionen einbezogen werden, die in einer dazugehörigen ausführlichen Projektdurchführungsbeschreibung zum Ausdruck kommen, was bei anderen Autoren nicht immer der Fall ist. Z. B. bei : K. Parsaye/ M. Chignell (1988), S. 298

Das Modell basiert auf einem evolutionären Entwicklungsablauf, d.h., in mehreren Zyklen werden aufeinander aufbauende Systemversionen erstellt. Die einzelnen Zyklen durchlaufen folgende Phasen :

1. Im ersten Schritt findet eine Konzeptionalisierung und Rahmenplanung des Projektes statt.

2. Die Wissensakquisition erfolgt in enger Zusammenarbeit zwischen dem Fachexperten und dem Wissensingenieur. Die Akquisitionsergebnisse werden in einem konzeptionellen Wissensmodell systematisiert.

3. Das Wissensmodell wird mit Hilfe der in der Rahmenplanung definierten Entwicklungswerkzeuge [207] implementiert. Dieser Transformationsprozeß erfolgt in kleinen überprüfbaren Schritten.

4. Die erzielten Ergebnisse werden überprüft und abgenommen. Es findet ein Vergleich des konzeptionellen und des implementierten Wissensmodells statt, wobei eventuelle Mängel schriftlich fixiert werden.

5. Den Abschluß eines Zyklus bildet die Zyklus-Review, in der die gesammelten Erfahrungen unter Einbeziehung der aufgetretenen Mängel aufgearbeitet werden und die Zielrichtung für den nächsten Zyklus festgelegt wird.

Eine explizite Testphase für das erstellte System existiert nicht, vielmehr werden die Tests in der Implementierungsphase der einzelnen Zyklen vorgenommen. Dies geschieht u.a. durch die Konstruktion von Test-Szenarien, die eine Überprüfung der Problemlösungsfähigkeit ermöglichen sollten. Abbildung I 15 zeigt

---

[207] Z. B. KI-Sprachen oder Entwicklungsplatzsysteme (Shells).

in schematisierter Form den Zyklenablauf mit den dazugehörigen Revisionsmöglichkeiten innerhalb eines Zyklus.

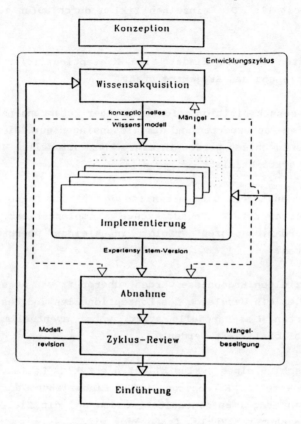

Abbildung I 15 : Ablaufmodell einer Expertensystementwicklung [208]

Dieses Ablaufmodell ist mit den Instrumenten der linearen Projektplanung nicht mehr handelbar, sondern erfordert eine fle-

---

[208] K. Kurbel / W. Pietsch (1989), S. 140

xiblere Projektdurchführungsform. Kurbel und Pietsch [209] empfehlen deshalb eine zyklenorientierte Projektplanung, die nach ihrer Meinung ein höheres Maß der Zielerreichung erwarten läßt [210].
Im einzelnen wird für die Projektorganisation eine Hierarchie vorgeschlagen, die drei Ebenen aufweist :

1. Die höchste Hierarchieebene wird durch den Supervisor repräsentiert, der die Gesamtleitung des Projektes innehat.

2. Die zweite Ebene bilden der Projektmanager, Projektleiter und die Qualitätssicherung. Die Aufgabe des Projektleiters besteht darin, die Grobplanung und die Einteilung der Projektzyklen vorzunehmen. Die Feinplanung und -steuerung liegt in dem Verantwortungsbereich des Projektmanagers, während die Qualitätssicherung die Kontrollstandards und Testszenarien definiert.

3. Die dritte Ebene repräsentieren ein Experte, ein Wissensakquisiteur und ein Implementierer, die sowohl zur Erstellung des konzeptionellen als auch des implementierten Wissensmodells zusammenarbeiten. Die Form der Zusammenarbeit gestaltet sich in sogenannten Arbeitssitzungen, an denen alle drei Personengruppen teilnehmen.

Die zum Abschluß eines Zyklus anstehende Zyklus-Review [211] erfolgt in einem großen Rahmen, indem alle am Projekt beteiligten Personen gemeinsam die Kontrollfunktionen wahrnehmen und die

---

[209] K. Kurbel / W. Pietsch (1989), S. 141

[210] Kurbel und Pietsch empfehlen je nach der Komplexität der zu erstellenden Systeme zumindest drei Zyklen innerhalb der Projektplanung.
K. Kurbel / W. Pietsch (1989), S. 140

[211] vgl. Abbildung I 15

vorliegende Mängelliste mit Prioritäten versehen und Mängelbeseitigungsmaßnahmen und Modellrevisonsschritte festlegen.
Die Abbildung I 16 zeigt die von Kurbel und Pietsch ausgearbeitete Aufbauorganisation eines Expertenssystemprojektes mit der Implementierung des konzeptionellen Wissensmodells und des eigentlichen Expertensystems.

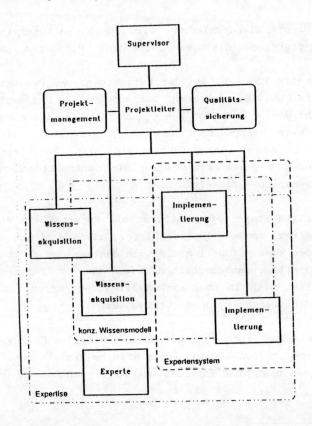

Abbildung I 16 : Aufbauorganisation eines Expertensystem-Projekts [212]

---

[212] K. Kurbel / W. Pietsch (1989), S. 142

Der Vorschlag von Pietsch und Kurbel beinhaltet damit eine weitere Differenzierung, indem zusätzlich noch die Funktion des Implementierers aufgeführt wird, was eine weitere Stufe im Wissenstransfer zwischen dem Experten und dem knowledge engineerer verkörpert und damit die in der Literatur sehr häufig erwähnte Problematik noch verstärkt.

Aber trotz dieser recht detaillierten Aufbauorganisationsbeschreibung besteht auch bei diesen Autoren die begrüßenswerte Meinung, daß nur Richtlinien für die Feinplanung gegeben werden können, da die Expertensystementwicklung ein hohes Maß an Kreativität und Flexibilität erfordert, das beispielsweise durch die Nutzung von Projektmanagement-Systemen zu sehr eingeschränkt wird [213].

6. Die Implementierung

Für die Implementierung [214] des Expertensystems stehen dem knowledge engineerer oder nach dem Modell von Kurbel und Pietsch auch dem Implementierer zwei unterschiedliche Instrumente zur Verfügung :

- die Entwicklungsplatzsysteme oder
- die KI-orientierten Programmiersprachen.

Beide Instrumente weisen Vor- und Nachteile auf, die im folgenden zu diskutieren sind.

---

[213] K. Kurbel / W. Pietsch (1989), S. 144

[214] Gemeint ist die Transformation des konzeptionellen Wissensmodells in eine rechnergestützt interpretierbare Wissensbasis sowie die Konstruktion des Inferenzverfahrens, falls dies nicht schon durch das Entwicklungswerkzeug vorbestimmt ist.

6.1 Entwicklungsplatzsysteme

Ein Entwicklungsplatzsystem bzw. eine Shell ist ein Werkzeug für die Erstellung von wissensbasierten Systemen, bei dem die einzelnen Komponenten des ES, d.h., die Inferenzmaschine, die Erklärungskomponente teilweise standardisiert vorgegeben sind. Der Benutzer eines solchen Systems kann sich bei dem Entwicklungsprozeß ausschließlich auf die Erstellung der Wissensbasis beschränken, die jedoch nur unter Berücksichtigung der dem Entwicklungsplatzsystem zugehörigen Syntax möglich ist [215]. Entwicklungsplatzsysteme bieten dem Benutzer in der Regel auch noch eine weitere Unterstützung bei der Implementierung eines wissensbasierten System durch eine komfortable Benutzeroberfläche, die z. B. das Testen von eingegebenen Regeln und Fakten erlaubt und die erzielten Ergebnisse im Verlauf des Inferenzprozesses in verbaler und grafischer Form darstellt. Der Leistungsumfang der Shells ist abhängig von der Kapazität des jeweiligen Rechnersystems. Harmon und King differenzieren daher die Shell nach folgenden Kategorien [216]:

1. Kleinere Werkzeuge
   Diese Shells sind auf Personal-Computern implementierbar und eignen sich für die Konstruktion von Wissensbasen mit weniger als 400 Regeln.

---

[215] D.h., die Formen der Wissensrepräsentation sind bei dem Entwicklungsplatzsystem ebenfalls festgelegt.
vgl. Kapitel 4.2.1

[216] P. Harmon / D. King (1989), S. 107

2. Große schmalspurige Werkzeuge
   Sie eignen sich für die Entwicklung von Wissensbasen mit mehr als 500 bis zu einigen tausend Regeln. Die Implementierung ist nur auf LISP-Maschinen [217] möglich.

3. Große Hybrid-Werkzeuge
   Entwicklungsplatzsysteme dieser Klasse sind nur auf größeren Rechnersystemen einsetzbar. Sie können ebenfalls mehrere tausend Regeln einer Wissensbasis verwalten und verarbeiten. Der Vorteil und große Unterschied zu den großen schmalspurigen Werkzeugen liegt darin, daß sie verschiedene Beratungsparadigmen [218] enthalten können.

Der Übergang zwischen diesen Klassen ist fließend, genauso wie auch zwischen den KI-Sprachen als Entwicklungsinstrument und den Shells ein nicht stark abgrenzbarer Übergang besteht. Viele Autoren betrachten daher auch das gesamte Spektrum der Entwicklungswerkzeuge für wissensbasierte Systeme als ein ein- bzw. zweidimensionales Kontinuum. Die Extremwerte des Kontinuums sind auf der einen Seite die KI-orientierten Sprachen und höheren Programmiersprachen, deren Verwendung zur Erstellung eines wissensbasierten Systems nur gut ausgebildeten Fachkräften zu empfehlen ist, während den zweiten Extrempunkt die Entwicklungsplatzsysteme darstellen, die eine so weitgehende Unterstützung bei der Entwicklung und Implementierung eines ES liefern, daß einige Autoren die Meinung vertreten, daß z. B. auch "Nicht-Programmierer" durchaus in der Lage sind, gute Wissensbasen zu

---

[217] LISP-Maschinen sind eine spezielle Hardware-Konfiguration, die die besondere Art der KI-Sprache LISP unterstützt.

[218] Ein Beratungsparadigma ist ein Konzept für eine bestimmte Form des Problemlösungsverhaltens.

erstellen [219]. Abbildung I 17 zeigt eine eindimensionale Darstellungsform eines Kontinuums.

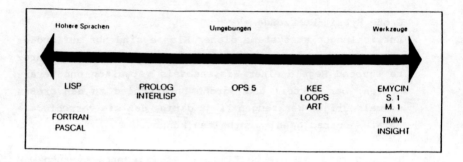

Abbildung I 17 : Das Sprache-Werkzeug-Kontinuum (nach Harmon/ King [220])

Ein bedeutender Nachteil der Entwicklungsplatzsysteme liegt in ihrer begrenzten Verwendbarkeit für spezielle zu erstellende wissensbasierte Systeme, d. h., eine Shell läßt sich nicht für die Implementierung von beliebigen ES einsetzen. Die Ursache ist in den sehr starken Restriktionen der spezifischen Syntax des vorbestimmten Inferenzverfahrens zu finden, die zwar die Handhabung dieser Systeme sehr vereinfacht, aber auch die Leistungsbandbreite sehr schmälert. Es sind daher vor der Entscheidung für ein solches System umfangreiche Recherschen über vorhandene Entwicklungplatzsysteme und eine sehr detaillierte Analyse des

---

[219] P. Harmon / D. King (1989), S. 97f.
F. Puppe (1986), S. 10

[220] P. Harmon / D. King (1989), S. 97

konzeptionellen Wissensmodells notwendig, um eine erfolgreiche Implementierung eines ES zu erreichen. Dieses Vorgehen wird zusätzlich noch dadurch erschwert, daß kaum Erfahrungsberichte über die auf dem Markt befindlichen Werkzeuge vorliegen [221].

Ein weiterer Aspekt der Entwicklungsplatzsysteme ist die Integrationsfähigkeit in eine bestehende Programmierumgebung, um eine Einbindung von wissensbasierten Systemen in die vorhandene Sofwarekonzeption zu gewährleisten [222].

6.2 KI-Sprachen

Die KI-Sprachen sind in der Regel symbol-orientiert und nicht wie die prozeduralen Programmiersprachen numerisch ausgerichtet [223]. Es ist zwar möglich, auch in einer prozeduralen Sprache ein wissensbasiertes System zu programmieren, aber trotzdem empfiehlt sich eine Programmiersprache, die eine Symbolverarbeitung erlaubt und die dynamische Fortschreibung von Wissensbasen unterstützt. Die bedeutendsten Basis-Sprachen sind LISP und PROLOG [224].

---

[221] F. Puppe (1988), S. 140

[222] Eine ausführliche Auflistung der Entwicklungsplatzsysteme mit ihren Leistungsmerkmalen findet sich bei : P. Harmon / D. King (1989), S. 110-111

[223] Zu den prozeduralen Sprachen zählen u.a. die Sprachen Pascal, Algol, Fortran und C.

[224] Der Begriff "Basis-Sprache" ist deshalb notwendig, weil sich von diesen beiden Sprachen sehr viele Dialekte im Laufe der Zeit herauskristallisiert haben.

6.2.1 PROLOG

Die Programmiersprache PROLOG basiert auf Konzepten der Logik, was auch in ihrem Namen zum Ausdruck kommt : "PROgramming in LOGic".
Die theoretischen Grundlagen von PROLOG führen zurück zu den Arbeiten von Kowalski [225], der an das Konzept der Prädikatenlogik Anfang der 70er Jahre anknüpfte. Die erste Implementierung erfolgte 1972 in Marseille durch Colmerauer und Roussel.
Ein PROLOG-Programm arbeitet symbol-orientiert auf der Basis der ersten Stufe der Prädikatenlogik. Dementsprechend beinhaltet es eine Menge von prädikatenlogischen Aussagen, mit denen axiomatisch weitere Aussagen beweisbar sind.
Für die Konzeption einer Wissensbasis mit Hilfe von PROLOG sind folgende Maßnahmen notwendig [226]:

1. Spezifikation von Fakten über Objekte und Relationen
2. Spezifikation von Regeln über Objekte und Relationen
3. Die Konstruktion von Fragen über Objekte und Relationen [227]

Ein Beispiel für die Arbeitsweise nach diesem Konzept ist die Beschreibung von hierarchischen Beziehungen von Unternehmehmensmitgliedern :

Aussage 1 :   Vorgesetzter(Mitarbeiter C,Mitarbeiter B);
Aussage 2 :   Vorgesetzter(Mitarbeiter C,Mitarbeiter A);
Frage   :   ? Kollegen (Mitarbeiter A,Mitarbeiter B)

---

[225] R. Kowalski (1979)

[226] P. Harmon / D. King (1989), S. 102;
B. Meschede (1985), S. 93f.;
K. Kurbel (1989), S. 119

[227] Unter Regeln, Fakten und Objekten sind an dieser Stelle die gleichen Begriffe wie in Kapitel 4.2 zu verstehen.

Das System antwortet bei dieser Frage mit einem "ja", da aufgrund der vorhandenen und dargelegten Fakten in den Aussagen 1 und 2 diese Schlußfolgerung gezogen werden konnte. Die Prädikate in diesem Beispiel sind "Vorgesetzter" und "Kollegen". Die neu gewonnene Relation ist die Beziehung "Kollegen (Mitarbeiter A, Mitarbeiter B)".
Nach diesem Verfahren erfolgt in gewisser Hinsicht bei der Datenverarbeitung mit PROLOG ein Deduktionsprozeß. D. h., es muß das vorhandene Wissen in Form von den oben beschriebenen Aussagen dem System mitgeteilt werden, welches dann weitere Schlußfolgerungen zuläßt. Aber auch die Regeln einer Wissensbasis lassen sich in der PROLOG-Notation darstellen.

Fügt man z. B. zu den o.g. Aussagen weitere Aussagen hinzu :

Aussage 3 : Funktion(Mitarbeiter A, Projektleiter)
Aussage 4 : Funktion(Mitarbeiter C, Abteilungsleiter)

dann läßt sich die Aussage, das ein Mitarbeiter zu einer Abteilung gehört auch allgemeingültig in Form von Regeln definieren [228] :

Regel 1 : Abteilung (Nr., Person1) if Abteilung (Nr.,Person2) and Kollegen (Person1,Person2)

Regel 2 : Abteilung(Nr.,Person1) if Vorgesetzter(Person2,Person1) and Funktion(Person2,Abteilungsleiter)

Die Positionen Person1 und Person2 stellen in dieser Regel Variablen dar, die entsprechend durch die Faktensituation mit den tatsächlichen Personenbezeichnungen ausgefüllt werden können.
Mit diesen Regelkonstruktionen lassen sich Relationen zwischen den Objekten konzipieren, die in ihrer Gesamtheit, gemeinsam mit

---

[228] An dieser Stelle wurde die Notation von Turbo-PROLOG verwandt, die einen modernen Dialekt dieser Programmiersprache darstellt.

den definierten Fakten, die Wissensbasis eines regelbasierten Systems präsentieren.
Der Inferenzmechanismus eines Prolog-Interpreters verläuft nach der Tiefensuche in Kombination mit der Rückwärtsverkettung [229], d.h., bei einer durchgeführten Anfrage werden vom System mit Hilfe der Regeln und Fakten weitere Anfragen generiert, die zu einer Bearbeitung des Regelnetzes führen. Bei Erreichen eines Endknotens des Netzes und einem eingetretenen Mißerfolg wird der Weg auf dem Pfad bis zu der Verzweigung zurückverfolgt, wo zu einem anderen noch nicht erarbeiteten Pfad ein Zugang über eine definierte Relation besteht [230]. Damit besitzt ein PROLOG-Programm eine feste Problemlösungskomponente, die sich nicht für jedes Problem als günstig erweist [231].
Trotz dieses Nachteils ist die Verwendung dieser KI-Sprache gegenüber einem Entwicklungsplatzsystem - bei ausreichendem Kenntnisstand - aufgrund der höheren Flexibilität bei der Modellierung des Wissensmodells vorteilhafter.
Prolog ist als KI-Sprache zwar auf verschiedenen Rechnertypen und -größen einsetzbar - das Spektrum reicht von Großrechneranlagen bis zu Prolog-Versionen für den PC-Bereich -, aber ein sehr großes Problem stellt die Verarbeitungsgeschwindigkeit von Prolog-Programmen dar, die auf konventionellen Hardware-Architekturen sehr klein ist. Insbesondere für eine Effizienzsteigerung von Prolog-Programmen ist die Entwicklung einer speziellen Hardware notwendig, wie sie seit einigen Jahren im Rahmen eines großen, von einer Vielzahl von japanischen Unternehmen getrage-

---

[229] vgl. Kapitel 4.2.2

[230] Man bezeichnet eine solche Vorgehensweise auch als 'Backtracking'.

[231] Z.B. können bestimmte Probleme mit einer Breitensuche oder mit Vorwärtsverkettungsstrategie effizienter bearbeitet werden.

nen Projektes betrieben wird, das den Bau von speziellen Prolog-Maschinen zum Ziel hat [232].

Eine weitere Problematik bei der Verwendung von PROLOG liegt in der Nichtexistenz eines generellen Sprachstandards. Diese Situation hat zur Folge, daß viele unterschiedliche Sprachdialekte von PROLOG existieren, die einen Transfer von differenten PROLOG-Programmen ohne Modifikationen nicht zulassen. Eine Lösung dieses Problems wird durch die Standardisierung der Sprache angestrebt, die eine Portabilität der programmierten Anwendungen ermöglichen soll [233].

6.2.2 LISP

Eine relativ alte KI-orientierte Programmiersprache ist LISP (List Processing Language). Bereits im Jahre 1958 wurde LISP am Massachusetts Institute of Technology entwickelt und ist damit fast genauso alt wie die KI-Forschung selbst [234].

---

[232] Dieses Projekt ist 1981 weltweit unter der Bezeichnung "Fith-Generation" Projekt angekündigt worden und verkörpert den Ehrgeiz, bis 1991 eine völlig auf PROLOG basierende Computer-Hardware-Architektur zu entwikkeln.
E. A. Feigenbaum/ P. McCorduck (1983), S. 99f.
A.-W. Scheer (1985), S. 179f.

[233] Basis für eine Standardisierung ist der sogenannte 'Clocksin-Mellish-Standard', der von der ISO (International Organization for Standardization) unterstützt wird und eine portable Anwendung auf Werkzeugumgebungen, wie z.B. das System 'TWAICE 'der Nixdorf AG, die in PROLOG implementiert wurden, unterstützt.
N. H. C. Thuy/ P. Schnupp (1989), S. 190

[234] Erfinder von LISP ist der Amerikaner John McCarthy.

McCarthy beschreibt die Eigenschaften von LISP folgendermaßen [235]:

1. Verarbeitung von symbolischen Ausdrücken statt Zahlen.
2. Darstellung von Daten als verknüpfte Listenstrukturen.
3. Zusammensetzung von Funktionen zu komplexen Funktionen als Kontrollstruktur.
4. Rekursionsmethoden zur Problem- und Prozeßbeschreibung.
5. Repräsentation von LISP-Programmen als mehrdimensionale Listen und intern als verknüpfte Listen.
6. Ein in LISP geschriebener LISP-Interpreter.

Damit werden bei LISP keine Unterschiede mehr zwischen Programmen und Daten gemacht, was soviel bedeutet, daß man komplette LISP-Programme wiederum als Daten für andere LISP-Programme verwenden kann.

Die grundlegende Datenstruktur von LISP ist die Liste, welche mit Hilfe von Funktionen manipuliert werden kann. Sowohl Daten als auch die Funktionen werden in Listenform dargestellt, die eine äquivalente Betrachtung von Daten und LISP-Programmen bzw. Funktionen ermöglicht.

Die Konstruktion der Wissensbasis eines ES erfolgt in LISP in der Art, daß das gesamte Regelwerk in ineinander verschachtelten Listen dargestellt werden kann. Die einzelnen Regeln können als LISP-Funktionen definiert werden. Das kleinste Datenobjekt bei LISP ist das sogenannte "Atom", welches nicht weiter reduzierbar ist, und der "CONS-Knoten", der aus zwei Feldern besteht, die jeweils einen Zeiger auf ein Datenobjekt beinhalten. Jedem "Atom" kann eine Eigenschaft zugeordnet werden, so daß sich auch Attribut-Wert-Tupel bestimmen lassen. Durch die "CONS-Knoten" lassen sich wiederum beliebige Datenstrukturen, d.h. sowohl verschiedene Listen als auch einzelne "Atome", miteinander ver-

---

[235] J. McCarthy (1978), S. 217-223

binden [236] und damit letztendlich in codierter Form die "Wenn-Dann-Regeln" beschreiben.
Ähnlich wie bei PROLOG existiert auch für LISP kein Sprachstandard, sondern eine Vielzahl von Dialekten und Sprachversionen, die an eine spezifische Hardware oder an ein bestimmtes Betriebssystem gekoppelt sind. Die bedeutendsten Vertreter der LISP-Familie sind :

- VAX-LISP auf VAX-Computer von DIGITAL,
- INTERLISP-D für Xerox- und Siemens-Rechner,
- FranzLISP für das UNIX-Betriebssystem.

Darüber hinaus sind seit Ende der 80er Jahre Bemühungen im Hinblick auf eine Standardisierung erkennbar, die vorerst zu der Sprachversion "Common LISP" geführt haben, welche eine Vereinheitlichung von vielen gebräuchlichen Standardfunktionen von LISP beinhaltet [237].

LISP ist als KI-Programmiersprache insbesondere - auch mit diesem relativ kleinen Nachteil - in den USA sehr beliebt und wird von Programmierern, aufgrund der Mächtigkeit der Sprache, für die Entwicklung von großen und komplexen Expertensystemen aber auch als Implementierungssprache von Shells bevorzugt.

7. Betriebliche Expertensysteme

Expertensysteme sind aufgrund ihrer Konzeption ein Instrument zur Unterstützung des Entscheidungsprozesses in dem jeweiligen Anwendungsbereich. Es liegt daher nahe, diese Eigenschaft von wissensbasierten Systemen auch für den betrieblichen Bereich nutzbar zu machen.

---

[236] F. Haugg / S. Omlor (1987), S. 67

[237] N. H. C. Thuy/ P. Schnupp (1989), S. 187

Insbesondere werden als Gründe für die Entwicklung und den Einsatz von betrieblichen ES immer wieder genannt [238] :

1. die Innovationsfreudigkeit von Unternehmen
2. die Überlastung von Experten
3. ein hoher Anteil von Routinetätigkeiten bei Expertenaufgaben
4. eine relative hohe Personalfluktuation bei Experten
5. ein besserer produktbezogener Kundensupport
6. eine Unterstützung bei dem Verständnis von Anweisungen und Normen
7. ein Anstieg der verfügbaren Datenmenge, die eine sinnvolle Verdichtung erfordert
8. die Möglichkeit einer expliziten Darstellung von Problemlösungsstrategien eines Experten.

Inwieweit die erhofften Nutzeffekte bei dem Einsatz von Expertensystemen eintreten, ist in einem sehr starken Maße von dem jeweiligen Anwendungsgebiet abhängig.
Insbesondere eignen sich Expertensysteme für Unterstützung von folgenden Funktionen [239] :

- Diagnose (d.h. Analyse von stattgefundenen Prozessen)
- Problemlösungssuche (problemspezifisch)
- Computerunterstützter Unterricht [240]
- Beratung (z.B. im Marketingbereich)

---

[238] A.-W. Scheer (1988b), S. 17;
S. Savory (1987), S. 34f.

[239] P. Mertens (1983), Sp. 481

[240] In der neueren Literatur finden sich zu diesem Themenkomplex auch Ausführungen unter dem Stichwort CAL (Computer Aided Learning).
J. Kapoun (1987), S. 466;
J. Hentze / A. Heinecke (1989b), S. 222ff.

Es existieren aber auch andere Einflußfaktoren, die ebenfalls den Nutzen dieser Systeme für ein Unternehmen mitbestimmen. Eine besondere Rolle nimmt die Art der Problemstellung ein, die folgende Merkmale aufweisen sollte [241] :

1. Die Aufgabe sollte in der Form strukturierbar sein, daß eine Kombinationsmöglichkeit von Regeln und Fakten durchführbar ist.

2. Die Aufgabe darf nicht wohlstrukturierbar sein, d.h., eine Problemlösungsbeschreibung mit Hilfe eines Algorithmus darf nicht bestehen.

3. Die Aufgabe darf für ihre Lösung heuristische und simulative Elemente besitzen.

4. Die Aufgabe darf kein - auch für den Experten - nicht zu bewältigendes Prognoseelement beinhalten.

---

[241] P. Mertens / K. Allgeyer (1983), S. 703

7.1 Voraussetzungen für den betrieblichen Einsatz von Expertensystemen

Die Applikation von Expertensystemen im System der Unternehmung erfordert besondere Anforderungen an bestimmte Teilsysteme [242]. Nach einem von Lebsanft und Gill aufgestellten Kriterienkatalog [243] formuliert Scheer die wesentlichen Voraussetzungen folgendermaßen [244] :

1. Die wichtigste Voraussetzung ist die Existenz von Experten für den Wissensakquisitionsprozeß.

2. Ein wichtiger Grundsatz für den Einsatz von Expertensystemen besteht darin, daß Expertensysteme nur dann als Problemlösungsinstrument in Frage kommen, wenn eine andere durch konventionelle Software herbeigeführte Lösung nicht akzeptabel erscheint.

3. Der aktuelle Handlungs- und Aufgabenbereich sollte in jedem Fall abgrenzbar sein, um die Voraussetzungen dafür schaffen zu können, daß das benötigte Wissen eines Experten als Wissensdomäne nachgebildet werden kann.

---

[242] Der Begriff 'System' ist im Sinne von In- und Umsystem einer Unternehmung zu verstehen. Eine genaue Begriffsbestimmung findet sich bei J. Hentze (1991a), S. 44f.

[243] E. W. Lebsanft / U. Gill (1987), S. 122

[244] Eine ausführlichere Diskussion der Problematik findet sich bei : A.-W. Scheer (1988b), S. 17f.

4. Die Art des Problemlösungsprozesses, insbesondere der Zeitaufwand für die Bestimmung der Lösung durch den Experten sollte ein weiterer Parameter für den Einsatz eines ES darstellen. Ein Nutzen durch die Verwendung eines ES stellt sich erst dann ein, wenn der natürliche Zeitaufwand durch den Experten 0,5 Stunden bis 1,5 Tage in Anspruch nimmt. Die Entwicklung von Expertensysteme für Aufgaben, deren Bearbeitung einen geringeren Zeitraum in Anspruch nehmen, ist nicht sinnvoll.

5. Das von dem Experten zu lösende Problem sollte ohne die Hinzunahme von Allgemeinwissen lösbar sein, da wissensbasierende Systeme bis zum jetzigen Zeitpunkt nicht in der Lage sind, diese Wissensform nachzuvollziehen [245].

6. Der Experte sollte möglichst wenig Informationen aus anderen Unternehmensbereichen einbeziehen müssen, da die für die Konzeption eines ES so wichtige Wissensabgrenzung auf spezifische Problemkomplexe sonst erschwert wird.

7. Die Bereitschaft zur Mitarbeit von seiten des Experten muß vorhanden sein, nicht zuletzt auch deshalb, weil viele "Selbstverständlichkeiten" zunächst für die Wissensbasis in eine transferierbare Form zu bringen sind [246].

---

[245] Diese Aussage von Scheer ist in dieser Form nicht haltbar, da es selbstverständlich möglich ist, auch Allgemeinwissen in die Wissensbasis eines ES einzubeziehen. Ein zweiter Punkt bei Scheer ist die fehlende Definition von Allgemeinwissen, die das Gewicht dieser Aussage zudem noch relativiert.

[246] Selbst bei vorhandener Bereitschaft zur Mitarbeit kann eine falsche Analyse des Wissens durch den ES-Entwickler diesen Prozeß behindern.
H. M. Collins (1990), S. 89

8. Es besteht eine Notwendigkeit darin, auch nach Abschluß der Entwicklung eines wissensbasierten Systems, eine Controlling-Funktion zu etablieren, die prinzipiell ebenfalls nur durch den entsprechenden Experten wahrgenommen werden kann. Nur er ist in der Lage, die Validität des entwickelten Systems zu überprüfen.

Diese dargelegten Voraussetzungen korrelieren sehr eng mit den allgemeinen Anforderungen bei der Entwicklung von wissensbasierten Systemen, wie sie zu einem früheren Zeitpunkt schon formuliert wurden [247]. Es sind jedoch weitere Aspekte und Faktoren zu berücksichtigen, die sehr starke Influenzfaktoren auf den Erfolg oder Mißerfolg eines ES-Einsatzes darstellen. Gemeint ist die Funktion des "Knowledge-engineer", der selbstverständlich maßgeblich an der Entwicklung eines Expertensystems beteiligt ist und dementsprechend gewisse Anforderungen zu erfüllen hat :

1. Als "Mittler" zwischen Experten und Endnutzer sollte der Knowledge-engineer die Fähigkeit aufweisen, sich mit dem Fachgebiet des Experten vertraut zu machen.

2. Er sollte in der Lage sein, mit Hilfe von entsprechenden Methoden, wie Befragungen usw., das Expertenwissen zu extrahieren.

3. Dem knowledge-engineer sollten der zukünftige Einsatzzweck und die mit der Entwicklung eines ES verbundenen Ziele vertraut sein, um vorab eine Machbarkeitsstudie durchführen zu können, die u.a. einen Aufschluß über die Durchführung und Konstruktion der Wissensbasis liefern soll.

---

[247] vgl. Kapitel 5.3

7.2 Expertensysteme in den funktionalen Bereichen des Unternehmens

Die Attraktivität von Expertensystemen im betrieblichen Bereich ist unumstritten und hat zu ersten Ansätzen für den erfolgreichen Einsatz dieser wissensbasierten Systeme, teilweise auch in Verbindung mit anderen Gebieten der Künstlichen Intelligenz, wie z. B. der Robotik, in den Unternehmen geführt. Diese Tatsache gliedert sich vollständig in die Forderung ein, die Information als einen weiteren Produktions- und letztendlich auch Wettbewerbsfaktor zu betrachten [248]. Sicherlich korrespondiert die Einsatzhäufigkeit dieser Systeme mit der Größe der Unternehmen, da aufgrund des hohen Entwicklungsaufwands bei den Expertensystemen zum jetzigen Zeitpunkt prinzipiell nur größere Unternehmen kapazitätsmäßig in der Lage sind, die notwendigen Anforderungen und Kriterien eines ES-Entwicklungsprozesses zu erfüllen [249].

Diese Tendenz erstreckt sich nahezu auf alle Branchen und erfaßt alle Funktionsbereiche eines Unternehmens.

Nach einer Studie von Mertens [250], der mit einer Arbeitsgruppe seit 1986 Analysen über die Marktsituation von Expertensystemen durchführt, ergibt sich für den quantitativen Einsatz von Expertensystemen im kommerziellen Bereich folgendes Bild :

---

[248] S. Augustin, B. Reminger (1989), S. 67

[249] Es ist davon auszugehen, daß sich dieser Zustand längerfristig verändern wird, da sich die Qualität der Hard- und Software - auch für die Erstellung dieser Systeme - verbessert und auch kleinere Unternehmen an diesem Prozeß partizipieren können.

[250] P. Mertens/ P. Borkowski (1988), S. 5

Industriebetriebe   insgesamt : 801

davon
im F.+E.-Bereich   234
im Vertrieb   165
in der Beschaffung   7
in der Produktion   230
in der Finanzierung   19
im Rechnungswesen   5
in der Personalwirtschaft   20
in der Verwaltung   85
in der Planung u. Führung   36

Bankbetriebe   40
Versicherungsunternehmen   12
Verkehrsbetriebe   21
Handelsunternehmen   12
Landwirtschaft   14

Summe   900

Diese Aufzählung beinhaltet Expertensysteme verschiedenster Problemklassen und gibt keine Aufschlüsse über die Qualität dieser Systeme. Mertens mußte bei seiner Studie auch gezwungenermaßen darauf hinweisen, daß der Begriff "Expertensystem" nicht eindeutig interpretiert worden ist und somit durchaus auch Systeme aufgezählt wurden, die im eigentlichen Sinne keine wissenbasierten Systeme oder Expertensysteme darstellen. Insofern ist die tatsächliche Zahl der betrieblichen ES geringer.

7.2.1 Expertensysteme im Produktionsbereich

Gerade im Produktionsbereich hat sich im jüngsten Zeitraum ein starker technischer Wandel vollzogen, der ebenfalls auf viele Impulse aus der elektronischen Datenverarbeitung zurückzuführen ist. So wird beispielsweise der Fertigungsprozeß immer mehr an die Erfordernisse einer CIM-gerechten Fertigungskonzeption angepaßt. Die Verbreitung von PPS-Systemen (Programm-Planungs-Systeme) nimmt zu und stellt viele Unternehmen vor erhebliche Probleme, die aus der wachsenden Komplexität des Informationsvolumens und dessen hard- und softwaremäßiger Administration resultieren [251].
Es liegt daher nahe, auch Expertensysteme für die Lösung und Bewältigung dieser Probleme einzusetzen. Quantitativ erscheint die Akzeptanz von ES in diesem Bereich in Relation zu anderen Bereichen des Unternehmens recht hoch [252], qualitativ gesehen beschränkt sich nach Mertens der Einsatz von Expertensystemen im Produktionsbereich überwiegend auf die Fehlerdiagnose im Fertigungsprozeß [253]. Der Nutzen liegt in erster Linie in der Rationalisierung der Diagnoseverfahren bei der Fertigung und der Qualitätsverbesserung der Produkte.
Ein zweites Einsatzgebiet für ES im Produktionsbereich könnte die Produktionsplanung darstellen, allerdings befinden sich derzeit Expertensysteme dieser Problemklasse im Entwicklungsstadium [254]. Daß insgesamt die Zahl der Anwendungen von Exper-

---

[251] Ein sehr großes Problem ist z.B. die Konzeption von CIM-gerechten Datenbanken, die in der Regel dezentral gestaltet sein müssen.

[252] Nach Mertens werden fast 30 % der ES im Unternehmen im Produktionsbereich eingesetzt.

[253] P. Mertens (1988), S. 33

[254] Beispielsweise existieren Projekte für die Entwicklung solcher Expertensysteme bei der Siemens AG und bei der Philips AG.
P. Mertens (1988), S. 33f.

tensystemen in der Produktion stetig ansteigt, läßt sich an dem Vergleich von Mertens, Borkowski und Geis erkennen, die 1988 und 1990 die betrieblichen Anwendungen von ES untersuchten und zu dem Schluß kamen, daß 50% aller betrieblichen Applikationen in der Produktion zumindest als Prototyp realisiert worden sind [255]. Die einzelnen Gebiete innerhalb der Produktion lassen sich der folgenden Abbildung I 18 entnehmen:

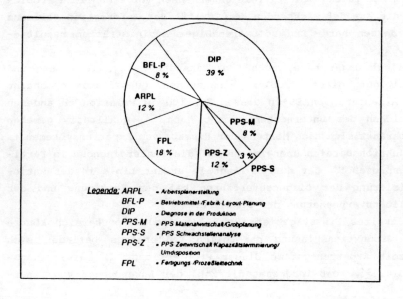

Abbildung I 18 : Expertensysteme im Bereich der Produktion (nach Mertens/Borkowski u.a. 1990)

---

[255] P. Mertens/V. Borkowski/W. Geis (1990), S.119;
P. Mertens (1988), S. 33

7.2.2 Expertensysteme im Vertrieb

Ein weiteres relativ stark genutztes Einsatzgebiet von Expertensystemen in der industriellen Praxis ist der Vertriebsbereich von Unternehmen. Insbesondere werden hier Expertensysteme als sogenannte Konfiguratoren [256] in starkem Maße genutzt. Die Vorteile bei Anwendung solcher Systeme treten gerade bei den Unternehmen zutage, die in ihrem Vertriebsprogramm technisch sehr komplizierte und miteinander kombinierbare Produktelemente anbieten. Insofern stoßen die als Konfigurator verwendeten Expertensysteme gerade in der EDV-Branche und im Maschinenbaubereich auf besonderes Interesse.

Ziel beim Einsatz dieser Systeme soll es in erster Linie sein, die Wünsche des Kunden während des Gesprächs oder durch Bearbeitung von Anforderungsformularen sofort als Dateninput an das System weiterzugeben, welches dann die Parameterkonstellation zu prüfen hat und nach einer abgeschlossenen Prüfphase mindestens einen Konfigurationsvorschlag unterbreitet. Der Nutzen einer solchen Vorgehensweise liegt in einer schnelleren und damit kundenfreundlicheren Angebotserstellung. Er kann jedoch noch weiter gesteigert werden, wenn diese Systeme gleichzeitig, d.h. während der Prüfphase über eine Schnittstelle zum Fertigungsbereich auch Informationen über die Fertigungsdauer einholen und damit dem Kunden einen groben Zeitplan vermitteln können. Die Entwicklung derartiger Konfiguratoren erfordert einen sehr hohen Aufwand und erstreckt sich über mehrere Jahre.

Ein sehr erfolgreiches und komplexes System dieser Kategorie ist XCOM [257] des Unternehmens Digital Equipment Cooperation (DEC), das in der Praxis bei DEC für die Konfiguration von VAX-11/780

---

[256] Unter diesem Begriff ist ein System zu verstehen, das durch die Definition von marktspezifischen Anforderungen in der Lage ist, eine Produktkonfiguration zusammenzustellen, welche diesen Anforderungen entspricht.

[257] Vormals wurde dieses System auch als R1 bezeichnet.
K. Parsaye/ M. Chignell (1988), S. 320

Computersystemen eingesetzt wird. Den Input für das System bildet der Kundenauftrag, d.h. die gewünschten Leistungsdaten und Spezifika. Als Output liefert XCOM - in Diagrammform - die räumliche Anordnung der einzelnen benötigten Bauteile, welche direkt von den Technikern umgesetzt werden. Sinnvoll ist dieses System deshalb, weil nach der Philosophie des Unternehmens keine fertigen Konfigurationen, sondern nur Einzelteile eines Rechnersystems, individuell zusammengestellt, vertrieben werden. Die Zahl dieser variablen Teile beträgt bei der VAX-11/780 ca. 420. Die Entwicklung von XCOM begann Ende 1978 und führte im April 1979 zu einem ersten Prototypen, der ständig adaptiert wird. Die vorerst letzte Entwicklungsstufe ist die Implementierung eines weiteren Expertensystems, das mit XCOM korrespondiert und gleichzeitig zur genaueren Konfiguration beim Kunden durch einen Verkaufssachbearbeiter genutzt werden kann. Mittlerweile sind beide Systeme so erfolgreich, daß auch andere Unternehmen dieser Branche über den Einsatz ähnlicher Instrumente nachdenken bzw. mit der Realisierung begonnen haben [258].

Ein weiterer sehr stark berücksichtigter Anwendungssektor, der zum bisherigen Zeitpunkt jedoch noch nicht diese Verbreitung gefunden hat, ist die Vertriebslogistik. So sind z. Zt. Bemühungen zu verzeichnen, die sich mit der Schwachstellenanalyse von Vertriebssystemen befassen [259]. Vorwiegende Nutzeffekte in diesem Anwendungsbereich werden von der dabei gewonnenen Wissensexpansion beim Arbeiten mit einem solchen System erhofft.

---

[258] Beispielsweise benutzt Hewlett-Packard das System XPS ADVISE für die Korrektur von Konfigurationsfehlern.

[259] Z.B. wird bei der Clark Equipment Company in den USA ein System eingesetzt, das das Vertriebssystem für die Ersatzteildistribution auf Schwachstellen überprüft. P. Mertens (1988), S. 32

7.2.3 Expertensysteme in der Beschaffung

Expertensysteme in der Beschaffung finden sich in der Praxis höchst selten. Die Ursache für diese Situation liegt in dem mit der Beschaffungsfunktion verbundenen Charakter der zu bewältigenden Aufgaben. In erster Linie erfolgen in diesem Bereich sehr viele auf quantitativen Aspekten beruhende Routineentscheidungen, für die der Einsatz von Expertensystemen keinen erkennbaren Nutzen darstellt, zum andern werden in sehr vielen Fällen Entscheidungen getroffen, die nicht rational und logisch in eine zu konzipierende Wissensbasis für ein Expertensystem eingehen können. Hierzu zählen u.a. Präferenzen für bestimmte Lieferanten aus rational nicht zu erklärenden Gründen, die dann natürlich nicht in ein auf Logik basierendes System übertragen werden können.

Obwohl auch für diesen betrieblichen Bereich auf dem Gebiet der Expertensysteme geforscht wird [260], läßt die nähere Zukunft aus den o.g. Gründen keine nennenswerten Erfolge für die Einsatzmöglichkeiten von wissensbasierten Systemen in der Beschaffung erwarten.

7.2.4 Expertensysteme in der Forschung und Entwicklung

Völlig anders dagegen stellt sich die Situation im F.- und E.-Bereich von Unternehmen dar. Auch hier läßt sich wiederum der vorwiegende Aufgabencharakter, d.h. das Lösen von schlecht strukturierten Problemen mit sehr stark damit gekoppelten qualitativen Aspekten als Erklärung heranziehen. Insbesondere stellt die Verbindung von CAD-Methoden und Abläufen mit Expertensystemen einen Schwerpunkt dar, der aufgrund der großen Bedeutung der

---

[260] Die Siemens AG arbeitet z.B an einem Einkaufsunterstützungssystem für die Lieferantenauswahl. Der Prototyp des Systems wurde an der TU Berlin entwickelt.
P. Mertens (1988), S. 33;
P. Mertens/V. Borkowski/W. Geis (1990), S. 113

CAD-Techniken in den Unternehmen einen hohen Nutzeffekt erhoffen läßt [261].
Im einzelnen lassen sich folgende Vorteile bei diesen Systemen erkennen [262] :

- Alternativensuche und Bewertung mit geringerem Zeitaufwand,
- verbesserte Normierungsprozesse für die Produktion schon während der Entwicklung,
- besserer know-how-Transfer in der Entwicklungsphase und
- Einsparung von hochqualifizierten Mitarbeitern.

In einigen Publikationen finden sich weitergehende Forderungen, die den Anwendungsnutzen von Expertensystemen steigern sollen. U.a. werden Vorschläge unterbreitet, die "intelligente Konstruktionsarbeitsplätze" zum Inhalt haben, die im Rahmen des Produktgestaltungsprozesses auf der Stufe der Erstellung von konstruktionstechnischen Unterlagen für eine neue Produktidee dem Konstrukteur Vorschläge bei der Ermittlung von günstigen Komponenten machen sollen und gleichzeitig eine Kontrollfunktion im Hinblick auf die Materialeigenschaften und fertigungstechnischen Möglichkeiten wahrnehmen [263]. Eine Erweiterung dieser ES, welche auch die ökonomische Seite der Produktentwicklung berücksichtigt, wäre durchaus denkbar, indem man zusätzlich zu der technischen Kontrollfunktion auch betriebswirtschaftliche Zielsetzungen des Produktentwicklungsprozesses einbezieht, die beispielsweise eine Harmonisierung mit den Kriterien der Materialdisposition, der Einkaufspolitik und der Verfahrenstechnik eines Unternehmens verbinden.
Ein weiterer potentieller Anwendungsbereich von Expertensystemen liegt in der Projektplanung von Forschungsvorhaben. Bislang ist dieses Gebiet der Operations-Research-Forschung vorbehalten, die

---

[261] Ein sehr erfolgreiches Produktbeispiel ist BOCAD_3D.

[262] P. Mertens (1988), S. 31

[263] P. Mertens/K. Allgeyer (1983), S. 703

sich vorwiegend auf die Erstellung von Netzplänen auf einer algorithmischen Basis erstreckt. Ein Expertensystem könnte dem Projektplaner eine zusätzliche Entscheidungshilfe bei der Auswahl zwischen unterschiedlichen Netzplänen sein [264].

7.2.5 Expertensysteme in der Personalwirtschaft

Bisher werden in diesem Bereich kaum Expertensysteme eingesetzt, obwohl einige Autoren durchaus auch für diese betriebliche Funktion Anwendungsmöglichkeiten und auch Nutzeffekte sehen [265]. Insbesondere auch für die Funktion des Personaleinsatzes lassen sich zum jetzigen Zeitpunkt Expertensysteme entwickeln, die auch einen dem Entwicklungsaufwand zumindest entsprechenden Nutzen erwarten lassen [266]. Dies trifft in besonderem Maße dann zu, wenn sich die Planungsprämissen kurzfristig als fehlerhaft erweisen, z.B. durch Krankheitsfälle, temporale Überschreitung von geplanten Personaleinsatzzeiten usw [267].
In der Praxis wurde bisher für den Bereich der Personalwirtschaft ein Expertensystem angekündigt, das insbesondere die Stellenzuordnung und -besetzung unterstützen soll [268]. Dieses

---

[264] P. Mertens/K. Allgeyer (1983), S. 704

[265] Mertens zieht beispielsweise einen hohen Nutzen durch Anwendung von Expertensystemen im Bereich der Personalentwicklung, d.h. insbesondere bei der dezentralen Wissensvermittlung.
P. Mertens (1988), S. 35

[266] Einige Beispiel dazu finden sich bei :
J. Hentze/ A. Heinecke (1989a), S. 102-104

[267] St. v. Zelewski (1986), S. 773

[268] Es handelt sich um das System PARYS des Unternehmens Consulting AG in Wien. Bei einer näheren Prüfung des Systems stellte sich jedoch heraus, daß es sich dabei mehr um ein Teilsystem eines Personalinformationssystems handelt, welches mit einigen auf wissensbasierten Methoden beruhenden Modulen angereichert wurde. G. Jörg (1989), S. 413f.

System operiert unverständlicherweise mit einer vorkonstruierten Wissensbasis, die nicht mehr im entsprechenden Umfang an die individuellen betrieblichen Belange angepaßt werden kann. Zudem weist das Gesamtsystem einen administrativen Charakter auf und bietet Funktionen in seinem Leistungsumfang, die nicht über das Funktionsspektrum eines herkömmlichen Personalinformationssystems hinausgehen [269]. Insofern erscheint bei diesem System die Verwendung des Begriffes "Expertensystem" eher einen marketingorientierten Aspekt aufzuweisen.

Ein weiteres Expertensystem, das in der Praxis innerhalb der Funktionen und Aufgaben der Personalwirtschaft eine Anwendung gefunden hat, ist das von der IBM Deutschland GmbH vorgestellte System USL [270]. Dieses System wird für einen wissensbasierten Dialog von seiten des Benutzers mit einem Personalinformationssystem eingesetzt und muß zum jetzigen Zeitpunkt eher als ein Prototyp bzw. Versuchssystem aufgefaßt werden, das eine Vorstufe zu einem "intelligenten" Personalinformationssystem darstellt [271].

Gerade dieser Ansatz, d.h. Weiterentwicklung des Personalinformationssystemkonzepts hin zu einem System mit wissensbasierenden Modulen, erscheint sehr interessant, zumal Expertensysteme aufgrund ihrer Architektur und ihrer Modellierung nicht in der Lage sind, in naher Zukunft die Personalinformationssysteme mit ihrem in der Regel sehr komplexen Funktionsumfang zu ersetzen [272].

---

[269] J. Hentze/ A. Heinecke (1989c), S. 12ff.

[270] USL steht als Abkürzung für den Begriff : User Speciality Languages System.

[271] St. v. Zelewski (1986), S. 761

[272] Eine Leistungs- und Funktionsumfangbeschreibung von Personalinformationssystemen, die in der Praxis eingesetzt werden, kann aus :
J. Hentze, J./A. Heinecke (1989c), S. 12-24 entnommen werden.

Sie stellen zum jetzigen Zeitpunkt eine Ergänzung dar [273], die diesen Ansatz, der ein noch höheres Integrationsmaß dieser beiden Systeme verlangt, als sinnvoll erscheinen läßt. Bisher ist es jedoch noch nicht möglich, ein derartiges System in der Praxis zu beobachten.

Die Gründe für diese "Unterrepräsentierung" der Expertensysteme im Bereich der Personalwirtschaft lassen sich aus der Befürchtung von Unternehmensmitgliedern ableiten, die eine Gefahr darin sehen, daß durch die Verwendung von wissensbasierten Instrumenten ein sehr starker Mißbrauch mit personenbezogenen Informationen betrieben werden kann. Die gleiche Problematik führte auch Anfang der achtziger Jahre zu einer Stagnation bei der Verbreitung und dem Einsatz von Personalinformationssystemen.

Aber auch ein zweites Argument, das gegen die Einführung von Expertensystemen in der Personalwirtschaft spricht und sich nicht auf einer emotionalen Ebene entwickelt hat, besitzt eine Bedeutung für die jetzige entstandene Situation. Es handelt sich um den "Kontextverlust" [274], der durch die Reduktion von Mitarbeiterinformationen auf formalisierte Inhalte entsteht und zu Einbußen von Wissen über die Mitarbeiterpersönlichkeit führen kann.

Diese beiden ursächlichen Aspekte müssen deshalb bei weiteren Überlegungen zur Einführung von Expertensystemen im Personalwesen ihre Berücksichtigung finden.

---

[273] Ein Ergänzungs- und Integrationsvorschlag von ES und Personalinformationssystemen findet sich bei Hentze und Heinecke.
J. Hentze/ A. Heinecke (1989a), S. 104-106

[274] R. Marr./M. Stitzel (1979), S. 470f.

7.2.6 Expertensysteme in den administrativen Bereichen des Unternehmens

Expertensysteme haben mittlerweile auch in andere Unternehmensbereiche Einzug gehalten, die unter den Begriffen

- Controlling [275] und
- Management [276]

zusammengefaßt werden können.
Gerade zur Unterstützung der Aufgabengebiete innerhalb der Controlling-Funktion sind in jüngster Zeit Bemühungen zu verzeichnen, die auf die Entwicklung von wissensbasierten und edv-gestützten Instrumenten abzielen.
Vorwiegend für das Rechnungswesen existieren unterschiedliche Expertensysteme, die in der Lage sind [277],

- die Ertragssituation eines Unternehmens anhand von aufeinanderfolgenden Gewinn- und Verlustrechnungen zu beurteilen und eine Expertise zu erstellen,

- eine Situationsanalyse von Unternehmen auf der Grundlage zweier aufeinanderfolgender Bilanzen durchzuführen,

---

[275] Nach der Definition von J. Weber (1991a), S. 29

[276] Management ist in diesem Zusammenhang gleichzusetzen mit dem deutschen Begriff "Unternehmensführung".

[277] Die nachfolgende Aufzählung bezieht sich auf Expertensysteme, die an der Friedrich-Alexander-Universität Erlangen-Nürnberg in Zusammenarbeit mit P. Mertens entwickelt wurden. Die Prototypen dieser Systeme wurden mit Hilfe der Entwicklungsumgebungen (Shells) HEXE und NEXPERT erstellt.
P. Mertens (1989), S. 836f.

- eine Beurteilung der finanziellen Situation eines Unternehmens vorzunehmen und

- Gutachten über die Kosten- und Erlösseite bei entsprechend vorliegendem Datenmaterial anzufertigen.

Diese wissensbasierten Systeme sind so konzipiert, daß sie sich zum Teil gegenseitig ergänzen können, also partiell auf gleiche Ausgangsdaten zurückgreifen.
Ein anderes Expertensystem für den Bereich der Unternehmensführung bzw. -planung zielt auf die Unterstützung der strategischen Produktplanung ab und erfragt über einen genormten Katalog die Ist-Situation und Perspektiven über die Markt- und Technologieattraktivität, Wettbewerbskraft und Ressourcenstärke, um anhand der gewonnenen Informationen im Dialog mit der planenden Person Grund- und Detailstrategien zu entwickeln [278].
Der Leistungsumfang dieses Systems geht über die klassischen Methoden [279] der Produktpolitik hinaus.
Charakteristikum dieser Systeme sind die Expertisemodule, d.h. die Ergebnisse werden in Textbausteine [280] eingebunden und in Berichtsform dem Benutzer zur Verfügung gestellt. Dies ist sicherlich ein weiterer Schritt in Richtung einer verbesserten Benutzerschnittstelle, es fehlen jedoch zum jetzigen Zeitpunkt noch Erfahrungen über die Akzeptanz, um endgültige Aussagen über diese Form der Ergebnisdarstellung treffen zu können.

---

[278] Es handelt sich um das System STRATEX, das ebenfalls von P. Mertens im Rahmen einer Forschungsgruppe erstellt wurde. Nach Aussage von Mertens befindet sich das System jedoch noch in der Erprobung und bedarf einer Weiterentwicklung, u.a. auch für die Berücksichtigung differenter Unternehmenskonstellationen.
P. Mertens (1988), S. 35f.

[279] Gemeint sind beispielsweise die Nutzwertanalyse oder die Portfolio-Methoden.

[280] Die Textbausteine werden auch als "Rohtext" bezeichnet.

Ein weiterer Aspekt, der ebenfalls noch keine abschließenden Ergebnisse über den tatsächlichen Nutzeffekte dieser Expertensysteme zuläßt, ist die noch fehlende längerfristige Testphase dieser ES in der Praxis. Bisher haben diese Systeme noch nicht den Entwicklungssprung vom Prototyp zum kommerziell einsetzbaren Instrument erreicht, was sich u.a. auch in den noch unzureichenden Möglichkeiten der Adaption und Lernfähigkeit dieser Systeme zeigt [281].

8. Die Hardware zur Anwendung von KI-Instrumenten

Theoretisch gesehen lassen sich die aufgezählten Anwendungen von Expertensystemen und auch zukünftige Entwicklungen auf jeden Rechnertyp mit einer entsprechenden Leistungsfähigkeit mehr oder weniger sinnvoll implementieren. Die Problematik verbirgt sich jedoch in der Verwendung einer bestimmten Shell, die nur auf einer spezifischen Rechnerkonfiguration lauffähig ist und in der Komplexität des geplanten ES, das mit dieser Shell erstellt werden soll. Denn sehr rasch wird deutlich, daß aufgrund des angestrebten Leistungsumfangs mit dem damit sehr häufig verbundenen großen Regelwerk, die Inferenzschritte bei einer ES-Konsultation so viel Rechenzeit benötigen, daß die Antwortzeiten des Systems für den Benutzer nicht mehr akzeptabel sind. Um diesem Handikap entgegentreten zu können, sind daher schon recht früh spezielle Hardwaresysteme für einen KI-orientierten Einsatz entwickelt und produziert worden, die auch die Möglichkeit eröffnen, mächtige Shells zu installieren, die, abgestimmt auf die jeweilige spezifische Hardware-Konfiguration, den Benutzeranforderungen und dem Funktionsumfang der KI-Software gerecht werden.

---

[281] Nach Aussagen von Mertens besteht eine Notwendigkeit, diese Systeme im Hinblick auf die Adaption (Anpassung an individuelle betriebliche Situationen) und Lernfähigkeit (Anpassung der Systeme an neue Situationen) zu verbessern.
P. Mertens (1989), S. 851

Nachteilig wirken sich jedoch bei einer derartigen Soft- und Hardwarelösung die hohen Kosten aus, die nicht von jedem Unternehmen, das sich in der Einstiegsphase zu KI-Systemen befindet, getragen werden können und die Beschränkung dieser speziellen Hardware ausschließlich auf KI-Anwendungen [282]. Insofern ist das Bemühen verständlich, die konventionelle Hardware für den Einsatz von KI-Instrumenten verträglicher zu machen. Dies hat zudem den Vorteil, daß innerhalb der Unternehmen auf diese in vielen Fällen bereits vorhandene herkömmliche Hardware zurückgegriffen werden kann, die auch noch ein weit höheres Maß an Flexibilität aufweist und durch den starken Verbreitungsgrad nicht die enorme Kostenintensität besitzt.

Damit existieren im Hinblick auf die notwendige Hardware für den Einsatz von KI-Werkzeugen zwei Alternativen :

- die konventionelle Hardware und

- die spezielle KI-orientierte Hardware.

---

[282] J. Kapoun (1989), S. 188

8.1 Die konventionelle Hardware

Unter konventioneller Hardware sind in diesem Zusammenhang die Hardware-Systeme zu verstehen, die vom Leistungs- und Funktionsumfang vom Personalcomputer über die Workstations bis zum Mini-Rechner reichen und durchaus kleineren und mittleren Anwendungen im KI-Bereich genügen. Voraussetzungen für den Einsatz dieser Systeme sind große interne und Sekundärspeicherkapazitäten, die eine schnelle Verarbeitung von Wissensbasen und Datenbankdateien gewährleisten [283].

Eine weitere Verbesserung der Rechnerleistung dieser Systeme im KI-Bereich stellt die Möglichkeit dar, die reinen KI-Sprachen [284] auf dieser Hardware implementieren zu können. Dies ist unter anderem bei einer Hardware möglich, die mit den Betriebssystemen MS-DOS bzw. UNIX [285] arbeiten kann.

Allerdings ist die Rechenleistung dieser Microcomputer für größere Wissensbasen nicht ausreichend [286].

---

[283] Insbesondere bei einer hohen internen Hauptspeicherkapazität eines Rechners bietet sich das sogenannte "Blackboard"-Prinzip an, bei dem die erfolgreichen Lösungsschritte mit einem Expertensystem in einem gesonderten Bereich des Speichers abgelegt werden und dem Benutzer aufgezeigt werden können, ohne daß eine Rekonstruktion bzw. eine Protokollierung während einer Sitzung notwendig ist, die in der Regel eine überproportionale Verlängerung der Antwortzeiten des Systems nach sich ziehen würde.
J. Kapoun (1989), S. 189;
P. Finzer (1991), S. 153

[284] D.h. z.B. PROLOG oder LISP bzw. deren Compiler.

[285] Insbesondere UNIX ist aufgrund der Dialogfähigkeit für diesen Zweck außerordentlich prädestiniert und ermöglicht auch den Einsatz eines ES auf verschiedenen Hardwaresystemen, da es als hardware- bzw. herstellerunabhängiges Betriebssystem auf verschiedenen Hardwarekonfigurationen lauffähig ist.

[286] Ch. Fenly (1988), S. 19

Die Abbildung I 19 zeigt einen Überblick über die verschiedenen konventionellen Rechnerkategorien, die sich für die Implementierung und die Applikation von Expertensystemen anbieten, sofern die mit dem verwendeten Betriebssystem kompatible Shell oder der entsprechende KI-Sprachen-Compiler vorhanden ist.

PC-Konfiguration	Workstations	Minirechner
IBM-kompatible PCs (unter MS-DOS und Unix) Apple Macintosh (unter Mac-OS)	SUN Apollo MicroVAX II (alle Systeme unter Unix)	Targon/35 VAX 8600

Abbildung I 19 : Konventionelles Hardwareangebot für die Expertensystementwicklung

8.2 Die spezielle KI-orientierte Hardware

Diese Hardwarekategorie entstand aus der Feststellung heraus, daß KI-Software, die mit den gebräuchlichsten dazugehörigen Sprachen, nämlich PROLOG bzw. LISP, trotz vieler technischer Modifikationen auf der konventionellen Hardware ineffizient läuft. So wurde zunächst einmal für LISP eine spezielle Hardware konstruiert, die den spezifischen Eigenschaften dieser Sprache, d.h. der listenorientierten Verarbeitung von Programmen und Teilprogrammen, angepaßt ist [287]. Als nächster Schritt erfolgte die Entwicklung von Hybrid-Werkzeugen für die Expertensystementwicklung, die ebenfalls in LISP implementiert, auf den LISP-Maschinen lauffähig waren und eine effizientere Arbeitsweise ermöglichten [288]. Die Vorteile dieser LISP-Maschinen ergaben sich aus [289]:

- kurzen Antwortzeiten,
- virtuellen Speichern (bis über ein Gigabyte),
- moderner Gestaltung der Benutzeroberfläche (Graphik, Maussteuerung und Windowtechnik),
- einfachem Zugriff auf alle Systemkomponenten (einschließlich dem Betriebssystem, das ebenfalls in LISP geschrieben war) und
- einem umfangreichen Angebot an Sprachkonzepten (mit einer Vielzahl an sprachspezifischen Grundfunktionen).

---

[287] Diese Entwicklung begann bei LISP aufgrund der frühen Einführung und des hohen Verbreitungsgrades dieser Sprache in den USA schon in den 70er Jahren.

[288] Beispielsweise war das System KEE, eine in LISP geschriebene Shell, zunächst nur auf diesem Hardwaretyp einsetzbar.
P. Harmon/ D. King (1989), S. 139ff.

[289] F. Puppe (1986), S.10

Die LISP-Maschinen sind inzwischen sehr populär geworden, nicht zuletzt deshalb, weil sie auch mittlerweile eine Integration von KI-Programmen mit der konventionellen Software ermöglichen und somit auch eine Einbettung beispielsweise in die Büro- und Fertigungsautomationstechnik eines Unternehmens zulassen. Der zweite spezielle Hardware-Typus für KI-Anwendungen sind die sogenannten PROLOG-Maschinen, die erst in jüngster Zeit stärker in den Vordergrund getreten sind. Der Grund hierfür liegt in der Ankündigung des japanischen Ministeriums für internationalen Handel und Industrie (MITI), bis 1991 eine neue Computergeneration im Rahmen eines strategischen nationalen Großprojekts zu entwickeln [290]. Ziel ist es, einen Computertyp zu entwickeln, der, ausgestattet mit einer Parallelprozessor-Architektur und einem enormen Arbeits- und Sekundärspeicher, selbständig in der Lage ist, logische Überlegungen anzustellen, Bild, Text und Sprache zu verstehen und Rückfragen an den Benutzer zu stellen und dies verbunden mit einer bisher kaum vorstellbaren Rechenleistung. Das Betriebssystem für diesen Computertyp soll, nach Planung des Projekts, in Prolog implementiert werden, um damit auch für das EDV-System selbst eine gewisse Lernfähigkeit zu erzielen [291]. Damit würde dieser Hardwaretypus ebenfalls - wie die LISP-Maschinen - eine Symbol- bzw. Listenverarbeitung unterstützen, allerdings wesentlich effizienter [292].

---

[290] Diese Ankündigung erfolgte 1981 auf einer Konferenz in Tokio, bei der ein finanzieller Rahmen für dieses Projekt in Höhe von 2 Mrd. DM veranschlagt wurde, der zu gleichen Teilen vom Staat und der japanischen Industrie zu tragen ist.

[291] J. Kapoun (1989), S. 74ff.

[292] Bisher ist es jedoch nur eine Ankündigung von MITI, das auch noch nicht Zwischenergebnisse über das Projekt veröffentlicht hat.

Das tatsächliche Hardwareangebot beschränkt sich im Augenblick jedoch nur auf die LISP-Maschinen, die von folgenden Anbietern auf dem Markt bezogen werden können :

- Symbolics,

- Texas Instruments,

- Rank Xerox und

- MAD.

II. Analyse des Applikationspotentials von Expertensystemen in der Personalwirtschaft

Die vorangegangene Diskussion über Formen, Arten und technische Strategien von Expertensystemen hat gezeigt, daß sowohl technische als auch betriebliche Expertensysteme restriktiv innerhalb eines Entscheidungsprozesses für ein genau definiertes und beschränktes Entscheidungsfeld eingesetzt werden. Das dabei im Entscheidungsprozeß zu lösende Problem muß nicht zwingend wohlstrukturierbar, sondern kann als schlechtstrukturierbar mit vorhandenen Informationsdefiziten behaftet sein, ohne daß im Vorfeld des Problemlösungsprozesses schon endgültige Aussagen im Hinblick auf Lösbarkeit oder Nicht-Lösbarkeit getroffen werden können. Expertensysteme sind, wie die Konzeptionsbeschreibung gezeigt hat, Instrumente, die dispositive und nicht routinemäßige Tätigkeiten unterstützen. Einen sehr starken Einflußfaktor auf den Erfolg oder Mißerfolg eines konzipierten Expertensystems bildet die Qualität der Wissenstransformation des Expertenwissens und damit die Funktion des "Knowledge-engineer". Ein sich aus dieser Situation heraus ergebender Ansatzpunkt für die Analyse der Applikationsmöglicheiten ist daher der personalwirtschaftliche Entscheidungsprozeß mit folgenden Fragestellungen :

1. In welcher Form ist eine Gliederung von personalwirtschaftlichen Entscheidungsprozessen möglich ?

2. Wie verläuft bei dem Experten der Entscheidungsfindungsprozeß ?

3. Welche der dabei gefundenen Arten von Entscheidungsprozessen lassen sich durch ein Expertensystem unterstützen ?

Ein weiterer Aspekt, der ebenfalls aus den dargelegten Restriktionen von Expertensystemen, insbesondere aus den Charakteristika der Entscheidungsfelder und Entscheidungsobjekte resultiert, ist eine formale Gliederung möglicher Entscheidungsfelder und eine dazugehörige allgemeine inhaltliche Bestimmung. Es ist also eine Systematisierung zu konzipieren, die es ermöglicht, die unterschiedlichen Formen von Entscheidungsprozessen inhaltlich bestimmten Tätigkeitsbereichen der Personalarbeit zuzuordnen. Dies ist sehr eng zu den Aufgabengruppen [1] innerhalb der Personalwirtschaft in Beziehung zu setzen, so daß zunächst einmal die personalwirtschaftlichen Funktionen als übergeordnete Ebene dieser Aufgabengruppen zu betrachten sind.

9. Die Systematisierung der Personalwirtschaft als Grundlage der Analyse

Die funktionale Gliederung der Personalwirtschaft muß dementsprechend die Grundlage der Betrachtung sein, auf die die einzelnen Aufgabengruppen zu beziehen sind. Wie sich jedoch gezeigt hat, ist eine derartige Gliederung nicht eindeutig in der wissenschaftlichen Literatur definiert [2] und demzufolge lassen sich Unterschiede im Hinblick auf die Eignung bestehender Gliederungskonzepte erwarten. Um jedoch alle bestehenden personalwirtschaftlichen Bereiche in Relation zu vorhandenen Aufgabengruppen erfassen zu können, ist die erste Bedingung an ein solches Konzept die Integration von übergreifenden personalwirtschaftlichen Funktionen [3], um eine genauere Abgrenzung zu erzielen, damit eine klare Fixierung des potentiellen Anwendungsge-

---

[1] Unter den Aufgabengruppen sind in diesem Zusammenhang die Tätigkeiten zu verstehen, die sich inhaltlich einer personalwirtschaftlichen Funktion bzw. Teilfunktion zurechnen lassen. Beispielsweise läßt sich die Erstellung einer Stellenbeschreibung mit den damit verbundenen Aufgaben als Aufgabengruppe der Personalbedarfsanalyse zuordnen.

[2] Vgl. die unterschiedlichen Systematisierungen von Binsani, Hentze und Scholz in Kapitel 2.1.

[3] Übergreifende Funktionen sind z. B. bei Bisani die Personalverwaltung, bei Hentze die Personalinformationswirtschaft und bei Scholz das Personalinformationsmanagement.
F. Bisani (1976); J. Hentze (1991a);
Ch. Scholz (1991)

bietes eines wissensbasierten Systems möglich ist. Die sich dabei entwickelnde Problematik liegt in der Vernachlässigung von bestehenden Interdependenzen zwischen den Funktionen, ein Gesichtspunkt, der durch die funktional übergreifende Definition der notwendigen Informations- und Aufgabenobjekte zu einer jeweils zu lösenden Aufgabe zu beheben ist. Bei der Definition von Aufgabengruppen ist jedoch sehr schnell feststellbar, daß die dazugehörigen Informationsobjekte aus verschiedenen personalwirtschaftlichen Funktionen stammen können, so daß sich unter dem informationsorientierten Aspekt die Aufgabengruppen funktionsbezogen multidimensional darstellen. Demnach ist ein zweidimensionales Analysemodell [4] für informations- und entscheidungsorientierte Prozesse innerhalb der Personalwirtschaft nicht anwendbar. Ein multidimensionales Modell, das jegliche Beziehungen zwischen den personalwirtschaftlichen Funktionen erfassen könnte, wäre ebenfalls - aufgrund der Komplexität - nicht mehr handhabbar. Ein Weg zur Lösung dieser Problematik kann daher nur darin liegen, die in der Tat vorhandene multidimensionale Informationstruktur von einzelnen Aufgabengruppen zu vernachlässigen und die Aufgabengruppen ihrem Schwerpunkt entsprechend einzelnen personalwirtschaftlichen Funktionen, die keinen integrativ funktionsübergreifenden Charakter haben, zuzuordnen und in einem weiteren Schritt die Informationsstruktur für eine wissensbasierte EDV-Unterstützung in Frage kommende Aufgabengruppe explizit darzulegen. Bei dieser Vorgehensweise können deshalb nur folgende personalwirtschaftliche Funktionen in Betracht kommen :

- die Personalbedarfsanalyse,
- die Personalbeschaffung,
- die Personalentwicklung,
- der Personaleinsatz,
- die Personalerhaltung und
- die Personalfreistellung.

Diesen Funktionen sind einzelne Aufgabengruppen zuzuordnen, die im Hinblick auf Applikationsmöglichkeiten zu analysieren wären.

---

[4] vgl. Kapitel 2.1.2 Abbildung I 4

Die statische Struktur der Methode wäre damit gegeben (siehe Abbildung II 1) :

pers. Funktionen	Aufgabengruppen		
	1	. . .	n
-bedarfsanalyse			
. . .			
-freistellung			

Abbildung II 1 : Struktur der Analysemethode

Die gezeigte Zweidimensionalität in der Struktur ist deshalb zu wählen, da einige Aufgabengruppen, auch bei einer strengen Trennung zwischen den personalwirtschaftlichen Funktionen, keine eindeutige Zurechenbarkeit aufweisen [5].
Ein weiterer Gesichtspunkt, der sich aus der vorangegangenen Diskussion über Expertensysteme herauskristallisiert hat, ist die Differenzierung von personalwirtschaftlichen Aufgaben in jene, die in überwiegendem Maße Routinetätigkeiten bedingen und jenen, deren Lösung nur in Verbindung mit kreativen und dispositiven Tätigkeiten zu sehen ist. Dieser Schritt bewirkt eine

---

[5] Beispielsweise ist die Beurteilung des Leistungspotentials in Form eines Assessment-Centers sowohl der Personalbeschaffung als auch dem Personaleinsatz zuordbar.

Selektion und anschließende Konzentration auf diejenigen Aufgabengruppen, die durch das bisherige EDV-Instrumentarium für die Personalwirtschaft, aufgrund ihrer spezifischen Charakteristika, keine ausreichende Unterstützung erfahren konnten [6]. Beide Schritte, d.h., die Bestimmung von Relationen zwischen personalwirtschaftlichen Funktionen und einzelnen Aufgabengruppen und die Konzentration auf die Gruppen, die in Verbindung mit dispositiven Tätigkeiten stehen, ermöglichen eine Analyse, die zumindest drei Kriterien erfüllt :

1. die zu betrachtenden Applikationsbereiche für wissensbasierte Systeme sind so abgegrenzt, daß die für potentielle Expertensysteme notwendige Gestaltung der Wissensbasen [7] noch durchführbar ist.

2. die durchgeführte Eingrenzung der möglichen Applikationsbereiche durch die Einführung der Aufgabengruppen entspricht annähernd der Situation des Expertenwesens in Unternehmen, wodurch letztendlich eine höhere Qualität bei den Wissensbasen erzielt wird [8].

3. Durch die Reduktion auf Aufgabengruppen, die spezifische Kriterien aufweisen, ist eine Verkleinerung des Analyseraumes in sinnvoller Form gewährleistet [9].

Es ist offensichtlich, daß die Systematisierung der Personalwirtschaft unter dem funktionalem Aspekt in der dargelegten Form

---

[6] Das erwähnte EDV-Instrumentarium wird bei J. Hentze/ A. Heinecke (1989a)-(1989i) näher spezifiziert.

[7] Wie Kapitel 4 gezeigt hat, wird mit einer zunehmenden Anzahl an Regeln und Fakten die Konstruktion der Wissensbasis problematisch.

[8] Es ist davon auszugehen, daß in die Unternehmen kein Expertenwissen von einer einzigen Person eingebracht werden kann, das sich z.B. auf eine gesamte personalwirtschaftliche Funktion bezieht.

[9] Unter sinnvoller Form ist in diesem Zusammenhang die Gewährleistung der Durchführbarkeit gemeint, die ohne diese Reduktion aufgrund der enstehenden Komplexität verneint werden muß.

mit einer Differenzierung in spezifische Aufgabengruppen keinen Anspruch auf eine Vollständigkeit erheben kann, aber die bisherigen Ausführungen zeigen, daß andere Formen der systematischen Gliederung der Personalwirtschaft aus Komplexitätsgründen nicht als Basis für die Analyse herangezogen werden können. Auch neuere Ansätze, die z.B. als informationsorientiert [10] charakterisiert werden könnten, eignen sich ebenfalls nicht für diesen Zweck, da die damit verbundene Betrachtung der Gesamtheit von bestehenden Informationsprozessen in der Personalwirtschaft zwangsläufig zu Verallgemeinerungen führen muß, die keine Grundlage sein können.

Einzuordnen wäre diese Systematisierung daher nur als ein Teilkomplex einer übergeordneten Konzeption einer edv-orientierten Personalwirtschaft, die die Funktion eines Metasystems besitzt. Aber auch bei diesem Metasystem ist der Begriff "informationsorientiert" nur bedingt verwendbar, denn schließlich werden bei einer derartigen Konzeption ebenfalls nur diejenigen informatorischen Prozesse berücksichtigt, die sich in irgendeiner Form edv-technisch erzeugen oder modifizieren lassen [11]. Ein geschlossener informationsorientierter Ansatz der Personalwirtschaft müßte demzufolge weit über diesen Themenkomplex hinausgehen und andere informationsgeprägte Prozesse erfassen, der bei Zugrundelegung dieser Forderung bisher noch nicht entwickelt worden ist. Die edv-orientierte Konzeption der Personalwirtschaft würde damit nur ein Teilgebiet eines solchen Ansatzes darstellen, der zumindest in diesem Bereich eine hierarchische Struktur besitzen sollte. Die Abbildung II 2 zeigt zusammenfassend die Positionierung der durchgeführten Systematisierung in ein übergeordnetes Konzept einer edv-orientierten Personalwirtschaft, die einen Teilkomplex eines informationsorientierten Ansatzes repräsentieren könnte.

---

[10] Z.B. bei Ch. Scholz (1991)

[11] Ein Beispiel für eine derartige Konzeption findet sich bei J. Hentze/ A. Heinecke (1989h).

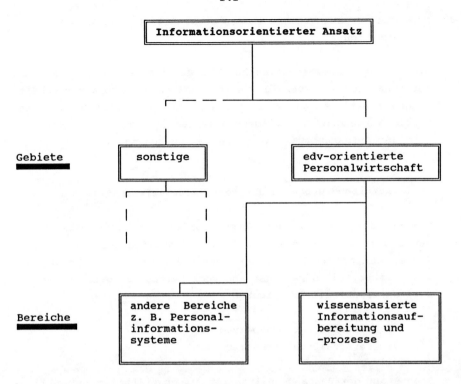

Abbildung II 2 : Einordnung in einen möglichen informationsorientierten Ansatz der Personalwirtschaft

Die Entwicklung eines informationsorientierten Ansatzes nach der in Abbildung II 2 aufgezeigten Struktur ist bisher noch nicht durchgeführt worden, sie wäre aber durch die wachsende Bedeutung des Faktors "Information" auch innerhalb der Personalwirtschaft dringend erforderlich und mit dem gleichen Stellenwert zu belegen, wie andere systemtheoretische Ansätze, die in den siebziger Jahren entworfen worden sind [12].

---

[12] vgl. Kapitel 2

10. Die Aufgabengruppen in den personalwirtschaftlichen Funktionen

Die weitere Vorgehensweise bezieht die Betrachtung und Prüfung der einzelnen Aufgabengruppen innerhalb der personalwirtschaftlichen Funktionen mit dem Ziel ein, Aussagen über eine potentielle Verwendung von wissensbasierten Systemen zur Unterstützung der Aufgabenbewältigung treffen zu können.

10.1 Aufgabengruppen in der Personalbedarfsermittlung

Die primäre Funktion der Personalbedarfsermittlung besteht in der Bestimmung des quantitativen und qualitativen Personalbedarfs, der die Sicherung der betrieblichen Zielerreichung gewährleistet. Ein derartiger Anspruch beinhaltet grob betrachtet zwei unterschiedliche Aufgaben :

- die Personalbestandsanalyse und
- die Personalbedarfsbestimmung.

Gegenstand der Bestandsanalyse ist die quantitative und qualitative Erfassung der Personal-Ist-Situation des Unternehmens, während die Bedarfsbestimmung zukunftsorientiert Auskunft über den notwendigen Personalbestand in dem betrachteten Planungszeitraum geben soll. Diese Forderung bedingt zusätzlich eine Prognose über die zu erwartenden Zu- und Abgänge in der Planperiode, um letztendlich Aussagen über den daraus sich ableitenden Personalbedarf, nach Festlegung des prognostizierten Personalbestands in dem Planungszeitraum, treffen zu können [13].
Sowohl in der Bestands- als auch in der Bedarfsanalyse wird zu diesem Zweck zwischen verschiedenen Qualifikationen der Mitar-

---

[13] F. Bisani (1983), S. 128
In der anglo-amerikanischen Literatur wird die Personalbestands- und -bedarfsplanung unter dem Stichwort "Human Resources Planning" in einem globaleren Zusammenhang betrachtet, der auch die Interdependenzen zur strategischen Unternehmensplanung berücksichtigt.
A. W. Sherman/ G. W. Bohlander/ H. J. Chruden (1988), S. 128

beiter und nach den Mitarbeitergruppen innerhalb der betrieblichen Organisation differenziert, um den qualitativen Aspekt in ein derartiges zu entwickelndes Aussagesystem einbringen zu können [14].

Während der gegenwärtige Personalbestand in der Regel durch den Stellenbesetzungs- und Organisationsplan ermittelt wird, werden bei der Bedarfsanalyse unterschiedliche Methoden verwandt, z. B.

- statistische Verfahren
- Zeitwertmethoden
- Arbeitsplatzmethode
- Kennzahlenmethoden
- Szenario-Techniken und
- ökonomische Modelle [15].

Die genannten Verfahren dienen primär der Fixierung des quantitativen Personalbedarfs für die jeweils abgesteckte Planperiode und basieren im weiteren Sinne auf mathematischen Verfahren. Die dabei relevanten Einflußfaktoren werden aus den entsprechenden Kenngrößen des In- und Umsystems der Unternehmung deduziert [16]. Die Verwendung der Modelle ist in einem engen Zusammenhang mit der Charakteristik der betrieblichen Teilbereiche zu sehen [17].

---

[14] J. Hentze, (1991a), S. 174

[15] Auf eine nähere Spezifizierung der einzelnen Methoden kann an dieser Stelle nicht eingegangen werden. Es wird in diesem Zusammenhang auf
J. Hentze (1992a), S. 185ff.;
W. A. Oechsler (1988), S. 33ff.;
W.-Ch. Barth u.a. (1980) verwiesen.

[16] Beispielsweise die Absatzmenge, die Maschinenkapazität, der Technisierungsgrad usw.

[17] Z.B. können arbeitswissenschaftliche Methoden direkt für die Bestimmung des Personalbedarfs im Produktionsbereich eingesetzt werden, wo sich exakte Messungen für einzelne Tätigkeiten durchführen und relativ genaue Ergebnisse erzielen lassen. Andere Tätigkeitsbereiche im Unternehmen, die nicht primär an einen kontinuierlichen betrieblichen Prozeß gebunden sind, können weniger mit mathematischen Verfahren im Hinblick auf den quantitativen Bedarf analysiert werden.

Die Methoden zur Bestimmung des qualitativen Personalbedarfs sind mit noch größeren Problemen behaftet und weniger ausgereift. Zum einen ist es notwendig, die Bedarfskriterien genau zu formulieren, was eine Spezifikation der Mitarbeiter und deren betrieblichen Tätigkeitsbereichen notwendig erscheinen läßt. Zum andern ist eine genaue Kenntnis der Fähigkeiten einzelner Mitarbeiter notwendig, um überhaupt qualitative Personalüber- oder -unterdeckungen festellen zu können.

In der Praxis findet sich als gebräuchliche Methode der qualitativen Personalbedarfsermittlung die Bemessung der Anforderungen

- nach Berufsgruppen,
- nach Qualifikationsgruppen und
- nach Tätigkeitsbereichen.

Ein weiteres Verfahren ist die Erstellung von arbeitsplatz- bzw. stellenbezogenen Anforderungsprofilen, die für den Profilabgleich mit Fähigkeitsprofilen von Mitarbeitern herangezogen werden [18]. Aus den aufgezählten Verfahren lassen sich damit zunächst folgende Aufgabengruppen formulieren :

1. für die Personalbestandsanalyse
- Erfassung des quantitativen Bestands
- Erfassung des qualitativen Bestands

2. für die Personalbedarfsanalyse
- Anwendung von Prognoseverfahren für den quantitativen Personalbedarf
- Bestimmung des qualitativen Bedarfs

---

[18] Voraussetzung für die Erstellung von Anforderungsprofilen ist eine detaillierte Arbeitsplatz- bzw. Stellenbeschreibung und die Bestimmung von Anforderungskriterien. Eine detaillierte Beschreibung des Verfahrens findet sich u.a. bei :
J. Hentze (1991a), S. 205ff.

3. für die Personalbedarfsermittlung
- Ermittlung einer quantitativen Personalüber- bzw. -unterdeckung
- Ermittlung einer qualitativen Personalüber- bzw. -unterdeckung

Als voraussetzende Tätigkeiten für die gesamte Personalbedarfsermittlung ergeben sich :

- das Erstellen von Stellen- bzw. Arbeitsplatzbeschreibungen,
- die Bestimmung und Operationalisierung von Anforderungskriterien,
- die Festlegung von Fähigkeitsprofilen der Mitarbeiter.

Einige dieser Aufgabengruppen, insbesondere die, die mit der Beschreibung der personellen Ist-Situation in Verbindung zu bringen sind, lassen sich in der Form als wohlstrukturiert titulieren, da sie keine echten Enscheidungsprozesse erfordern und eine Fülle von Routinetätigkeiten beinhalten. In Reflexion zu den Voraussetzungen für den Einsatz von betrieblichen Expertensystemen lassen sich jedoch gerade Aufgaben mit einem derartigen Charakter durch konventionelle Softwareprogramme in einer qualitativ besseren Art unterstützen. Zudem ist gerade ein Expertenwissen für die Aufgabenbewältigung innerhalb dieser Aufgabengruppen nicht in einem Maße erforderlich, das die Entwicklung und den Einsatz von betrieblichen Expertensystemen rechtfertigt [19]. Insofern treffen einige Voraussetzungen für einen ökomisch vertretbaren Einsatz von wissensbasierten Systemen für die Unterstützung bei der Bewältigung von Aufgaben in diesen Aufgabengruppen nicht zu [20].

---

[19] Eine Rechtfertigung für die Entwicklung eines Expertensystems würde sich erst bei einer Konsultationsdauer eines Experten zwischen 0,5 Std. und mehr ergeben.
vgl. Kapitel 7.1

[20] vgl. in Kapitel 7 die genannten Voraussetzungen unter Punkt 2 und 4.

Die zweite Kategorie der Aufgabengruppen innerhalb der Personalbedarfsermittlung im Bereich der Personalbedarfsanalyse weist im Hinblick auf den Einsatz von Expertensystemen ein heterogeneres Bild auf. Allein schon durch die Vielfalt der angewendeten Verfahren in diesen Aufgabengruppen ergeben sich weit mehr Ansätze für die Applikation eines betrieblichen Expertensystems, die jedoch in Verbindung mit den Aufgabengruppen für die Schaffung der notwendigen Voraussetzungen einer Personalbedarfsanalyse zu sehen sind.

Beginnend mit der Erstellung von Stellen- und Arbeitsplatzbeschreibungen lassen sich durchaus Applikationsmöglichkeiten für Expertensysteme entwickeln. Insbesondere bei der Stellenbeschreibung bietet sich das Prinzip der Expertisenmodule von Expertensystemen an [21], die aufgrund eines Kriterienkataloges in der Lage sind, eine entsprechende Stellen- bzw. Arbeitsplatzbeschreibung selbständig zu erstellen [22].

Bei der traditionellen Erstellung von Arbeitsplatzbeschreibungen werden bei einer Verwendung von Anforderungsprofilen für die Bestimmung der qualitativen Personalbedarfsermittlung die entsprechenden Anforderungen für einen Arbeitsplatz bzw. eine Stelle aus der Beschreibung abgeleitet, d. h. die Anforderungsprofile basieren auf den Stellenbeschreibungen [23]. Eine derartige Aufgabe erfordert eine sehr hohe Kreativität und ein hohes Maß an Expertenwissen, was durch eine konventionelle Software nicht unterstützt werden kann. Da in der Regel jedoch die Stellenbeschreibungen in einem Unternehmen nach einem genormten System aufgebaut sind, das die Konklusion der Anforderungsprofile erleichtert [24], erfolgt auch die Umsetzung in ein Anforderungsprofil jeweils anhand der einzelnen verbal beschriebenen Ausprägun-

---

[21] vgl. Kapitel 7.2.6

[22] Voraussetzung ist die Normung des Kriterienkataloges, da sich ansonsten bei der Konstruktion der Wissensbasis eines ES zu viele Komplikationen ergeben können.

[23] J. Hentze (1991a), S. 208

[24] Ein grobes Schema für eine Stellenbeschreibung ist die Differenzierung in ein Instanzen-, Aufgaben- und Leistungsbild. Eine detaillierte Darstellung eines Stellenbeschreibungsschemas findet sich u.a. bei :
J. Hentze (1991a), S. 210 ; D. Wagner (1989), S. 232f.

gen der definierten Kriterien in der Stellenbeschreibung. Diese Kriterien wiederum werden in vielen Unternehmen edv-technisch in einem Personalinformationssystem in der sogenannten Stellendatenbank [25] festgehalten und verwaltet. Die Entwicklung eines Anforderungsprofils verläuft damit prinzipiell nach Regeln des entsprechenden Spezialisten ab und ließe sich in gleicher Weise durch ein Expertensystem erstellen, wenn das hierfür notwendige Expertenwissen in ein Regelwerk für die Wissensbasis transferiert werden kann. Die vorbereitenden Maßnahmen und Rahmenbedingungen für die Entwicklung und den Einsatz eines deratigen potentiellen Expertensystems für die Erstellung von Anforderungsprofilen sollten sich folgendermaßen darstellen :

1. Die Erstellung einer Stellendatei

Dies könnte entweder im Rahmen eines Personalinformationssystems oder mit Hilfe eines Standarddatenbanksystems erfolgen. Die Stellendatei sollte die einzelnen relevanten Kriterien der Stellenbeschreibung mit den entsprechenden Präzisierungen beinhalten.

2. Die Konstruktion der Wissensbasis

Basierend auf der Struktur der Stellendatei ist die Befragung des Experten mit den möglichen Ergebnissen bei variierbaren Ausprägungen notwendig, um ein Regelsystem des Experten zu erkennen und in eine Wissensbasis zu transferieren.

---

[25] Präziser formuliert handelt es sich um eine Stellendatei innerhalb eines Datenbanksystems oder um Stellendaten.
siehe u.a. D. Seitz (1989), S. 118

3. Die Erstellung einer Schnittstelle zwischen dem Expertensystem und der Datenbank

Erst durch einen derartigen Schritt kann sich der Einsatz eines wissensbasierten Systems als effizient erweisen, indem die Stellenkriterien aus der Stellendatenbank gelesen und über das im Expertensystem implementierte Regelwerk des Experten in ein dazugehöriges Anforderungsprofil für die jeweilige Stelle umgesetzt werden.

Der Einsatz eines ES würde sich in dieser Form natürlich nur dann als sinnvoll gestalten, wenn die betriebliche Organisation eine genügend große Zahl von Stellen aufweist, für die bei einer qualitativen Personalbedarfsermittlung Anforderungsprofile zu erstellen oder zu modifizieren sind. Die Abbildung II 3 zeigt das Expertensystemkonzept eingebettet in das nähere innerbetriebliche Umfeld.

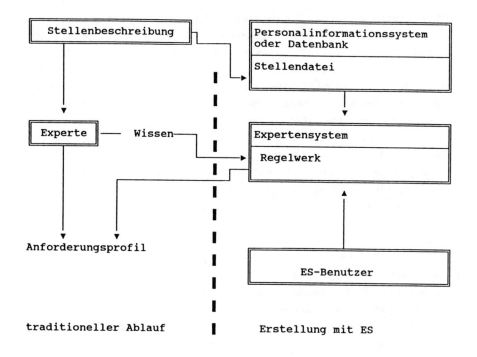

Abbildung II 3 : Expertensystem für die Erstellung von Anforderungsprofilen

Für einen zu einem späteren Zeitpunkt durchzuführenden Profilabgleich mit vorliegenden Fähigkeitsprofilen ist es nach der Erstellung eines Anforderungsprofils erforderlich, das Profil in edv-lesbarer Form wiederum auf einem Datenträger abzulegen. Die Effektivität eines Profilabgleiches könnte dadurch noch gesteigert werden, wenn es gelingt, die Erstellung von Fähigkeitsprofilen in gleicher Weise mit Hilfe eines Expertensystems vorzunehmen.

Bei einer näheren Analyse eines Erstellungsprozesses für ein Fähigkeitsprofil einer Person wird deutlich, daß in gleicher Art wie bei der Entwicklung von Anforderungsprofilen für eine Stelle oder einen Arbeitsplatz, ebenfalls durch die Ermittlung von bestimmten Kriterien, durch einen Experten eine Transformation der Ausprägungen dieser Kriterien in ein Fähigkeitsprofil stattfindet. Der Erstellung eines Fähigkeitsprofils muß natürlich die Erfassung der Ausprägung dieser Kriterien bei einer Person vorausgehen, was nicht in jedem Fall durch formalisierbare Prozesse erfolgen kann [26]. Formalisierbar und standardisierbar ist dagegen ein abstrakter Katalog mit grundsätzlich denkbaren Fähigkeitsmerkmalen, der unternehmensspezifisch zu konkretisieren wäre [27]. Eine Teilmenge der in diesem Zusammenhang erwünschten Fähigkeitskriterien sollte zumindest mit den Kriterien - unabhängig von den Ausprägungen - der Anforderungsprofile übereinstimmen, da ein angestrebter Profilabgleich sonst nicht durchführbar ist.

Ein Ansatzpunkt für den Einsatz von Expertensystemen ergibt sich damit erst nach der Ermittlung der personenbezogenen Kriterienausprägungen in der Transformation dieser Ergebnisse in eine einheitliche Skalierung. Der Tätigkeit, die in der Regel nach Vorlage der Ermittlungsergebnisse von einem entsprechenden Spezialisten vorzunehmen ist und auf den Ausprägungen, dem speziellen Wissen und den internalisierten Regeln des Experten beruht. Die eigentliche Messung der Ausprägungen jedoch läßt sich aufgrund der vielfältigen Methoden nicht durch ein wissensbasiertes System unterstützen. Die Entwicklung eines Expertensystems im Bereich der Fähigkeitsprofile kann damit nur die Unterstützung des Transformationsprozesses zwischen Kriterienausprägung und Quantifizierung des Fähigkeitsprofils zum Gegenstand haben. Aber auch hier ist die Frage nach der ökonomischen Vertretbarkeit zu stellen, die nur bei einer größeren betrieblichen Organisation bejaht werden kann.

Der eigentliche Profilabgleich und die darauf aufbauende Messung des qualitativen Deckungsgrades läßt sich nach der Erstellung

---

[26] Diese Kriterien sind je nach Kategorie durch verschiedene Methoden ermittelbar, die u.a. aus Bereichen der Arbeitsmedizin oder auch Psychologie stammen und keinen Standardisierungen unterworfen werden können.

[27] Eine Übersicht über die einzelnen Fähigkeitskategorien eines solchen Katalogs findet sich u.a. bei : M. A. Curth/ B. Lang (1990), S. 49f.

eines derartigen Expertensystems, wenn die Normung von Anforderungs- und Fähigkeitsprofilen berücksichtigt wurde, sowohl durch ein KI-Modul als auch durch eine konventionelle Software vornehmen, sofern die Formate der abgespeicherten Profile gelesen werden können. Abbildung II 4 zeigt zusammenfassend in schematisierter Form die Unterstützung durch ein Expertensystem bei der Erstellung von Fähigkeitsprofilen.

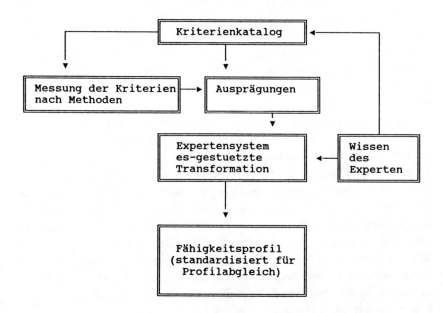

Abbildung II 4 : Einsatz eines Expertensystems zur Erstellung von Fähigkeitsprofilen

Beide Expertensysteme, d.h. sowohl das System für die Erstellung von Anforderungsprofilen als auch für die Fixierung von Fähigkeitsprofilen, sollten, falls sie in einem Unternehmen eine Anwendung finden, die erzielten Ergebnisse in einem Standardformat ablegen, um nach einer Ablage auf einem Sekundärspeichermedium zu anderen Zwecken, wie z.B. dem eigentlichen Profilabgleich, eine Weiterbearbeitung zu ermöglichen.

Eine weitere Frage im Rahmen der Personalbedarfsermittlung ist die Unterstützung von Aufgaben und Tätigkeiten im Bereich der eigentlichen Personalbedarfsanalyse. Gerade in diesem Gebiet existiert, insbesondere für die quantitative Bedarfsanalyse, eine Vielzahl von Verfahren und Methoden, die insgesamt gesehen schon ein beträchtliches instrumentelles Potential darstellen [28], was nur in wenigen Bereichen durch ein wissensbasiertes System ergänzt werden kann. Der Grund liegt in der Struktur und den generellen Anwendungsmöglichkeiten von Expertensystemen, die für rein numerische Verarbeitung nicht ausgerichtet sind. Insofern lassen sich die sehr stark mathematisch orientierten Methoden für die reine quantitative Bedarfsanalyse und -ermittlung kaum sinnvoll durch Expertensysteme ergänzen. Bei der qualitativen Bedarfsanalyse eröffnen sich hingegen doch einige Einsatzmöglichkeiten, da insbesondere auf diesem Sektor viele Methoden auf Expertenbefragungen beruhen [29], die Ergebnisse auf Schätzungen basieren und die Ergebnisfindung häufig subjektiven Einflüssen unterliegt, unabhängig davon, ob es sich um singuläre oder komplexe Ansätze handelt [30]. Zudem lassen sich die Methoden unterschiedlichen Phasen des qualitativen Bedarfsanalyseprozesses zuordnen, was einige Autoren dazu veranlaßt hat, einen sogenannten "Methodenverbund" für die qualitative Bedarfsanalyse und -ermittlung vorzuschlagen, in dem die singulären Methoden den komplexen Methoden vorgelagert werden. Wie ein derartiger "Methodenverbund" sich darstellen könnte, zeigt die folgende Abbildung.

---

[28] Z.B. W. Mag (1986), S. 56ff.

[29] Beispielsweise die Delphi-Methode, die Nominal Group Technique usw.
A. W. Sherman/ W. Bohlander/ H. J. Chruden (1988), S. 131

[30] Unter singulär sind in diesem Zusammenhang die Methoden zu verstehen, die im Extremfall nur die Ausprägung einer Variablen in der Zukunft bestimmen.
Ch. Scholz (1991), S. 128

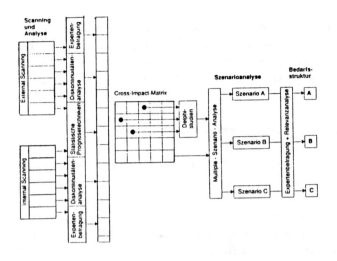

Abbildung II 5 : Ein Methodenverbund für die Personalbedarfsermittlung [31]

Der hier von Scholz vorgeschlagene Methodenverbund kombiniert Methoden der quantitativen und qualitativen Bedarfsermittlung miteinander und führt letztendlich nach einer komplexen Szenarioanalyse mit dazugehöriger Auswertung zu einer neuen Bedarfsstruktur. Tatsächlich verlaufen auch in der Praxis die quantitativen und qualitativen Analysen nicht streng differenziert nebeneinander, sondern müssen spätestens vor ihrem Abschluß eine Koordination erfahren, die es ermöglicht, eine konkrete Aussage über den zukünftigen Bedarf treffen zu können. Insofern ist der Gedanke eines Methodenverbundes, der sehr stark auf der Szenario-Technik basiert, nicht von vornherein als abwegig zu klassifizieren, zumal in der Zukunft der qualitative Aspekt der Perso-

---

[31] Ch. Scholz (1991), S. 132

nalbedarfsermittlung immer stärker in den Vordergrund rücken wird und bei einer gleichzeitigen sich immer schneller verändernden Stellenstruktur eines Unternehmens mit der damit verbundenen Variation der entsprechenden Anforderungen, eine kombinierte Bedarfsanalyseform notwendiger erscheinen läßt.
Auch für Expertensysteme bietet sich bei einem solchen Methodenverbund ein weites Feld von Einsatzmöglichkeiten, die es "auszuloten" gilt.
Anhand des Beispiels für einen Methodenverbund wären folgende Applikationen der Expertensysteme denkbar :

1. In der Vorstufe zur Erstellung der Cross-Impact-Matrix sind intensive Expertenkonsultationen notwendig, um beispielsweise eine Verknüpfung von Einzelaussagen durchzuführen und die Veränderungen der Eintrittswahrscheinlichkeiten der spezifischen Konstellationen bei Variation der Ereignisse definieren zu können. Gerade diese Expertenfunktionen, d.h. die Definition und Bestimmung der Interdependenzen zwischen verschiedenen Objekten bzw. Ereignissen, kann in gleicher Weise von einem Expertensystem wahrgenommen werden, zumal es sich, wie hier im Falle der Cross-Impact-Matrix, um eine feste Anzahl von deklarierten Ereignissen handelt. Auch die Bestimmung von Eintrittswahrscheinlichkeiten bei Veränderung der Gesamtkonstellation ist durch ein Expertensystem möglich, wenn die ursprünglichen Eintrittswahrscheinlichkeiten im Regelwerk der Wissensbasis des Expertensystems verankert wurden [32]. Die Vorteile bei einer Verwendung eines ES für diesen Zweck im Vergleich zur traditionellen Expertenbefragung liegt in der Kompensation und Konzentration des Wissens, welches von mehreren Experten stammen kann.

---

[32] Die Fixierung dieser Eintrittswahrscheinlichkeiten erfolgt bei der Konstruktion der einzelnen Regeln in der Wissensbasis, die später bei Anwendung des Inferenzmechanismus in die neuen Wahrscheinlichkeitsausprägungen überführt werden. Bei der Konstruktion von Expertensystemen spricht man jedoch nicht von Wahrscheinlichkeiten, sondern von der Zuordnung von Konfidenzfaktoren zu Objekten bzw. Regeln. Ein Beispiel für die Bearbeitung dieser Konfidenzfaktoren findet sich in Kapitel 4.2.2

2. Eine zweite Einsatzmöglichkeit für Expertensysteme bietet sich in der Beurteilungsphase nach der Szenarioanalyse. Allerdings gestaltet sich hier die Konzeption eines Expertensystems ungleich schwieriger als im Vergleich zur ersten Möglichkeit. Dies liegt vor allem in der Modifikation von Gewichtungsfaktoren in Reflexion zu den enstandenen Konstitutionen und Ergebnissen nach der Szenario-Planung. Eine starre Beurteilung von Ergebnissen, resultierend aus der Szenario-Planung, läßt sich, aufgrund des ähnlichen Beurteilungsprozesses eines Experten, d.h. in der Regel die Komparation der Ergebnisse mit eigenen Erfahrungswerten, sehr leicht in einem Regelwerk manifestieren. Wenn jedoch die Erfahrungswerte wie in diesem Falle durch die enstandenen Ergebnisse beeinflußt werden [33], sind bei einem potentiellen Regelwerk die Regeln und Objekte ebenfalls neu zu gewichten. Dies ist nur möglich, wenn ein Expertensystem die Eingabe von neuen Gewichtungsfaktoren zuläßt [34] oder die Implementierung des sogenannten "Metawissens" in das Regelwerk gelingt, um diese Situation berücksichtigen zu können [35]. Eine solche Lösung würde zusätzlich die Möglichkeit eröffnen, aus einem beurteilten Szenario eine qualitative und quantitative Bedarfsstruktur abzuleiten, die letzendlich das Ergebnis des Personalbedarfsanalyseprozesses darstellt.

Für diesen zusätzlichen Zweck muß ein potentielles Expertensystem entsprechende Schnittstellen zu den Sekundärspeichermedien für den erfaßten Personalbestand aufweisen und das Regelwerk mit den entsprechenden Transformationsregeln erweitert werden.

---

[33] D.h. durch eine neue Bestimmung der Gewichtungsfaktoren.

[34] In diesem Falle muß die Zahl der für diesen Zweck zur Verfügung stehenden Entwicklungsplatzsysteme sehr eingeschränkt werden, da eine derartige Funktion nur von komplexeren Shells zugelassen wird.

[35] Die Implementierung einer "Metawissenskomponente" in ein Expertensystem ist derzeitig noch als nicht ausgereift zu bezeichnen. vgl. Kapitel 4.2.2; K. Kurbel (1989), S. 61ff.

Der damit verbundene Aufwand ist demzufolge als weit höher einzustufen, als es bei der ersten Einsatzmöglichkeit der Fall ist.

Insgesamt betrachtet ist festzuhalten, daß sich bei der Personalbedarfsermittlung die Applikation von Expertensystemen nur in den Bereichen als zweckmäßig erweist, wo in erster Linie qualitative Aspekte im Vordergrund stehen. Eine Unterstützung von numerischen Methoden bzw. deren Substitution durch die Entwicklung und den Einsatz eines wissensbasierten Systems kann nach einer erfolgten Kosten-Nutzen-Analyse nur verneint werden. Eine Ausnahme bildet die Verwendung eines Methodenverbundes, bei dem sowohl qualitative als auch quantitative Methoden kombiniert werden, aber mit der Einschränkung, daß der zu erwartende Aufwand für die Entwicklung sehr groß sein wird.

Generell erweist sich eine Aufwandsabschätzung für die Expertensysteme in diesem Bereich als schwierig, da verschiedene Möglichkeiten bestehen, die Komplexität und den Funktionsumfang von Expertensystemen zu bestimmen. Allgemein ist die Konstruktion von kleinen Expertensystemen zur Lösung von eng umgrenzten Problemen mit einem relativ geringen Aufwand verbunden [36]. Transferiert auf die Personalbedarfsermittlung bedeutet dies die Entwicklung von mehreren Expertensystemen, z.B. für die Erstellung von Anforderungsprofilen, Fähigkeitsprofilen usw., die auf eine gemeinsame Datenbank zugreifen und mit standardisierten Dateiformaten arbeiten. Diese Methoden bieten sich insbesondere für die Arbeitsgruppen an, die mit chronologisch ablaufenden Tätigkeiten verbunden sind. Der Methodenverbund nimmt im Gegensatz dazu wiederum eine Sonderstellung ein, d.h. die Gesamtsystemgestaltung ist in Abhängigkeit von der Konzeption des Methodenverbundes zu sehen.

---

[36] Wie in Kapitel 3 deutlich wurde, lassen sich Expertensysteme nur für einen engen Bereich sinnvoll einsetzen, da andernfalls, d.h. bei komplexen Bereichen mit allgemeinerem Problemlösungscharakter, die Entwicklung des dazugehörigen Regelwerks Inkonsistenzen hervorrufen kann.

Damit lassen sich folgende Aufgabengruppen in der Personalbedarfsermittlung mit dem Einsatz eines Expertensystems verbinden :

- Die Erstellung von Stellen- und Arbeitsplatzbeschreibungen
- die Bestimmung und Operationalisierung von Anforderungsprofilen,
- die Erstellung von Fähigkeitsprofilen,
- die Durchführung des Profilabgleichs und
- die Unterstützung der Beurteilungen im Methodenverbund für die Personalbedarfsanalyse.

Ein weiterer Einflußfaktor für die Gestaltung der Expertensysteme ist die Integration in vorhandene EDV-Instrumente im Bereich der Personalbedarfsermittlung [37]. Im einzelnen sollten daher die gewählten Dateiformate für die Expertensysteme nicht nur untereinander transferierbar sein, sondern auch durch konventionelle Software, die z.B. im Rahmen eines Personalinformationssystems vorhanden ist, weiterverarbeitet werden. Eine solche Forderung ist bereits bei der Wahl des Entwicklungsplatzes für ein wissensbasierten Systems mit einzubeziehen [38]. Eine mögliche Integration der potentiellen Expertensysteme für die Bedarfsermittlung zeigt die Abbildung II 6, bei der ein Personalinformationssystem über eine Datenbank mit den Expertensystemen gekoppelt ist.

---

[37] Dieser Aspekt tritt insbesondere deshalb in den Vordergrund, weil sich die Entwicklung von Expertensystemen aufgrund des Aufwands nur für größere Unternehmen sinnvoll ist, und gerade bei diesen Unternehmen ist davon auszugehen, daß bereits im Personalbereich mit konventioneller Software gearbeitet wird, in die das Instrument des Expertensystems einzubetten ist.

[38] Es darf beispielsweise nicht der Fall auftreten, daß ein Entwicklungsplatzsystem zu den bisher verwendeten Datensätzen und Datenbanksystemen keine Schnittstellenkonstruktion zuläßt.

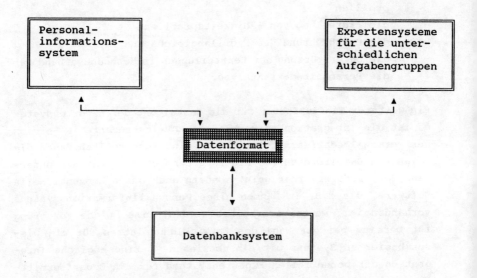

Abbildung II 6 : Integration der Expertensysteme in den vorhandenen Softwarerahmen für die Personalbedarfsermittlung

Die starke Relevanz der Integrationsfähigkeit von Expertensystemen leitet sich insbesondere aus der Tatsache ab, daß die Effizienz dieser Systeme erst ab einer größeren Mitarbeiterzahl zum Tragen kommt, was in der Regel die Wahrscheinlichkeit für die Existenz von Personalinformations- und Datenbanksystemen, die für andere Aufgaben im Bereich der Personalbedarfsermittlung Verwendung finden, erhöht und somit den Wunsch nach Integration der wissensbasierten Systeme noch steigert, um Redundanzen in den Input-/Output-Prozessen und natürlich auch im Datenbestand zu vermeiden.

10.2 Die Aufgabengruppen der Personalbeschaffung

Die Personalbeschaffung als logische Konzequenz der Personalbedarfsermittlung verfolgt die Intention, aufgetretene Personalunterdeckungen in quantitativer, qualitativer und temporärer Hinsicht zu beseitigen. Zur Sicherung eines langfristigen Erfolgs einer Personalbeschaffungsmaßnahme zählt jedoch auch die Bindung neu gewonnener Mitarbeiter an die betriebliche Institution. Der Personalbeschaffungsprozeß gestaltet sich somit sehr vielfältig und kann demzufolge in verschiedene Phasen gegliedert werden [39]:

- Gewinnung und Analyse beschaffungsrelevanter Informationen,
- Deskription und Fixierung von Beschaffungarten und -wegen,
- die Personalauswahl sowie
- die Personalbindung.

Eine ähnliche Gliederung der Personalbeschaffungsphasen findet sich bei Scholz, der jedoch die Personalbindung nicht mehr als Bestandteil des Beschaffungsprozesses betrachtet [40]:

1. Phase

- Abgrenzung des Beschaffungsmarktes,
- Potentialanalyse der Märkte und
- Entscheidung über Beschaffungsweg und -zeitpunkt.

2. Phase

- die Beschaffungsmaßnahme (interne bzw. externe Beschaffung)

---

[39] J. Hentze (1991a), S. 225f.
[40] Ch. Scholz (1991), S. 159

3. Phase
- die Bewerberauswahl

4. Phase
- die Durchführung der Personalbeschaffung

5. Phase
- die Einstellung

6. Phase
- die Kontrolle des Beschaffungserfolgs

Die Kontrollfunktion erstreckt sich auf die Phasen der Auswahl, Durchführung und Einstellung. Der gesamte Ablauf der Personalbeschaffung stellt sich folgendermaßen dar :

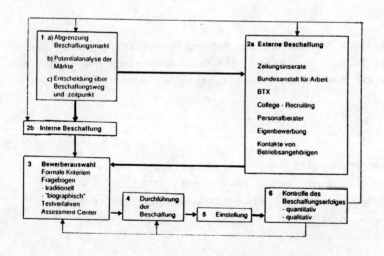

Abbildung II 7 : Ablauf und Inhalt der Personalbeschaffung [41]

---

[41] Ch. Scholz (1991), S. 159

Die einzelnen Phasen, insbesondere die der Auswahl, Durchführung und Einstellung sind weitaus differenzierter zu betrachten als es bisher der Fall ist.
Aber schon die Entscheidung für einen internen bzw. externen Beschaffungsweg fußt auf einer Vielzahl von Einflußfaktoren, die bei einer internen Mitarbeiterpotentialanalyse beginnt und bei der Auswertung des externen Arbeitsmarktes endet. Daran schließt sich die zu treffende Entscheidung für die Auswahl der Beschaffungsinstrumente an, die sehr stark auf den erzielten Analyseergebnissen und den Stellenkriterien bzw. dem erforderlichen Qualifikationsniveau basiert. Je nach Erfolg des gewählten Instrumentariums gestaltet sich der eigentliche Selektionsprozeß bei den Bewerbern.

Gerade im Rahmen der Bewerberselektion, in der die Kriterienprüfung und Bewerberbeurteilung einen sehr breiten Raum einnimmt, finden sehr differente Auswahlmethoden sukzessiv eine Anwendung. Der Applikationsbereich dieser Methoden beschränkt sich nicht auf den Personalbeschaffungsprozeß, sondern erstreckt sich ebenso auf das Gebiet der Personalentwicklung bzw. der Personalerhaltung, wo ebenfalls die Notwendigkeit von Personalbeurteilungen besteht [42]. Eine Anwendug mehrerer Methoden ist unumgänglich, da die Personalauswahl auf verschiedenen Faktoren basiert. Dies sind u.a.

- die Persönlichkeit des Bewerbers,
- die Leistungsfähigkeit,
- die Leistungsbereitschaft,
- das Potential des Bewerbers und
- die Entwicklungsfähigkeit.

---

[42] Zu diesen Methoden zählen u.a. : Fragebögen, psychologische Tests, Assessment-Center usw. Diese Verfahren lassen sich im Prinzip keiner personalwirtschaftlichen Funktion eindeutig zurechnen, sondern sind vielmehr generelle Methoden zum Zwecke der Personalbeurteilung. Ch. Scholz (1991), S.165f;
J. Hentze (1991a), S. 278ff.
Eine Klassifikation der verschiedenen Testverfahren und deren Zielsetzungen finden sich bei :
H. J. Chruden/ A. W. Sherman (1976), S. 149ff.;
D. S. Beach (1980), S. 239ff.

All diese Kriterien lassen sich nicht mit einem Verfahren prüfen. Zudem müssen die eingesetzten Verfahren eine Standardisierung, Objektivität und Validität aufweisen, um eine Vergleichbarkeit unter den Bewerbern zu ermöglichen und die Gefahr einer Fehlbeurteilung zu minimieren [43]. Über diese Methoden hinaus werden bei einer Beschaffungsmaßnahme auf dem externen Arbeitsmarkt für eine Beurteilung eines Bewerbers zusätzlich die eingereichten Bewerbungsunterlagen mit Lebenslauf, Zeugnissen usw. ausgewertet und eventuell graphologische Gutachten erstellt, die zusammen mit den Beurteilungsmethoden und einem Bewerbergespräch mehr Aufschluß über die Person und ihre Fähigkeiten liefern sollen. Der Ablauf des Auswahlprozesses stellt sich damit für externe Bewerber folgendermaßen dar [44] :

- Auswertung der Bewerbungsunterlagen,
- graphologische Gutachten,
- Einstellungstests (Intelligenz-, Leistungs- und Persönlichkeitstests und ggf. ein Assessment-Center)
- das Vorstellungsgespräch und
- die medizinische Untersuchung.

Ziel des Auswahlprozesses ist es, einen Bewerber bzw. eine Bewerberin zu bestimmen, deren Eigenschaften und Fähigkeiten weitgehend mit den Anforderungen der vakanten Stelle übereinstimmen, die aus der Stellenbeschreibung und dem entwickelten Anforderungsprofil der Stelle entnommen werden können. Insofern sind im Verlauf des Auswahlprozesses zumindest die bei den Bewerbern dort geforderten Kriterien mit den Testverfahren zu prüfen und

---

[43]   Näheres zu den Anforderungen an Beurteilungsverfahren findet sich bei : J. Hentze (1991a), S. 260

[44]   M. A. Curth/ B. Lang (1990), S. 83ff.
Besonders in der anglo-amerikanischen Literatur wird der Personalauswahl ein sehr hoher Stellenwert zugeordnet und z. B. bei Chruden u.a. der Auswahlprozeß in zehn Stufen gegliedert.
H. J. Chruden/ A. S. Sherman (1976), S. 126

zu quantifizieren, um ein Polaritätsprofil der einzelnen Bewerber aufstellen zu können [45].

Die letzte Phase des Beschaffungsprozesses ist die Kontrollphase, die in zwei Bereiche gegliedert wird [46] :

- die Kontrolle des quantitativen Beschaffungserfolges

Sie umfaßt die Prüfung, ob die gewünschte Anzahl von Bewerbern eingestellt werden konnte. Sie kann Informationen über die richtige Abgrenzung des Arbeitsmarktes, die Beschaffungsstrategie und den richtigen Zeitpunkt der Beschaffungsmaßnahme liefern, um ggf. entsprechende Korrekturen einleiten zu können.

- die Kontrolle des qualitativen Beschaffungserfolges

Zweck dieser Kontrolle ist die Prüfung, ob tatsächlich adäquate Bewerber eingestellt worden sind. Eine Kontrollgröße wäre u.a. die Verbleibrate, die nach Scholz einen Aufschluß über die gewählte Beschaffungstrategie liefern soll [47]. Weitere in diesem Zusammenhang zu nennende Maßnahmen sind die Anwendung von Methoden aus dem Bereich der Personalbeurteilung [48].

Die einzelnen dargestellten Phasen des Personalbeschaffungsprozesses nach Scholz sind nicht unbedingt als bindend zu be-

---

[45] In der Regel werden in den verschiedenen Testverfahren für die Überprüfung differenzierter Merkmale schon merkmalsbezogen Polaritätprofile auf den Ergebnissen basierend entwickelt und nicht nur nach Abschluß der Testverfahren, was natürlich zu weit differenzierteren Aussagen über die Testpersonen führt.
vgl. z.B. J. Hentze (1991a), S. 269f.

[46] Ch. Scholz (1991), S. 172f.

[47] Ch. Scholz (1991), S. 173

[48] D.h. eine Potentialbeurteilung in bestimmten Zeitabständen und eine Entwicklungsbeurteilung, die auch Aufschluß über Eignung von Mitarbeitern im Hinblick auf die Bewältigung neuer Aufgaben liefern sollte.
M. A. Curth/ B. Lang (1990), S. 250;
J. Hentze (1980), S. 184

zeichnen, sondern stellen nur eine Möglichkeit der Phasengliederung des Beschaffungsprozesses dar.
Eine andere Gliederungsmöglichkeit mit drei Phasen, in der innerhalb der einzelnen Phasen die aufgezeigten Positionen als Aufgabengruppen zu verstehen sind, läßt sich folgendermaßen skizzieren :

1. Phase
- Abgrenzung der potentiellen Beschaffungsmärkte,
- Potentialanalyse der Märkte mit der anschließenden Festlegung des Beschaffungswegs und -zeitpunkts [49]

2. Phase
- die Durchführung der Personalbeschaffung
- die Bewerberauswahl (anhand der Unterlagen und Testergebnisse) und
- die Einstellung

3. Phase
- die Kontrolle des Beschaffungserfolges

Die Beschreibung der Arbeitsgruppen deckt sich zwar mit der ersten Gliederung, aber wie klar zu erkennen ist, ist der Beschaffungsprozeß auf wenige Phasen reduziert, die mit der klassischen Form des Entscheidungsprozesses einhergehen, d.h. die Phase 1 ist als Planungsphase des Beschaffungsprozesses zu verstehen, Phase 2 wäre die Realisierungsphase und Phase 3 die

---

[49] Diese Festlegung schließt die Entscheidung über eine interne oder externe Beschaffungsmaßnahme mit ein und stellt sich damit different dar zum Phasenmodell von Scholz. Dies ist damit zu begründen, daß diese Entscheidung unmittelbar auf den gewonnenen Informationen der Potentialanalyse der Märkte beruht und zudem der Entscheidung über den Beschaffungsweg und den Zeitpunkt voranzustellen ist.

Kontrollphase des Prozesses [50]. Innerhalb der Phasen sind ebenfalls Entscheidungsprozesse zu verzeichnen, die den einzelnen Aufgabengruppen zugeordnet werden können und eventuell einen Ansatz für die Entwicklung und den Einsatz eines Expertensystems liefern [51]. Zu diesem Zweck ist zunächst eine Überprüfung der einzelnen Phasen auf die Notwendigkeit und die Konsultation von Experten erforderlich.

Beginnend bei der 1. Phase des Beschaffungsprozesses zeigt sich die Unterstützung durch einen entsprechenden Experten schon in der Abgrenzung der Beschaffungsmärkte, d.h. in einem Mitarbeiter, der eine genaue Kenntnis über die Situation der Märkte [52] besitzt und in der Lage ist, Kriterien für eine Potentialanalyse der gewählten Märkte bzw. Teilarbeitsmärkte festzulegen. Für die Potentialanalyse ist zunächst zu fixieren, um welche Art des Beschaffungspotentials es sich handelt [53], damit in einem nächsten Schritt eine detaillierte Arbeitsbeschaffungsmarktanalyse vorgenommen werden kann. Die hierzu notwendigen Informationen lassen sich z.T. für den externen Arbeitsbeschaffungsmarkt der Arbeitsmarktstatistik der Bundesanstalt für Arbeit bzw. den Umfragen des Instituts für Arbeitsmarkt und Berufsforschung entnehmen. Hinzu kommt eine Bewertung der Konkurrenzsituation zu

---

[50] Eine derartige Gliederung der Phasen und Aufgabengruppen ist in bezug auf den potentiellen Einsatz von wissensbasierten Systemen sinnvoller, da sich - basierend auf den Phasen und nicht nur innerhalb der Phasen - die Möglichkeit ergeben könnte, eine Art Expertensystem zu installieren.

[51] Während es sich beim generell betrachteten Beschaffungsprozeß um eine Zielerreichungsentscheidung handelt, verlaufen innerhalb der einzelnen Phasen Entscheidungsprozesse über die Wahl der Mittel ab.
E. Heinen (1976), S. 205

[52] Die Märkte könnten beispielsweise durch die Kriterien: Berufsgruppe, Geschlecht, Alter, Betriebsstandort, Mobilität und Flexibilität abgegrenzt werden.
J. Hentze (1991a), S. 230

[53] F. Bisani unterscheidet z. B. zwischen einem latenten, latent offenen und offenen Beschaffungspotential. F. Bisani (1983), S. 140

den anderen Unternehmen auf diesen Märkten [54].
Bei der Analyse des internen Beschaffungsmarktes kann hingegen auf die Ergebnisse der eigenen Personalbestandsanalyse zurückgegriffen werden.

In diesem Zusammenhang werden u.a. folgende Kriterien untersucht [55] :

- Arbeitszufriedenheit,
- Fluktuation und Fehlzeiten,
- Altersstruktur der Mitarbeiter und
- Laufbahnentwicklung der Mitarbeiter.

Faktoren, deren Ausprägungen in größeren Unternehmen sehr häufig in Form von Daten innerhalb eines Personalinformationssystems oder einer Datenbank quantifiziert worden sind und als Informationsinput für die Potentialanalyse wiederum genutzt werden können. Die Entscheidungsfindung für den zu wählenden Beschaffungsmarkt, -weg und -zeitpunkt ist jedoch, trotz dieser Informationen, ein subjektiver, vom Entscheider und dessen Wissen und Intentionen abhängiger Prozeß, der sich nicht in einen objektiven Rahmen einbinden läßt.
Zu den Alternativen der Beschaffungswege zählen, differenziert nach einer internen bzw. externen Personalbeschaffungsmaßnahme : die interne Stellenausschreibung bzw. die Konsultation einer Institution der Bundesanstalt für Arbeit [56], Kontaktaufnahme zu Betriebsangehörigen, die Analyse von Stellengesuchen, die Stellenanzeige oder die Dienstleistungen eines Personalberaters. Die Wahl des Beschaffungsweges ist abhängig von dem Charakter und der Position der vakanten zu besetzenden Stelle in der Hierarchie des Unternehmens aber auch von der Dringlichkeit der Maß-

---

[54] Einige Unternehmen versuchen auch über die Methode der "Schein"-Stellenangebote ihre Position auf diesen Märkten im Vergleich zu anderen Unternehmen zu fixieren. F. Bisani (1983), S. 142

[55] H. Schmidbauer (1975), S. 67;
J. Hentze (1991a), S. 236

[56] Sie hat in der Bundesrepublik das Vermittlungsmonopol.

nahme. Weiteren Einfluß besitzen die Erfolgswahrscheinlichkeiten, Nutzwerte und die Beschaffungs- und Opportunitätskosten. Nachdem die Planungsphase des Beschaffungsprozesses mit der Wahl des Beschaffungsweges abgeschlossen ist, erfolgt mit der 2. Phase die eigentliche Realisierung der geplanten Beschaffungsmaßnahme, d.h. die Konsultation von unterstützenden Institutionen und Beschaffungsmarketingträgern [57]. Zur Durchführung der Maßnahme zählt ebenfalls die Protokollierung der unterschiedlichen Resonanz bei den einzelnen Beschaffungswegen, um zu einem späteren Zeitpunkt die Erfolgsquote bestimmen zu können. Diese in diesem Zusammenhang erforderlichen Tätigkeiten besitzen größtenteils eine routinemäßigen Charakter, d.h. es bedarf keiner Expertenkonsultation bei der eigentlichen Durchführung der Personalbeschaffungsmaßnahme.

Im völligen Gegensatz dazu steht die Bewerberauswahl anhand von Unterlagen und Testverfahren, die nur mit speziell geschulten Experten [58] durchgeführt werden kann. Der gesamte Bereich der Bewerberauswahl ist dabei so heterogen, daß es notwendig ist, die möglichen Einzelmaßnahmen für die potentielle Anwendung von Expertensystemen weiter zu differenzieren, d.h. die Unterscheidung zu treffen in

- Maßnahmen, die der Überprüfung des Eignungspotentials dienen
- und Maßnahmen, die den Selektionsprozeß betreffen.

Den Abschluß der 2. Phase des Beschaffungsprozesses bildet die Einstellung eines Bewerbers, die formal ebenfalls als ein Routineprozeß verstanden werden kann [59] und keiner zusätzlichen dispositiven Tätigkeiten mehr bedarf.

---

[57] Z.B. den örtlichen und überregionalen Zeitungsverlagen, den Institutionen der Bundesanstalt für Arbeit, Gespräche mit Betriebsangehörigen usw.

[58] Z.B. Vertretern der betroffenen Instanzen, geschulten Personalexperten, Psychologen usw.

[59] D.h. ärztliche Untersuchung und andere administrative Tätigkeiten.

Die Realisierung der Beschaffungsmaßnahme wäre damit abgeschlossen, sie ist jedoch einem Kontrollprozeß zu unterziehen, der Aufschluß geben sollte über

- das Verhältnis der geeigneten Bewerber zur Gesamtbewerberzahl,
- über die Bewerberzahlen in Relation zu den gewählten Personalbeschaffungswegen,
- über das vorgefundene Eignungspotential im Verhältnis zu den genutzten Beschaffungswegen,
- über die Notwendigkeit einzelner Auswahlmethoden [60],
- über die tatsächliche Eignung des gewählten Bewerbers
- und die Differenzen zu möglichen Alternativen.

Dieser prozedurale und ergebnisorientierte Kontrollprozeß dient letztendlich dazu, den Erfolg des gesamten Beschaffungsprozesses zu analysieren und Schwachstellen in den einzelnen Phasen des Prozesses zu eliminieren. Damit erstreckt sich dieser Prozeß in einer "feed-back"-Funktion auf alle Phasen und Maßnahmen des Personalbeschaffungsprozesses, beginnend mit der Abgrenzung und Analyse der potentiellen Beschaffungsmärkte bis hin zur Bewerberauswahl und Einstellung. Innerhalb der Kontrollphase sind damit die einzelnen Phasen nach ihrer Beendigung nachträglich zu beurteilen, was eine Definition von Beurteilungskriterien und eine Fixierung von deren Ausprägungen erfordert. Gegebenenfalls sind bei einer nicht erfolgreichen Bewerberauswahl schon im Verlauf des Beschaffungsprozesses Korrekturen in den einzelnen Phasen durchzuführen, die auf den Ergebnissen der Kontrollmechanismen basieren.

In welcher Form diese Korrekturen zu realisieren sind, ist in sehr starkem Maße mit dem Initiator der Korrekturen verbunden, d.h. dem Wissensstand und den gesammelten Erfahrungswerten, die von ihm in Beziehung zu den Ausprägungen der Kenngrößen des Kontrollprozesses gesetzt werden. Diese Funktion kann damit wiederum nur einer Person übertragen werden, die in der Lage

---

[60] Dazu zählt auch der Kostenaspekt von Beschaffungsmaßnahmen. C. D. Fisher/L. F. Schoenfeldt/ J. B. Shaw (1990), S. 198

ist, aus den vorliegenden Ergebnissen der Kontrollphase entsprechende Konsequenzen zu ziehen und in neue Maßnahmen umzusetzen, was ohne ein spezielles Wissen über den Bereich der Personalbeschaffung unmöglich erscheint.

Für den Einsatz von Expertensystemen in der Personalbeschaffung ergeben sich damit zunächst einmal, orientiert an der Notwendigkeit von Expertenwissen in den einzelnen Phasen des Beschaffungsprozesses folgende Möglichkeiten :

- die Unterstützung bei der Abgrenzung der potentiellen Beschaffungsmärkte und deren Potentialanalyse,
- Auswahl der Beschaffungswege,
- die Verwendung als Instrument für die Bewerberbeurteilung [61],
- die Unterstützung der Kontrollphase bei der prozeduralen und ergebnisorientierten Bewertung des gesamten Beschaffungsprozesses sowie
- das Initiieren von Korrekturmaßnahmen.

Alle aufgezählten Maßnahmen sind nur mit Hilfe eines Experten auf dem jeweiligen Gebiet durchführbar, so daß es durchaus realisierbar ist, dieses Wissen - soweit es sich als Erfahrungswert kristallisiert aus einer spezifischen Faktenkonstellation darstellt - in ein Regelwerk für eine Wissensbasis eines ES zu transferieren, unabhängig von einer Kosten-Nutzen Betrachtung und der Konfiguration der Wissensbasen untereinander [62]. In diesem Zusammenhang nimmt die Frage nach einer Konfiguration für ein solches ES oder mehrerer Expertensysteme einen großen Raum

---

[61] Gemeint ist der Einsatz eines Expertensystems als aktives Testinstrument für die Bewerberbeurteilung.

[62] Es ist z.B. möglich, verschiedene Wissensbasen für die unterschiedlichen Problemfelder anzulegen, die dann sukzessiv von einem oder mehreren ES abgearbeitet werden.

ein und muß im Detail, genauso wie eine Kosten-Nutzen-Betrachtung geklärt werden [63].

Vom Ablauf des Beschaffungsprozesses lassen sich logisch vier der aufgezählten Anwendungsmöglichkeiten in eine enge Beziehung setzen, dies sind zum einen die Potentialanalyse und die Wahl der Beschaffungswege in der 1. Phase des Prozesses und zum andern die in der 3. Phase durchzuführende Kontrolle der 1. Phase mit einer Bewertung und gegebenenfalls zu vollziehenden Korrektur. Da sich auch zusätzlich die Wahl des Beschaffungsweges auf die Ergebnisse der Potentialanalyse stützt, scheint es in jedem Fall sinnvoll, für diese beiden Anwendungsbereiche ein ES gemeinsam zu entwickeln. Die Charakteristik des Wissens für die Abgrenzung und Analyse der Märkte und Selektion des Beschaffungsweges ist jedoch teilweise different. Während sich die Abgrenzung der Märkte aus den Anforderungen der Stellenbeschreibungen konkludiert, basiert die Wahl des Beschaffungsweges eher auf der Akzeptanz der potentiellen Bewerber auf diesen Märkten. Es scheint daher sinnvoll zu sein, für beide Gebiete jeweils eine Wissensbasis zu konstruieren, die von dem Expertensystem nacheinander abgearbeitet wird. Zu dem Daten- und Faktenbestand der Wissensbasis für die Marktabgrenzung und -analyse sollten in jedem Falle die Informationen über die gewünschten Anforderungen an die Bewerber gehören [64]. Weitere Informationsarten, die zur Willensbildung erforderlich sind, wären : die Potentialstruktur der Märkte [65], die räumlichen Dimensionen, das

---

[63] Es muß jedoch angemerkt werden, daß gerade im Bereich der EDV, insbesondere für den dispositiven Einsatz das betriebswirtschaftliche Instrumentarium für eine Kosten-Nutzen-Analyse sehr klein und unausgereift ist.

[64] Diese Anforderungen können bei der Wiederbesetzung einer Stelle z.B. der Stellenbeschreibung bzw. dem Anforderungsprofil entnommen werden, das im Rahmen der qualitativen Personalbedarfsermittlung zu entwickeln war.

[65] D.h. die qualitative und quantitative Zusammensetzung der Potentiale auf den Märkten. Diese Informationen ergeben sich auf dem internen Beschaffungsmarkt ebenfalls aus der im Rahmen der Personalbedarfsermittlung erstellten Personalstruktur.

Entwicklungspotential [66] und sonstige Einflußfaktoren [67]. Diese Informationen wären dann in einem Regelwerk für die Wissensbasis, das durch die Konsultation des entsprechenden Experten vom knowledge-engineer konstruiert wurde, miteinander zu verknüpfen, um das ES in die Lage zu versetzen, nach einem vorgenommenen Daten-Input dieser Angaben, die Beschaffungsmärkte zu konkretisieren und zu analysieren.
In ähnlicher Form ist die Wissensbank für die Wahl des Beschaffungsweges zu realisieren. Allerdings sind hierzu andere Input-Daten und -Fakten notwendig [68], die mit einem anderen ebenfalls zu entwickelnden Regelwerk in einer Wissensbasis zusammenzufassen sind. Das Expertensystem für die 1. Phase des Beschaffungsprozesses würde sich damit, ohne Berücksichtigung der vorhandenen Rechnerkonfiguration eines Unternehmens [69], als ein System mit zwei Wissensbasen darstellen, die teilweise auf Daten aus dem Bereich der Personalbedarfsermittlung einer vorhandenen Datenbank zurückgreifen. Zusätzlich ist die Einrichtung einer Bewerberdatei und einer Beschaffungsmarktdatei nützlich, die ebenfalls in das Konzept eingebunden sein sollten. Dies setzt natürlich - programmtechnisch betrachtet - die Implementierung von Schnittstellen zwischen dem ES und der Datenbank voraus und darf deshalb nicht in der Planung eines ES vernachlässigt werden [70]. In der gleichen Form sollte es auch möglich sein, neue durch das ES gewonnene Fakten bzw. Daten in der Datenbank für eine spätere Weiterverarbeitung wieder abzulegen und bestimmten

---

[66] D.h. u.a. die staatlichen Aus- und Weiterbildungskapazitäten auf den unterschiedlichen Märkten.

[67] Z.B. die zu erwartende politische Entwicklung usw.

[68] Z.B. die qualitativen und quantitativen Erfolgsquoten vorheriger Beschaffungsmaßnahmen auf den Märkten, Informationen über Marketingträger auf diesen Märkten (Zeitungsverlage usw.).

[69] Die Einbettung des ES in die bisherige EDV-Ausstattung wäre in einem weiteren Schritt, nach Deduktion von notwendigen Schnittstellen für das ES zu diskutieren.

[70] I.d.R. besitzen die Entwicklungsplatzsysteme für ein ES schon Schnittstellenoptionen zu den gängigen Datenbanksystemen. vgl. Kapitel 4.3.1

Wissensbasen zuzuordnen. Die Abbildung II 8 zeigt in schematisierter Form das Konzept eines wissensbasierten Systems für die erste Phase des Personalbeschaffungsprozesses.

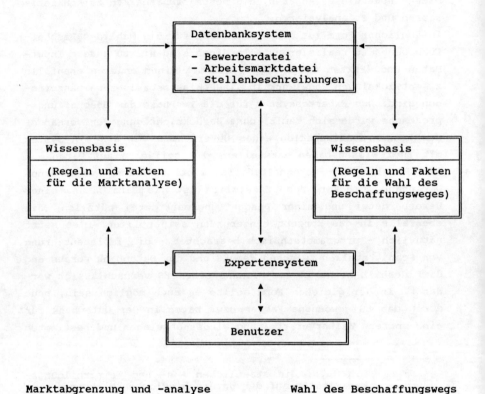

Abbildung II 8 : Ein ES-Konzept für die Planungsphase der Personalbeschaffung

Aus der Abbildung II 8 geht noch nicht hervor, inwiefern die Fakten für die Wissensbasen in der Datenbank bzw. in der Wissensbasis gehalten werden [71]. Diese Frage muß unter zwei Gesichtspunkten beantwortet werden, zum einen ist die Effizienz eines Datenbanksystems höher als bei einem ähnlichen Programmsystem, das in einem ES integriert ist, zum andern lassen sich einige Fakten in Form von gespeicherten Daten auch in anderen Zusammenhängen nutzen, so daß die Verwendung eines Datenbanksystems weitaus vorteilhafter ist. Man sollte deshalb maximal nur die Datenbestände in den Wissensbasen halten, die ausschließlich für das ES genutzt werden oder in einem normalen Datenbanksystem in der benötigten Form nicht aufbereitet werden können.

Der Ablauf des in Abb. II 8 gezeigten ES-Konzepts gliedert sich in zwei Stufen, angelehnt an die vorher aufgezeigte Vorgehensweise des Personalbeschaffungsprozesses. In dem ersten Abschnitt wird aufgrund der definierten Anforderungen aus den Stellenbeschreibungen im Dialog mit dem ES eine Marktabgrenzung und -analyse vorgenommen. Die dazu notwendigen Informationen befinden sich entweder in der Datenbank oder sind in Form von Regeln [72] in der Wissensbasis abgelegt. Ziel dieser Stufe ist ein vom ES gemachter Vorschlag für die Marktpräferenzen mit einer dazugehörigen Begründung, die aus dem Ablauf des Inferenzmechanismus im Regelwerk über die Erklärungskomponente des ES dargelegt werden kann. Die bei dieser ES-Sitzung enstandenen neuen Daten werden dann nach Abschluß der Konsultation in der Arbeitsmarktdatei abgelegt. In der zweiten Stufe wird das ES erneut zur Bestimmung des Beschaffungsweges genutzt, d.h., daß u.a. auch die neu gewonnenen Marktinformationen mit im Regelwerk der zweiten Wissensbasis, zusammen mit weiteren vorher schon vorhandenen Daten [73] über die Märkte und deren Rahmenbedingungen verarbeitet werden.

---

[71] Programmiertechnisch wird bei der Wissensbasis nach dem gleichen Prinzip verfahren wie bei einem Datenbanksystem, wobei ein echtes Datenbanksystem eine höhere Effizienz durch bessere Zugriffsverfahren erwarten läßt.

[72] Die durch Konsultation eines Experten aufgestellt wurden.

[73] Z.B. über die bisherigen Erfolgsquoten auf den gewählten Märkten bei spezifischen Beschaffungswegen bzw. -methoden.

Das Ziel der zweiten Stufe soll eine Reihe von Vorschlägen über
die Beschaffungswege mit dazugehöriger Begründung [74] sein.
Die damit abgeschlossene erste Phase des Beschaffungsprozesses
steht in einem engen Zusammenhang zur Kontrollphase, die ebenfalls durch ein Expertensystem, wie vorher schon in allgemeinerer Form dargelegt wurde, effizienter gestaltet werden kann [75],
denn gerade in der Kontrollphase werden die aus der Bechaffungsmaßnahme gewonnenen Ergebnisse mit dem bisherigen Wissensstand
und Erfahrungswerten über Beschaffungsmärkte, Beschaffungswege
und Bewerberpotentiale verglichen und die eventuell notwendigen
Korrekturemaßnahmen eingeleitet. Aus der Sicht des damit verbundenen Informationsprozesses bedeutet dies u.a. einen Vergleich zwischen den nach der 1. Phase aktualisierten Daten der
Bewerber- und Märktedatei mit den im Verlauf des gesamten Beschaffungsprozesses ermittelten neuen Daten zu diesen Bereichen.
D.h., daß innerhalb der Kontrollphase Informationen zu diesen
Gebieten modifiziert werden und damit für weitere später erfolgende Beschaffungsmaßnahmen bei der Marktabgrenzung und -analyse
sowie für die Wahl des Beschaffungsweges zur Verfügung gestellt
werden können. Die Dateien im Datenbanksystem sind damit nach
Abschluß der Kontrollphase, allein um das Expertensystem für die
1. Phase sinnvoll nutzen zu können, zu modifizieren. Insofern
sollte ein in der Kontrollphase eingesetztes ES generell eine
Schnittstelle, zumindest für die zu entwickelnde Wissensbasis
zum Datenbanksystem, aufweisen [76]. Unabhängig davon ist der Aufbau und die Modellierung dieses ES ungeklärt, sie ist aber nur
durch eine Orientierung an den wahrzunehmenden Funktionen durch-

---

[74] Wiederum dargelegt mit Hilfe der Erklärungskomponente über die "Trace-Funktion" des Entwicklungsplatzsystems.

[75] Da die vorher durch ein ES zu unterstützende Bewerberbeurteilung nur in aktiver Form, d.h. das ES als eine mögliche Testmethode zur Beurteilung, eingesetzt werden kann und damit dieses für diese Funktion potentielle ES in keiner konkreten, informationstechnischen Beziehung zu der 1. und 3. Phase des Beschaffungsprozesses steht, soll diese spezielle Applikationsmöglichkeit an anderer Stelle diskutiert werden. (siehe Abbildung II 10)

[76] siehe Abbildung II 8

führbar, d.h. in diesem Falle die prozedurale und ergebnisorientierte Bewertung des Gesamtprozesses sowie die Unterstützung bei der Wahl von notwendigen Korrekturmaßnahmen. Beide Funktionen sind in einem sukzessiven Prozeß verbunden, der mit der Darstellung der abgeschlossenen Beschaffungsmaßnahme beginnt. Die Ermittlung der Ist-Situation steht damit am Anfang des Informationsprozesses; es müssen also dem potentiellem ES die Informationen über den Erfolg der Maßnahme, über die tatsächlichen Reaktionen der Märkte auf die gewählten Beschaffungswege und über das vorgefundene Bewerberpotential zugeführt werden, damit in einem sich anschließenden Soll-Ist-Wert-Vergleich die Beurteilung stattfinden kann.

Dieser Vergleich benötigt einmal Informationen, die nach Abschluß der Maßnahme erst entstanden sind und erst in eine operationale, für ein ES zu verarbeitende Form gebracht werden müssen und Informationen, die schon zu Beginn des Beschaffungsprozesses vorlagen bzw. durch das ES in der 1. Phase des Prozesses erzeugt worden sind. Für den dann zu realisierenden Soll-Ist-Wert-Vergleich der operationalisierbaren Informationsformen ist natürlich der Einsatz eines Expertensystems eine Überdimensionierung der dazu notwendigen edv-technischen Instrumente, da dieser Vergleich durch konventionelle Softwaremethoden in ausreichender Form vorgenommen werden kann. Nicht mehr von der konventionellen Software ist dagegen die Bewertung der daraus resultierenden Ergebnisse zu bewältigen. Es sollten also als ein zweiter Aspekt bei der Entwicklung eines ES für die 3. Phase des Personalbeschaffungsprozesses die Einbindungsmöglichkeiten von konventionellen Softwareroutinen berücksichtigt werden [77]. Es ist also nicht notwendig - abgesehen davon, daß es sich als sehr umständlich erweist - die Vergleichsroutinen in die zu konzipierende Wissensbasis für das ES in Form von Regeln in dem Regelwerk zu

---

[77] D. h. es kommen als Entwicklungsplatzsysteme nur die für dieses ES in Frage, die auch in eine entsprechende Programmierumgebung, z.B. PASCAL-, C- oder COBOL-Programme, eingebettet werden können. Andernfalls müßten die gesamten Ergebnisse des Soll-Ist-Vergleiches, unabhängig ob manuell oder mit einem EDV-Programm ermittelt, manuell über die Dialogkomponente an das ES weitergegeben werden.
vgl. auch Kapitel 4.3.2

implementieren und integrieren. In der Wissensbasis sollten jedoch die Regeln für die Beurteilung realisiert und mit den zu bearbeitenden Fakten in der Form in Verbindung gebracht werden, daß von der Wissensbasis aus Zugriffsmöglichkeiten zu dem Datenbanksystem bestehen, die Daten des Soll-Ist-Vergleiches in die Wissensbasis übernommen oder in eine Datei des Datenbanksystems abgelegt werden und über die Benutzerschnittstelle weitere Informationen erfragt werden können. Es empfiehlt sich ebenfalls, auch für die 3. Phase des Prozesses die Wissensbasis schon durch die aufgezählten Schnittstellen und die daraus zu erwartende Komplexität aus Effektivitätsgründen zu spalten und für die gesamte Kontrollphase zwei Wissensbasen anzulegen :

1. die oben beschriebene Wissensbasis für die Beurteilung mit den vorgelagerten Routinen für den Soll-Ist-Vergleich, der mit Hilfe von konventioneller Software durchgeführt werden kann und

2. eine weitere Wissensbasis, die das Regelwerk für die Initiierung von Korrekturmaßnahmen beinhaltet.

Diese Wissensbasis benötigt zu diesem Zweck Daten und Informationen über die Soll-Ist-Abweichungen, über die Charakteristik der Beschaffungsmärkte, über das betrieblich zur Verfügung stehende Potential für Korrekturmaßnahmen und alternative Beschaffungswege auf den Märkten. Sie besitzt damit die gleichen Schnittstellenanforderungen wie die Wissensbasis für den Beurteilungsprozeß [78], deren Ergebnisse noch als weiterer Input der zweiten Wissensbasis zur Verfügung gestellt werden müssen. Hierfür empfiehlt sich wiederum als Sekundärspeicher das Datenbanksystem, da man davon ausgehen muß, daß die Bewertungsergebnisse nicht nur für die Bestimmung von Korrekturmaßnahmen innerhalb des Personalbeschaffungsprozesses relevant sind.

---

[78] Eine Ausnahme bildet jedoch die Forderung der Einbettung in eine Programmierumgebung, sie ist jedoch automatisch erfüllt, da man beide Wissensbasen mit der gleichen Shell (Entwicklungsplatzsystem) konstruieren muß, um eine sukzessive Bearbeitung von Fakten aus beiden Wissensbasen zu gewährleisten.

Das gesamte wissensbasierte System für die 1. und 3. Phase des Personalbeschaffungsprozesses läßt sich damit schematisiert in folgender Form darstellen, wobei es ein definitorischer Aspekt ist, von vier Expertensystemen oder einem Expertensystem mit vier unterschiedlichen Wissensbasen zu sprechen (vgl. Abbildung II 9).

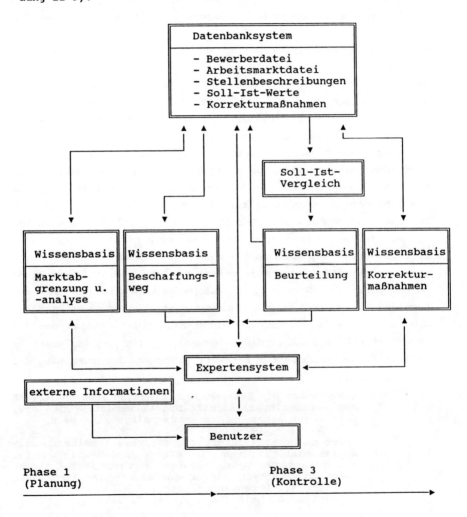

Abbildung II 9 : Ein Expertensystem für die Planung und Kontrolle des Personalbeschaffungsprozesses

Das in der Abbildung II 9 aufgezeigte Datenbanksystem mit den dort aufgeführten Dateien kann natürlich auch im Rahmen von anderen EDV-Anwendungen in der Personalwwirtschaft [79] genutzt werden, so daß die dort spezifizierten Dateien nur einen Teil des gesamten durch die Datenbank verwalteten Datenvolumens ausmachen. Demzufolge besitzt eine derartigen Datenbank auch Schnittstellen zu anderen Softwarepaketen im Personalwesen [80].

Eine weitere Komponente in der Abbildung II 9 ist die externe Information, hinter der sich die Möglichkeit des Benutzers verbirgt, aktuelle Informationen zu der jeweiligen Thematik über die Dialogkomponente an das Expertensystem weiterzugeben, vorausgesetzt, daß das Regelwerk in der jeweiligen Wissensbasis entsprechende Regeln für diese Fakten beinhaltet [81].
Zur Frage der Einbindung des Gesamtsystems in eine vorhandene Hard- und Software-Struktur einer Unternehmung sind einige Elemente und Eigenschaften des Systems zu berücksichtigen, die die Vielzahl von Einbindungsalternativen reduzieren. Ein in der Abbildung II 9 dargestelltes System mit vier Wissensbasen und dem beschriebenen Leistungsumfang läßt sich nicht mehr auf einem PC implementieren, sondern kann nur, zumindest auf einer Workstation realisiert, den Anforderungen gerecht werden. Die Rechnerkategorie der Workstations ist jedoch im Hinblick auf die Kopplung mit anderen Rechnersystemen restriktiver zu betrachten, d.h. durch die Festlegung des Entwicklungsplatzsystems und der verwendeten Datenbank wird die Auswahl der für die Implementierung in Frage kommende EDV-Hardware schon so eingeschränkt, daß

---

[79] Z.B. können die Stellenbeschreibungen auch im Bereich der Personalbedarfsermittlung verwendet werden bzw. dort sogar schon vorher entwickelt worden sein.

[80] Moderne Personalinformationssysteme besitzen beispielsweise kaum noch eine eigene Implementierung für die Datenverwaltung, sondern verwenden für diesen Zweck die weitaus besser gestalteten Möglichkeiten von Standard-Datenbanksystemen.
J. Hentze/ A. Heinecke (1989i), S. 23f.

[81] Dieses Problem läßt sich in eingeschränktem Maße in der Form lösen, daß im Regelwerk eine feste Anzahl von Fakten als extern zu erfragende Daten definiert wird, die dann vom ES bei einer Konsultation abgefragt werden.

bei den Koppelungsmöglichkeiten in Form von Schnittstellen, Übertragungsprotokollen usw. mit dem vorhandenen EDV-Systemen kaum noch Wahlmöglichkeiten bestehen. Die Mindestanforderung für die soft- und hardwaremäßige Integration des ES ist die Zugriffsmöglichkeit auf das Datenbanksystem, das in der Regel auf einem Zentralrechner mit seinen größeren Sekundärspeicherkapazitäten implementiert ist [82].

Die bisher diskutierten Applikationspotentiale von Expertensystemen in der Personalbeschaffung repräsentieren nur einen Teil der gesamten Einsatzmöglichkeiten von Expertensystemen in dieser personalwirtschaftlichen Funktion, der andere Teil ist die Verwendung eines ES als Instrument und Methode in der Bewerberbeurteilung und -auswahl. Für diesen Zweck läßt sich mit einem ES eine ganz neue Kategorie von Testverfahren entwickeln, die zusätzlich im Rahmen des Auswahlprozesses bei der Bewertung und Bestimmung des Eignungspotentials eines Bewerbers neben den bisherigen Verfahren [83] eine Verbesserung des gesamten Selektionsinstrumentariums darstellen kann.

Den Ausgangspunkt bilden die in vielen Unternehmen durchgeführten Assessment-Center-Verfahren, mit denen personenspezifische Eigenschaften einer Testperson ermittelt und teilweise quantifiziert werden sollen [84].

---

[82] Diese Forderung kann von vielen Workstations in Verbindung mit dem verwendeten Entwicklungsplatzsystem für das ES erfüllt werden, wenn es sich um eine Standarddatenbank handelt, wie z.B. ORACEL, IMS usw.

[83] D.h. psychologische Tests, Assessment-Center usw. J. Halloran (1986), S. 115ff.; H. Bailer (1990), S. 53ff.; A. Kompa (1984); S. 119

[84] Die klassische Domäne der Assessment-Center ist die Überprüfung von Persönlichkeitsmerkmalen, die unabhängig von den fachlichen Fähigkeiten der Testperson bestimmt werden. Dies gilt insbesondere für die Erkennung von individuellen Führungseigenschaften. W. C. Byhan (1975), S. 63

Die Beurteilung der Kandidaten erfolgt bei einem Assessment-Center durch einen oder mehrere Beobachter, die, obwohl sie in der Regel für diese Aufgabe geschult worden sind, auch subjektiven Einflüssen bei der Beurteilung unterliegen [85]. Das grobe Prinzip des Assessment-Center-Konzepts läßt sich auch auf die Verwendung eines ES als Testinstrument verwenden. D. h., daß sich auch mit einem ES Probleme definieren lassen, für die ein optimaler Lösungsweg existiert [86]. Die Finden einer Lösung zu diesem Problem kann dann mit Hilfe des ES in der Weise geschehen, daß die Testperson im Dialog über die Benutzerschnittstelle Informationen zur Problemlösung erfragt und sich so zu der Lösung "vortastet". Ein wichtiges Kriterium bei der anschließenden Beurteilung des Verhaltens stellt in diesem Verfahren die Art, Qualität und der Umfang der Informationsabfrage der Testperson dar, die während der ES-Konsultation protokolliert wird. Da zu jeder Problemdefinition auch ein optimaler Lösungsweg vorgegeben wird, ist schon vor der Konsulation auch das notwendige quantitative und qualitative Informationsvolumen zur Lösung des Problems festgeschrieben, was dann den Vergleich des vorgegebenen Lösungsweges mit dem gewählten Lösungsweg der Testperson ermöglicht. Die auftretenden Abweichungen zwischen den beiden Lösungswegen erlauben dann eine qualitative und quantitative Beurteilung durch das ES [87]. Ein positiver Effekt, der bei diesem Testverfahren zutage tritt, ist die relativ objektive Beurtei-

---

[85] Der Ablauf einer Assessment-Center-Übung beginnt mit der Vorgabe eines Problems, das der Kandidat unter Beobachtung der beurteilenden Personen zu lösen hat. Die dabei gezeigten Verhaltensweisen bilden dann die Grundlage für die zu beurteilende Eigenschaft der Testperson.

[86] Dieser Lösungsweg kann z. B. in Relation zu dem beschriebenen Problem in den einzelnen Knoten des Regelbaumes der Wissensbasis des ES festgelegt werden.

[87] Dieses Prinzip wurde beispielsweise in der medizinischen Ausbildung zum Diagnosetraining eingesetzt, indem einer Testperson die Symptombeschreibung eines Patienten vorgegeben wurde und diese durch gezielte Fragen an das Expertensystem mit den weiter gewonnenen Informationen eine Diagnose erstellen konnte. Das System kontrolliert dabei die erfragten Informationen und überprüft deren Notwendigkeit.
P. Harmon/ D. King (1989), S. 267

lung, vorgenommen durch ein wissensbasiertes System, das allen Testpersonen aufgrund der Test-Methodik die gleiche Ausgangsposition bietet, was bei den Assessment-Center-Übungen durch die beurteilenden Beobachter in diesem Maße nicht der Fall sein kann [88]. Die Objektivität bei der Beurteilung ist damit nur in diesem Sinne gewährleistet, da die Definition und Vorgabe des optimalen Lösungsweges bei einem definierten Problem subjektiv sind.

Dieses Verfahren kann zwar aufgrund der Konzeption ein Assessment-Center nicht ersetzen [89], es bietet aber für einige Übungen, wie z.B. die Postkorbübung, durch das höhere Maß an Beurteilungsobjektivität Vorteile.

Ein weiterer Aspekt ist die Problemdefinition bei dieser Methode; sie muß in jedem Fall mit der zu prüfenden Fähigkeit oder Eigenschaft korrelieren, d.h. die Problemdarstellungen sollten nach wissenschaftlichen, psychologischen und betriebswirtschaftlichen Gesichtspunkten, je nach der zu beurteilenden Thematik, entwickelt werden [90].

---

[88] Kompa weist u.a. darauf hin, daß Beobachter in einem Assessment-Center nur wenige offizielle Beurteilung-Dimensionen zur Bildung eines Endurteils berücksichtigen und der Beurteilungsprozeß durch unkontrollierte Größen, wie Angepaßtheit, Sympathie oder Loyalität, infiltriert wird.
A. Kompa (1989), S. 41

[89] Z.B. können Übungen wie die Gruppendiskussion nicht auf dieses Verfahren übertragen werden.

[90] Dies kann nur die Aufgabe eines Psychologen oder einer anderen Person sein, die als Experten für die Eignungsdiagnostik in Frage kommen.

Hier könnte sich bei der Realisierung der Methode eine Schwachstelle ergeben, denn dieses Postulat für die Wahl eines "Test-Problems" muß auch mit in das zu konzipierende Regelwerk der Wissensbasis übernommen werden, was natürliche sehr hohe Anforderungen an den "knowledge-engineer" und den Experten für Bewerberbeurteilungsmethoden stellt. Schon aus diesem Grund ist es sinnvoll, für jede entwickelte Übung eine eigenständige Wissensbasis aufzubauen, um nicht aus Komplexitätsgründen diese Test-Methode scheitern zu lassen. Dies hätte zudem noch den Vorteil, daß durch die daraus enstehende Modularisierung des ES die Möglichkeit einer Implementierung auf einem nicht so leistungsfähigen PC erhalten bleibt, was natürlich die Kosten für dieses Testverfahren reduziert.

Eine Standardisierung sollte jedoch bei dem Beurteilungsprozeß erfolgen, dem Teil des Testverfahrens, wo die aufgetretenen Abweichungen zwischen dem optimalen und dem tatsächlich beschrittenen Lösungspfad durch die Testperson gemessen und nach zu definierenden Kriterien bewertet werden sollen. Es bietet sich daher an, den gesamten Testablauf in zwei Teile zu trennen, zum einen der Dialog zwischen Testperson und Expertensystem zur Problemlösungsfindung und zum andern die Beurteilung der entwikkelten Problemlösung. Dies würde für die Entwicklung eines Expertensystems für diesen Zweck bedeuten, daß zunächst für die unterschiedlichen Problemdarstellungen eigenständige Wissensbasen [91] konstruiert werden und anschließend eine Wissensbasis für die Beurteilung der erzielten Ergebnisse aufgebaut wird.

---

[91] Inklusive dem Regelwerk und den für die Problemlösung notwendigen Fakten.

Das Expertensystem benötigt damit für einen durchzuführenden Test jeweils zwei Wissensbasen [92] (siehe Abbildung II 10).

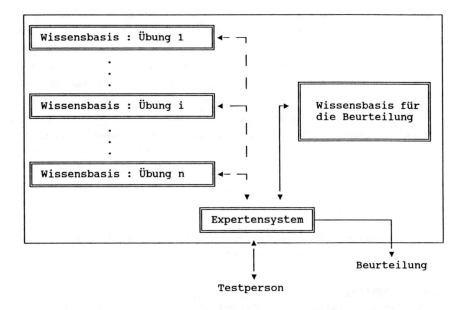

Abbildung II 10 : Konzept eines Expertensystems für die Personalbeurteilung

Die in der Abbildung II 10 dargelegte Konzeption ließe sich durch die Nutzung einer Datenbank erweitern, in der die Beurteilungsergebnisse abgespeichert werden. Für das eigentliche Testverfahren ist sie jedoch nicht erforderlich, da im Gegensatz zu dem System für die Planung und Kontrolle des Personalbeschaf-

---

[92] Einmal für die spezifische Problemdarstellung, die z.B. vor Beginn einer ES-Konsultation in einem Pull-Down-Menue ausgewählt werden kann und die immer vorhandene Wissensbasis für die Beurteilung, die nach Abschluß der ES-Sitzung geladen werden muß.

fungsprozesses, die für die Bearbeitung des Regelwerkes notwendigen Daten und Fakten eng mit der jeweils definierten Übung verbunden sind und keiner zentralen Sekundärspeicherung bedürfen.
Zudem besteht auch keine Notwendigkeit, das Beurteilungssystem in ein übergeordnetes Konzept einzubinden, da es ausschließlich als ein Testverfahren im Rahmen der Bewerberauswahl einsetzbar ist [93]. Es ist also eine in sich abgeschlossene Konzeption für eine Anwendung eines Expertensystems in der Personalbeschaffungsfunktion, deren Realisierung und Implementierung auf einer isolierten Hardware erfolgen kann.
Eine Kosten-Nutzen-Betrachtung für die Entwicklung des Konzeptes gestaltet sich dennoch sehr schwierig und kaum durchführbar. Einige allgemeine Aussagen können aber dennoch getroffen werden :

1. Hardware
Die minimalen Anforderungen an die Hardware für die Realisierung sind durch den Einsatz eines PCs und Druckers abgedeckt.

2. Software
Das Expertensystem kann entweder über ein geeignetes Entwicklungsplatzsystem oder über eine KI-Programmiersprache implementiert werden. Dabei ist zu beachten, daß es sich um eine betriebsspezifische Entwicklung handelt, die zudem in der Entwurfsphase die Zusammenarbeit von verschiedenen wissenschaftlichen Disziplinen erfordert und sehr hohe Kosten verursachen kann, die in Abhängigkeit von der Anzahl der verschiedenen Übungen entstehen.

Damit kann ein ES-basiertes Beurteilungssystem im Prinzip nur für ein größeres Unternehmen als Testverfahren zur Bewerberauswahl in Betracht gezogen werden.
Die Konzeption des Systems bietet jedoch auch eine Alternative, die eine Verwendung für mittlere Unternehmen ermöglichen könnte.

---

[93] Diese Aussage ist auf die Funktion der Personalbeschaffung zu beziehen. Theoretisch wäre die Verwendung des Systems auch für die allgemeine Personalbeurteilung denkbar.

Da die Gestaltung der Wissensbasen in erster Linie nicht von betriebsspezifischen Kriterien abhängt, sondern von den Problemdarstellungen, die jeweils für die Prüfung von einem oder mehreren Bewerberkriterien dienen, lassen sich die Wissensbasen bezogen auf die einzelnen Übungen [94] konstruieren und sind damit unabhängig von unternehmensrelevanten Spezifika. Dies erlaubt eine Standardisierung der einzelnen Übungen für bestimmte Kriterien, ähnlich wie bei den Assessment-Center-Verfahren und könnte dadurch auch für eine größere Zahl von Unternehmen, die den Entwicklungsaufwand für ein derartiges System nicht leisten können, zugänglich gemacht werden [95]. Dadurch würde der doch recht hohe Entwicklungsaufwand einzelner Unternehmen entfallen, was natürlich die zu erwartenden Kosten weiter reduzieren würde.

Technisch gesehen läßt sich dieses Beurteilungssystem realisieren [96], ob dies jedoch einmal der Fall sein wird, läßt sich zu diesem Zeitpunkt nicht absehen, da die Entwicklung und die Realisierung eher von anderen Einflußfaktoren, wie psychologischen Komponenten und den Operationalisierungsmöglichkeiten für zu messende Kriterien abhängt, die bisher noch nicht untersucht worden sind.

---

[94] Der Begriff "Übung" ist gleichzusetzen mit den Problemdarstellungen und dem von der Testperson zu absolvierenden Lösungsprozeß zur Prüfung bestimmter Kriterien.

[95] Für die Praxis würde dies bedeuten, daß dieses Beurteilungsverfahren als Standard-Software-Paket entwickelt und einzelnen Unternehmen angeboten wird, was durch die Modularisierung noch zusätzlich die Möglichkeit eröffnet, neben der notwendigen Wissensbasis für die Beurteilung, nur einzelne Übungen in Form von Wissensbasen zu erwerben.

[96] Dies ist z.B. durch den Prototyp eines ähnlichen Systems zur Ausbildung von Mitarbeitern im medizinischen Bereich hinreichend bewiesen worden.

10.3 Die Aufgabengruppen in der Personalentwicklung

Die Personalentwicklung beinhaltet als personalwirtschaftliche Funktion die Ausbildung, Fort- und Weiterbildung sowie im weiteren Sinne die Mitarbeiterförderung. Nach Mentzel [97] besteht die vordringlichste Aufgabe der Personalentwicklung darin, vorhandene Fähigkeiten und Neigungen der Mitarbeiter zu erkennen, zu entwickeln und sie mit den Erfordernissen der Arbeitsplätze in Übereinstimmung zu bringen. Diese Formulierung verdeutlicht, daß die personalwirtschaftliche Funktion der Personalentwicklung sehr eng mit anderen personalwirtschaftlichen Funktionen verflochten ist und zu diesen sowohl in einer substitutionalen als auch in einer komplementären Beziehung stehen kann [98]. Die Notwendigkeit der Personalentwicklung resultiert jedoch nicht allein aus einer Diskrepanz zwischen dem Leistungspotential der Mitarbeiter und den Anforderungen, sondern auch aus den motivationalen Effekten bei der individuellen Mitarbeiterförderung, ohne daß ein konkreter vorliegender Anlaß gegeben sein muß. Demnach lassen sich als Ziele der Personalentwicklung

- die Verbesserung des Leistungspotentials der Unternehmensmitglieder [99],
- eine zielgerichtete Anpassung dieses Potentials an die gegenwärtigen und zukünftigen Anforderungen,
- eine Verbesserung der Motivation der Mitarbeiter und
- die Wahrnehmung einer gesellschaftlichen und sozialen Funktion

nennen, die durch eine konsequent angewandte betriebliche Personalentwicklungspolitik, durch systematisch vollzogene Qualifizierungsprozesse im Unternehmen und durch eine daraus resultie-

---

[97] W. Mentzel (1989), S. 15

[98] Z. B. kann die Personalentwicklung eine Alternative zu der Personalbeschaffung auf dem externen Arbeitsmarkt darstellen.
N. Thom (1984), S. 2

[99] J. Hentze (1991a), S. 314

rende Durchlässigkeit zwischen den sozialen Schichten in den Vordergrund treten [100].
Das Erreichen dieses multidimensionalen Zielsystems ist demzufolge nur dann möglich, wenn die betrieblichen Personalentwicklungsmaßnahmen in eine betriebliche Personalentwicklungskonzeption eingebunden sind und entscheidungsorientiert, d.h. nach den einzelnen Phasen des Entscheidungsprozesses ablaufen [101]. Die sich daraus ergebenden Teilaktivitäten bzw. Aufgabenkomplexe lassen sich folgendermaßen formulieren :

- die Bestimmung von Fähigkeitslücken bzw. Bildungsdefiziten,
- die Ermittlung des Entwicklungspotentials,
- die Fixierung des Entwicklungsvolumens, der Adressaten und die Wahl der Entwicklungsmaßnahmen und
- die Kontrolle der Personalentwicklung.

Ausgangspunkt des Personalentwicklungsprozesses ist der Vergleich zwischen Anforderungen und Fähigkeiten, der bei einer nicht vorhandenen Kongruenz eine Fähigkeitslücke bzw. ein Bildungsdefizit zum Ergebnis hat [102] . Die für diesen Vergleich notwendigen Informationen resultieren aus der Personalbestands- und der Personalbedarfsanalyse, wobei die Vergleichbarkeit nur dann gewährleistet ist, wenn auch tatsächlich für die Fähigkeiten und Anforderungen die gleichen Kriterien, unabhängig von

---

[100]   N. Thom (1984), S. 3

[101]   J. Hentze (1991a), S. 314

[102]   In der Literatur finden sich zur Beschreibung dieser Situation unterschiedliche Begriffe, so werden die Begriffe "Bildungsdefizit" bzw. "Fähigkeitslücke" in synonymer Form in diesem Zusammenhang gebraucht.
J. Hentze (1991a), S. 341;
Ch. Scholz (1991), S. 178;

ihren Ausprägungen, gemessen worden sind [103]. Die tatsächlich vorhandene Fähigkeitslücke ist demzufolge nach Scholz nur begrenzt bestimmbar und bedarf einer "sinnvollen Interpretation" [104], ohne daß vollständig auf eine analytische Bestimmung für diese Fälle verzichtet wird. Liegen für die Bestimmung des Bildungsdefizits keine Anforderungs- und Fähigkeitsprofile vor oder lassen eine Vergleichbarkeit nicht zu, besteht auch die Möglichkeit einer Mängelanalyse, indem Mitarbeitern, die in einem überschaubaren Bereich als Bildungsbeauftragte fungieren, die Aufgabe anvertraut wird, bestehende Bildungsmängel aufzuzeigen [105]. Beide Verfahren dokumentieren nach einer erfolgreichen Anwendung jedoch nur das Bildungsdefizit aus der Sicht der betrieblichen Anforderungen und nicht individuell von den Mitarbeitern geäußerte Bildungsbedürfnisse, deren Berücksichtigung durch den damit verbundenen motivationalen Effekt einen nicht unerheblichen Stellenwert in der Personalentwicklung einnimmt. Mitarbeiterbezogene Bildungsbedürfnisse sollten daher, soweit die Möglichkeit dazu besteht, auch aufgegriffen werden, zumal sie auch einen wichtigen Indikator für die Bewertung der individuellen Entwicklungsmöglichkeiten darstellen, die insgesamt gesehen das zur Verfügung stehende Entwicklungspotential determinieren.

Die Beurteilung des im Unternehmen vorhandenen Entwicklungspotentials ist die Basis für die Festlegung, welche Fähigkeiten bei welchen Mitarbeitern durch welche Maßnahmen gefördert werden sollen. Das Problem bei einer Beurteilung verbindet sich damit mit dem Problem des Erkennens des Fähigkeitspotentials der Mitarbeiter, für das ein systematisches Methodikinstrumentarium

---

[103] Gerade in der Bedarfsanalyse ergeben sich bei der Bestimmung der Merkmalsausprägung von Kriterien zur Beschreibung einer neuen Tätigkeit immer wieder Probleme, die zu keinem exakten Anforderungsprofil für eine Tätigkeit führen können.
Ch. Scholz (1991), S. 178

[104] Ch. Scholz (1991), S. 179

[105] Die Problematik bei dieser Methode findet sich in der Berücksichtigung von zukünftigen Qualifikationsanforderungen.
J. Hentze (1991a), S. 343

noch nicht in zufriedenstellender Weise existiert [106]. So läßt sich feststellen, daß teilweise intuitiv bei der Bestimmung des Fähigkeitspotentials verfahren wird, was vielleicht dem Beurteilenden ein Gefühl der Sicherheit verleiht, aber letztendlich dadurch nur den Weg für weitergehende Methoden im innerbetrieblichen Bereich versperrt. Zu diesen weiteren Methoden zählt zweifelsohne auch das Assessment-Center, welches nicht nur als ein Verfahren für den Bereich der Personalauswahl in der Funktion der Personalbeschaffung anzusehen ist. Es dient nicht nur als Instrument zur Ermittlung des Persönlichkeitsbildes einer Person, sondern auch zum Erkennen von Entwicklungsmöglichkeiten und -notwendigkeiten, die aufgrund der Konzeption und des Inhaltes eines Assessment-Centers im nicht fachspezifischen Bereich anzusiedeln sind [107]. So verbindet Jeserich mit dem Assessment-Center folgende Zielsetzungen [108]:

- Auswahl externer und interner Bewerber,
- das Erkennen von Potentialen für höherwertige Aufgaben,
- die Analyse von Entwicklungs- und Trainingsmöglichkeiten und
- die Verbesserung der sozialen Kompetenz der Beobachter.

Weiterhin schlägt er vor, bei einer integrierten Laufbahn- bzw. Karriereplanung innerhalb des Unternehmens ein mehrstufiges

---

[106] In der Literatur wird sehr häufig als eine Methode zur Potentialbeurteilung von Mitarbeitern das Vorgesetztenurteil genannt.
W. Mentzel (1989), S. 102

[107] Demzufolge lassen sich die Assessment-Center-Verfahren in Einzel-Assessment-Center und gruppenbezogene Methoden differenzieren. vgl. Jochmann, W. (1991), S. 262
Begründungen für die Notwendigkeit von Einzel-Assessment-Center-Methoden finden sich allerdings schon sehr viel früher in der anglo-amerikanischen Literatur.
W. C. Byham (1975), S. 74

[108] W. Jeserich (1981), S. 36

Assessment-Center-Verfahren zu nutzen [109]. Als weitere Maßnahme zur Erkennung von "versteckten" Potentialen und zur Reduktion der Zahl der als nicht entwicklungsfähig eingestuften Mitarbeiter wird, bei Vorlage einer größeren Zahl von Vergleichsdaten, die Mustererkennung von Scholz vorgeschlagen, bei der die entsprechenden Merkmale der abgelehnten Mitarbeiter mit den Referenzmustern für das Entwicklungspotential verglichen werden [110]. Eine andere Maßnahme, die wiederum auch die individuellen Bedürfnisse einbezieht, ist im Rahmen der Mitarbeitergespräche das Entwicklungsgespräch, das jedoch einen konstruktiven Verlauf annehmen muß, um eine Präzisierung von vorhandenen Deckungslücken und die Selektion eines Mitarbeiters mit einem entsprechenden Entwicklungspotential zu ermöglichen [111].

Die Bestimmung des Entwicklungspotentials gestaltet sich insgesamt betrachtet als sehr schwierig und ist trotz der beschriebenen Instrumente ein Aufgabengebiet, das mit Unsicherheiten und Risiken verbunden ist. Dieser Situation sollte man jedoch relativiert gegenüberstehen, zumal nach dem ökonomischen Prinzip nicht das gesamte Entwicklungspotential mit dem zu fixierenden Entwicklungsvolumen gleichzusetzen ist. Demnach ist das Entwicklungsvolumen nicht nur von der Fähigkeitslücke bzw. von Bildungsdefiziten und dem Entwicklungspotential abhängig, sondern auch von

- den zur Personalentwicklung zur Verfügung stehenden Ressourcen und
- der strategischen Entwicklungsplanung.

---

[109] Dies empfiehlt sich jedoch aufgrund des Aufwands nur für die Erkennung von Führungspotentialen und für höherwertige Arbeitsplätze.
W. Jeserich (1981), S. 36

[110] Ch. Scholz (1991), S. 180

[111] H. J. Drumm (1982), S. 58

Zudem ist die Bestimmung des Entwicklungsvolumens in Relation mit der entsprechenden Zielgruppe zu setzen, die nach verschiedenen Abgrenzungskriterien konstituiert werden kann [112]:

- nach dem Prinzip der Chancengleichheit (ohne Berücksichtigung der Leistungspotentiale),
- nach dem Hierarchie-Prinzip (d.h. Führungskräfte besitzen eine höhere Priorität),
- nach den individuellen Mitarbeiterwünschen,
- nach dem Prinzip der Begabtenförderung oder
- nach der Engpaßregel, bei der die Mitarbeiter zuerst gefördert werden, deren Nichtförderung die höchsten Opportunitätskosten verursacht.

In der Praxis wird man jedoch vorwiegend die Zielgruppen und Adressaten für Entwicklungsmaßnahmen durch die Engpaßregel bestimmen, da sie ebenfalls dem ökonomischen Prinzip entspricht und erst dann die weiteren Kriterien in Abhängigkeit von den vorhanden Ressourcen für die Bildungsmaßnahmen in Betracht ziehen.

Die nächste Phase im Personalentwicklungsprozeß ist die Auswahl der Entwicklungsmaßnahmen. Die möglichen Maßnahmen sind in einem engen Zusammenhang mit dem vorher individuell bestimmten Entwicklungsvolumen zu sehen [113]. Die gewählten Maßnahmen sollten darüber hinaus einige weitere Anforderungen erfüllen, die sehr stark den Erfolg beeinflussen [114]:

- Die Maßnahmen sollten bestehende Deckungslücken bei dem Mitarbeiter weitestgehend abbauen und das individuelle Entwicklungspotential ausschöpfen.

---

[112] H. Drumm/ Ch. Scholz (1983), S. 170f.

[113] Nach der Meinung von Drumm und Scholz ist die Bestimmung der Entwicklungsvolumina bei Mitarbeitern mit einem niedrigeren hierarchischen Rang präziser zu realisieren, was auch eine exaktere Fixierung der notwendigen Entwicklungsmaßnahmen erlaubt.
H. J. Drumm/ Ch. Scholz (1983), S. 174

[114] H. J. Drumm/ Ch. Scholz (1983), S. 174f.

- Es sollte von seiten der Betroffenen eine hohe Akzeptanz gegenüber den Maßnahmen bestehen und mit deren persönlichen Entwicklungswünschen in Einklang zu bringen sein.
- Die enstehenden Kosten sollten von der betrieblichen Institution getragen werden.

Die erste Forderung setzt die Kenntnis, d.h. die Lern- und Bildungsziele und die Inhalte der einzelnen Maßnahmen voraus, während die anderen Forderungen die Motivation des zu fördernden Mitarbeiters im Hinblick auf die Lernbereitschaft und -willigkeit verbessern sollen und erst nach Wahl einer Entwicklungsmaßnahme erfüllt werden können.
Neben einer Differenzierung der Entwicklungsmethoden in einzel- bzw. gruppenspezifischen oder aktiven und passiven Verfahren lassen sich die Personalentwicklungsmaßnahmen, unabhängig von ihren Inhalten, in bezug auf den Arbeitsplatz folgendermaßen systematisieren [115] :

- Maßnahmen zur Hinführung zu einer neuen Tätigkeit (into the job),
- direkte Maßnahmen am Arbeitsplatz (on the job),
- Maßnahmen als arbeitsplatznahes Training (near the job),
- Maßnahmen als Weiterbildung (off the job),
- Maßnahmen für die Unterstützung einer laufbahnbezogenen Entwicklung (along the job),
- Maßnahmen für die Ruhestandsvorbereitung (out of the job).

Entsprechend dieser stellenbezogenen Zuordnung der Personalentwicklungsmaßnahmen lassen sich die einzelnen Verfahrensklassen und Verfahren in gleicher Weise fixieren [116].

---

[115] W. Conradi (1983), S. 25

[116] Dabei wird auf eine ausführliche Diskussion aller Verfahren bewußt verzichtet, da dies den Rahmen der Arbeit sprengen würde. Eine detaillierte Diskussion findet sich u.a. bei :
H. Meier (1991), S. 169ff.

Die Abbildung II 11 zeigt die Maßnahmen in Verbindung mit der oben aufgeführten Systematisierung.

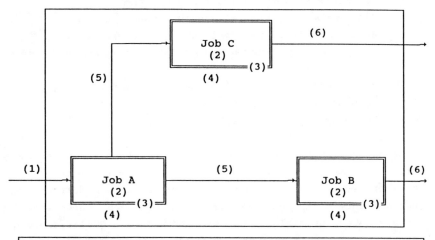

(1) : Maßnahmen into the job   (4) : Maßnahmen off the job
(2) : Maßnahmen on the job   (5) : Maßnahmen along the job
(3) : Maßnahmen near the job   (6) : Maßnahmen out off the job

Abbildung II 11 : Das System der Personalentwicklungsmaßnahmen [117]

Hinter den aufgeführten Maßnahmen in der Abbildung II 11 verbirgt sich eine Vielzahl von Entwicklungsmethoden, die in den einzelnen Entwicklungskategorien relevant sind. Insbesondere für das Training on the job und off the Job bietet sich, je nach der Bestimmung der zu erreichenden Lernziele, eine Reihe von Maßnahmen an :

1. Training on the job
- der planmäßige Arbeitsplatzwechsel (job rotation),
- die Übertragung von Sonderaufgaben und
- die Vertretung.

---

[117] nach W. Conradi (1983), S. 25

2. Training off the job [118]

- die Konferenzmethode (conference method),
- die Bearbeitung von Fallstudien (case studies),
- externe Seminare und Vorlesungen (lecture method),
- die programmierte Unterweisung (auto-instructional techniques),
- das Sensitivitätstraining (sensitivity training),
- Planspiele (business games) und
- Rollenspiele (role playing).

Während es sich bei den aufgezählten Entwicklungsmethoden um in sich geschlossene Verfahren handelt, stellen die Maßnahmen along the job und out off the job eher Komponenten der betrieblichen Personalentwicklungspolitik dar und sollen den konzeptionellen Rahmen geben für zielgerichtetere individuelle Qualifizierungsprozesse. Eine besondere Bedeutung kommt demzufolge der Kenntnis der horizontalen und vertikalen Stellenfolgen durch die Mitarbeiter zu, die anhand von exakt definierten Kriterien für eine Stellenveränderung und die Vorgabe von Laufbahnzielen eine höhere Bereitschaft für Maßnahmen im Rahmen der Personalentwicklung aufbringen können [119]. Das Instrument der Laufbahn- bzw. Karriereplanung bedingt jedoch die Konzeption von ganzen Ketten von Stellenbesetzungsmaßnahmen und eine konsequente Stellenbesetzungssteuerung, die aus der Sicht der Unternehmung wiederum zu einer Personalbeschaffungsmaßnahme führen muß [120]. Die Laufbahnplanung bzw. Karriereplanung wird insbesondere für die in der Organisationsstruktur der Unternehmung hierarchisch höher positionierten Stelleninhaber als Instrument der Personalentwicklung

---

[118] W. H. Holley/K. M. Jennings (1983), S. 272ff.

[119] Die Definition der Laufbahnziele sollte individuell mit dem Mitarbeiter abgestimmt werden, um einen zusätzlichen Anreiz zu geben. Die Voraussetzung für die Festlegung der Laufbahnziele ist in jedem Fall der Entschluß der Unternehmung, daß die Beförderung von Mitarbeitern betriebsintern generell möglich ist. N. Thom (1984), S. 116; W. Mentzel (1989), S. 141

[120] N. Thom (1984), S. 86

eingesetzt, sie ist jedoch nicht unumstritten und in jeder Unternehmung anzutreffen, da vielfach die Gefahr gesehen wird, daß die Betroffenen bei einer zu starren Laufbahnplanung durch ihre Eigeninitiative die Möglichkeit besitzen, ihren hierarchischen Aufstieg selbst zu bestimmen [121]. Insofern lassen sich für diesen Bereich der Personalentwicklung im Gegensatz zum Training into a job partizipative Peronalentwicklungsmethoden, wie sie von Domsch und Reinecke beschrieben werden, überhaupt nicht bzw. sehr restriktiv realisieren [122].

Für alle Elemente des in Abbildung II 11 dargestellten Systems der Personalentwicklung steht jedoch, unabhängig von dem jeweiligen Bezugspunkt, das Auswahlproblem im Vordergrund, d.h. welche konkreten Entwicklungsverfahren oder -methoden sollen für welchen Zweck eine Verwendung erfahren. Diese Frage läßt sich nur in Abhängigkeit von dem individuell vorgefundenen Entwicklungspotential, dem ermittelten Bildungsdefizit, der Zielgruppe und den gesteckten Entwicklungszielen beantworten. Der Selektionsprozeß wird jedoch schon durch die Fixierung des Lernortes insofern vereinfacht, daß nur noch die Methoden in Betracht gezogen werden können, deren Durchführungsform mit den Restriktionen des Lernortes in Einklang zu bringen sind [123]. Eine ausgereifte Methodik, die zu einer Auswahlentscheidung im Hinblick auf die Entwicklungsverfahren führt und den Konditionen der Praxis Rechnung trägt, existiert nicht.

---

[121] M. Domsch/ P. Reinecke (1982), S. 73

[122] Eine detaillierte Charakterisierung einer partizipativen Personalentwicklung findet sich bei M. Domsch und P. Reinecke (vgl. M. Domsch/ P. Reinecke (1982), S. 64ff.). Darüber hinaus werden von Domsch und Reinecke die zu berücksichtigenden Restriktionen dieser Form der Personalentwicklung im Bereich der Laufbahnplanung explizit genannt.
M. Domsch / R. Reinecke (1982), S. 73

[123] Z.B. kann die Methode des edv-gestützen Planspiels nicht als Verfahren für das Training on the job eingesetzt werden.

Die Eignung spezifischer Entwicklungsmaßnahmen für die Deckung oder den Abbau von Bildungsdefiziten muß daher um so stärker ex post durch die Entwicklungskontrolle geprüft werden [124].

Die Personalentwicklungskontrolle darf sich nicht nur auf die Überprüfung der Effizienz einzelner Entwicklungsmaßnahmen beschränken, sondern muß den gesamten Prozeß der Personalentwicklung umfassen, d.h. mit der Kontrolle der Bestimmung der Leistungspotentiale und ermittelten Bildungsdefizite schon beginnen, da andernfalls eine verfälschende Effizienzbeurteilung der einzelnen Verfahren entstehen kann. Damit verläuft die Personalentwicklungsbeurteilung in zwei Stufen :

1. Die Kontrolle der prozeduralen Vorgehensweise durch eine Prüfung des Ablaufs und der Ergebnisermittlung bei der Bestimmung von Fähigkeitslücken und Entwicklungspotentialen.

2. Die Bestimmung des Zielerreichungsgrades nach der Durchführung von Personalentwicklungsmaßnahmen in Form eines Soll-/Ist-Wert-Vergleichs zwischen den angestrebten Plangrößen und der tatsächlich stattgefundenen Reduktion des Bildungsdefizites.

Für beide Stufen werden entsprechende Kriterien benötigt, deren Ausprägungen durch verschiedene Einflußfaktoren verändert werden können. Während für die erste Stufe nur formale Kriterien für eine korrekte Durchführung und Fixierung von qualitativen und quantifizierten Bildungsdefiziten aufzustellen sind, sind für die zweite Stufe nicht nur die Kriterien für die Messung des Lernerfolges zu definieren, sondern es muß auch eine Wirtschaftlichkeitsprüfung der angewandten Bildungsmaßnahmen erfol-

---

[124] Hierbei muß eine Differenzierung zwischen der Kontrolle des Lernfeldes (der erzielte Lernerfolg im Verlauf der Entwicklungsmaßnahme) und des Funktionsfeldes (die Anwendung des erworbenen Wissens am Arbeitsplatz) vorgenommen werden.
W. Mentzel (1989), S. 251f.

gen. Dies ist insbesondere bei mehrstufigen Entwicklungsmaßnahmen erforderlich, wo die in der Entwicklungsplanung festgelegten Ziele durch einen längerfristigen Entwicklungsprozeß erreichbar sind. Ein derartiger Prozeß verlangt im Prinzip schon die Durchführung von mehreren kurzfristigen Kontrollmaßnahmen, um bei einer eintretenden Fehlentwicklung einen früheren Abbruch weiterer Fortbildungsmaßnahmen bewirken zu können [125].

Für die formale Durchführung der pädagogischen Leistungskontrolle in der zweiten Stufe des Prozesses wären verschiedene Alternativen denkbar [126]:

- die Bestimmung der Ist-Größen durch Befragung der betroffenen Personen nach Abschluß einer Personalbildungsmaßnahme,
- die Überprüfung der in der Maßnahme erworbenen Kenntnisse und Fähigkeiten nach schulischem bzw. akademischem Muster,
- die Beurteilung des Leistungsverhaltens nach Durchführung der Bildungsmaßnahme, bei der durch ein positives Verhalten auf einen Erfolg der Maßnahme geschlossen wird und
- die erneute Bestimmung des Leistungspotentials.

Nicht alle Alternativen geben in gleicher Weise Aufschluß über den Abbau von Bildungsdefiziten, so daß eine Kombination mehrerer Alternativen mit unterschiedlichen Zielgrößenüberprüfungen sinnvoll erscheint [127]. Unabhängig davon ist der wirtschaftliche Erfolg von Personalentwicklungsmaßnahmen zu fixieren, was jedoch aufgrund der dazu notwendigen Nutzenbeurteilung von einzelnen

---

[125] Dieser Aspekt besitzt eine hohe Relevanz, da der Kostenfaktor von betrieblichen Personalentwicklungsmaßnahmen beträchtlich ist und deshalb der wirtschaftliche Erfolg im Rahmen des Personalentwicklungsprozesses den gleichen Stellenwert wie der Lernerfolg besitzt.
H. J. Drumm (1982), S. 59

[126] H. J. Drumm (1982), S. 60

[127] Z.B. können durch die erste Alternative keine konkreten noch vorhandenen Bildungsdefizite ermittelt werden, wohl aber das Erreichen von sonstigen mit der Bildungsmaßnahme verbundenen personalpolitischen Zielen.
H. J. Drumm (1982), S. 60

Maßnahmen problematisch erscheint, während die Kostenseite in der Regel eindeutig bestimmbar ist. Ziel der Personalentwicklungskontrolle ist die Bestimmung der Effizienz des Entwicklungsprozesses und der enstandenen Kosten sowie die Steuerung des Entwicklungsprozesses. Dies beinhaltet damit nicht nur den Vergleich von Soll- und Ist-Größen sondern gegebenenfalls auch die Initiierung von Maßnahmen und Korrekturen im Verlauf des Personalentwicklungsprozesses und damit eine Feed-back-Funktion auf alle Phasen des Prozesses, um erkannten Fehlentwicklungen entgegentreten zu können.

In welcher Form nun wissensbasierte Systeme diesen Prozeß bzw. eine betriebliche Konzeption eines Personalentwicklungssystems sinnvoll unterstützen können, läßt sich anhand der dargestellten Phasen des Prozesses mit den dazugehörigen Teilaktivitäten noch nicht eindeutig konkretisieren. Hierzu sind die anfangs beschriebenen Teilaktivitäten der einzelnen Prozeßphasen partiell weiter zu differenzieren. Beginnend mit der Bestimmung der Bildungsdefizite, ergeben sich einige Anknüpfungspunkte, die aus der dort vorzufindenden Situation resultieren. Während die für die Bestimmung der Defizite notwendigen Informationen zu einem großen Teil aus der qualitativen Personalbestandsanalyse herrühren, ermöglichen sie, wie es z.B. Strube formuliert hat, keine eindeutige analytische Bestimmung, sondern nur eine subjektive "Soll-Vorstellung", die auch von der Einschätzung des zukünftigen Ausbildungsbedarfs und des vorhandenen Qualifikationsniveaus abhängt [128]. Die Problematik liegt somit auch in der Erfassung der Fähigkeiten von Mitarbeitern und somit letztendlich in der individuellen Personalbeurteilung mit ihrer entsprechenden Methodik. Eine Verbesserung dieser Situation läßt sich z.B. durch den Einsatz des an anderer Stelle dargelegten Expertensystems für die Personalbeurteilung erzielen, wenn man die entsprechenden Übungen auf die zu prüfenden Kriterien abstimmt [129].

---

[128] A. Strube (1982), S. 83

[129] vgl. Abbildung II 10 und Kapitel 10.2

Eine derartige Maßnahme kann jedoch nicht das von Strube angedeutete Problem in der Gesamtheit lösen [130].
Ähnlich wie in der Definition der individuellen Bildungsdefizite läßt sich das gleiche Instrument, allerdings mit anderen Übungsmodulen, in der Ermittlung des Entwicklungspotentials verwenden, indem die einzelnen Module für diesen Zweck hin ausgerichtet werden, d.h. ähnliche Übungsinhalte wie z.B. bei einem Assessment-Center aufweisen. Es steht jedoch außer Frage, daß ein derartiges System in der Potentialbestimmung nur eine Ergänzung der Methoden darstellen kann und keineswegs als ein Substitut zu betrachten ist. So wird die Potentialanalyse auch weiterhin in erster Linie auf dem Expertenurteil basieren, dessen Qualität aus folgenden Gründen nicht von einem Expertensystem erreicht oder verbessert werden kann :

1. Die bei der Potentialanalyse erforderlichen Erfahrungswerte sind so differenziert und greifen situationsspezifisch so unterschiedlich, daß es fast unmöglich ist, die mit einer von einem Experten durchgeführten Analyse verbundenen Entscheidungsprozesse in ein Regelwerk einer Wissensbasis zu transferieren.

2. Sollte eine Transformation in eine Wissensbasis dennoch gelingen, muß das Regelwerk ständig modifiziert werden, damit das Gesamtsystem dem aktuellen Zustand entsprechen kann, der sich bei einer individuell durchgeführten Entwicklungspotentialbeurteilung und vorangegangener -analyse durch den Experten ständig verändert.

---

[130] Es handelt sich immer nur um die Messung einzelner Kriterien, die nicht das gesamte Spektrum von Fähigkeiten einer Person erfassen und damit nur einen kleinen Teil der Persönlichkeit beschreiben, die methodisch und analytisch in ihrer Gesamtheit nicht meßbar ist. Insofern ist die Notwendigkeit einer subjektiven Einschätzung des zukünftigen Ausbildungsbedarfs als unbekannte Größe bei der Bestimmung eines Qualifikationsdefizits auch weiterhin gegeben.

3. Die Entwicklung und der Einsatz eines ES sind generell nur bei einer häufigen Verwendung und in größeren Unternehmen ökonomisch zu vertreten, d.h. bei einer entsprechend großen Anzahl von Mitarbeitern. Dies jedoch verstärkt wiederum den oben beschriebenen Modifikationsdruck.

Obwohl die Potentialerkennung in der Personalentwicklung sehr stark auf den Erfahrungen von Experten beruht, stößt der Einsatz von Expertensystemen für diesen Bereich aus den oben genannten Gründen an seine Grenzen.

Die Festlegung des Entwicklungsvolumens [131] durch Unterstützung eines Expertensystems kann hingegen schon als realistischer eingeschätzt werden. Diese Aussage läßt sich aus dem Ablauf des Bestimmungsprozesses und den Ausgangspunkten zu Beginn des Prozesses herleiten [132]. Zum einen ist vor der Konkretisierung des Volumens die Fixierung der Personalentwicklungsziele [133] unumgänglich, zum andern existieren bereits Informationen über die individuellen Fähigkeiten und Entwicklungspotentiale. Hinzu kommen weitere Informationen über die Determinanten des Entwicklungsvolumens, z.B. über den bereitgestellten finanziellen Rahmen, über die im Bereich der Personalentwicklung vorhandenen Ressourcen und über die Prioritäten im Hinblick auf einzelne Zielgruppen des Unternehmens.

Die Bestimmung der Volumina erfolgt anhand der Ausgangsposition und der aufgezählten Determinanten und zwar in der Form, daß

---

[131] Unter dem Begriff Entwicklungsvolumen ist in diesem Zusammenhang die tatsächlich zur Realisierung geplante Summe von Bildungs- und Entwicklungsmaßnahmen zu verstehen, die von dem festgestellten Entwicklungsbedarf aufgrund vielfältiger Restriktionen abweichen kann. Die Bestimmung des Entwicklungsvolumens kann daher nur im Zusammenhang mit dem individuellen Adressatenkreis und der Auswahl von Maßnahmen erfolgen.

[132] Der im folgenden dargestellte Prozeß stellt nur exemplarisch einen möglichen Ablauf bei der Bestimmung des Entwicklungsvolumens dar, der in der Praxis unternehmensspezifisch völlig anders geartet sein kann.

[133] D.h. u.a. die Lernziele und der temporale Rahmen müssen definiert sein.

zunächst einmal über die vorhandenen Ressourcen und finanziellen Rahmenbedingungen unter Reflexion der Entwicklungsziele die präferierten Adressaten ausgewählt werden [134]. Die Auswahl erfolgt nach unterschiedlichen Kriterien, und zwar nur in den Fällen, wo keine unbegrenzten Ressourcen für Personalentwicklungsmaßnahmen zur Verfügung stehen [135]. Die Abbildung II 12 verdeutlicht diesen Selektionsprozeß nach dem Budgetierungsprinzip.

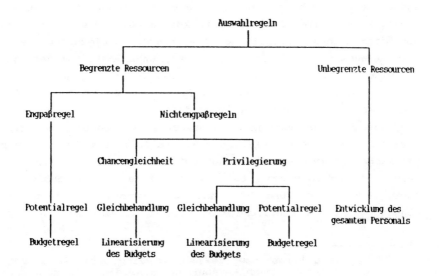

Abbildung II 12 : Auswahlregeln für Entwicklungsadressaten [136]

---

[134] Voraussetzung für die Aufnahme in den Entwicklungsadressatenkreis ist die Existenz eines individuellen Entwicklungsbedarfs und -potentials verbunden mit dem Wunsch, sich entsprechenden möglichen Entwicklungsmaßnahmen zu unterziehen.
A. Strube (1982), S. 111

[135] Hinsichtlich der Deckung des individuellen Entwicklungsbedarfs ergeben sich organisatorische Probleme, die unter dem Stichwort "organisatorischer Lernzirkel" als Methode nach Meinung einiger Autoren gelöst werden könnten.
G. Müller-Stewens/ G. Pautzke (1989), S. 141

[136] H. J. Drumm (1989), S. 228

Zusätzlich können weitere rationale Auswahlregeln für die Entwicklungsadressaten konstruiert werden, die z. B. nach der Festlegung auf präferierte Zielgruppen auch innerhalb dieser Gruppen neue Prioritäten schaffen und auf der individuellen Ebene greifen. Zum einen wäre dies die schon an anderer Stelle genannte Engpaßregel, d.h. es werden innerhalb der Zielgruppen die Individuen bevorzugt, deren Entwicklungsbedarf minimal ist [137], zum andern könnte auch, je nach Unternehmensphilosophie, die sogenannte Potentialregel zum Einsatz kommen, d.h. die Bevorzugung von Mitarbeitern innerhalb der präferierten Zielgruppen, deren Entwicklungspotentiale sehr groß sind, unabhängig vom jetzigen individuellen Entwicklungsbedarf [138]. Die Verteilung der vorhandenen Ressourcen erfolgt dann zweistufig nach den Zielgruppen und innerhalb der Zielgruppen nach den dort bestimmten Prioritäten, bis die noch vorhandenen Ressourcen erschöpft sind. Eine derartige Ressourcenallokation muß ebenfalls die Qualität der gemessenen individuellen Bildungsdefizite einbeziehen, um entsprechende Anhaltspunkte für die zu wählenden Maßnahmen zum Abbau der Defizite und deren Ressourcenverbrauch bewerten zu können [139]. Die eigentliche individuelle Auswahl der Entwick-

---

[137] Diese Vorgehensweise bewirkt eine optimale Nutzung der vorhandenen Ressourcen, d.h. den größtmöglichen Abbau von individuellen Bildungsdefiziten.

[138] Eine derartige Regel impliziert eine längerfristige Minimierung von bestehenden individuellen Deckungslücken. Sie erreicht jedoch kurzfristig nicht die Wirksamkeit der Engpaßregel.
H. J. Drumm (1989), S. 227

[139] Die damit verbundene Problematik liegt in der Bewertung des Aufwands, der für den Abbau von Bildungsdefiziten betrieben werden muß. Zum einen muß bei der Ressourcenallokation der Aufwand zur Beurteilung des noch zur Verfügung stehenden Potentials bekannt sein, zum andern können sich nach den Prioritätsregeln bei der Ressourcenverteilung völlig andere Konstellationen ergeben, die andere Maßnahmen zur Folge haben könnten. Es besteht jedoch auch die Möglichkeit, eine exaktere Maßnahmenauswahl für die Zielgruppen vor der Ressourcenallokation durchzuführen, was jedoch eine vielleicht sonst mögliche Aggregation von Maßnahmen bei bestimmten Zielgruppen wiederum einschränken kann.

lungsmaßnahmen erfolgt in einem nächsten Schritt, bei dem neben den schon erwähnten Auswahlkriterien zur Vereinfachung des Prozesses noch weitere hinzukommen können. Nach Conradi ist es z.B. sinnvoll, die Personen, die ähnliche Deckungslücken aufweisen und gleiche Entwicklungsziele anstreben auch gemeinsam, soweit dies möglich erscheint, in Gruppenform den Maßnahmen zu unterziehen [140].

Für eine sinnvolle Selektion von Maßnahmen ist es jedoch in jedem Fall erforderlich, die potentiellen Maßnahmen im Hinblick auf ihre Eignung zu prüfen und die im Vorfeld gesammelten subjektiven Eindrücke und Erfahrungen in sogenannte Eintrittswahrscheinlichkeiten für den Erfolg von Maßnahmen zu transferieren. Dieser Sachverhalt kann ebenfalls in einem Regelwerk einer Wissensbasis festgeschrieben werden. Zudem besteht auch die Möglichkeit, innerhalb der Regeln die zu erwartenden Erfolgsaussichten einzelner Maßnahmen mit Konfidenzfaktoren zu versehen, um bei einem individuellen Katalog von Maßnahmen die Erfolgsaussichten abschätzen zu können [141]. Die Festlegung der Konfidenzfaktoren kann natürlich nur subjektiv erfolgen und muß in Abhängigkeit zu der Qualität der abzubauenden Deckungslücke betrachtet werden. Dies bedingt eine zumindest grobe Zuordnung von Bildungsmaßnahmen und deren Erfolgsaussichten in Form von Konfidenzfaktoren im Hinblick auf den Abbau einer spezifischen Art bzw. Kategorie von Deckungslücken [142]. Natürlich sind diese Zuordnungen mit den subjektiv vergebenen Konfidenzfaktoren nicht statisch, sondern sind nach dem Abschluß von Entwicklungsmaßnahmen in der Kontrollphase des Entwicklungsprozesses zu überprüfen und gegebenenfalls zu korrigieren, insbesondere deshalb, weil es a priori nicht möglich ist, die Wirkung von Entwick-

---

[140] W. Conradi (1983), S. 77

[141] Die Verwendung von Konfidenzfaktoren ist in einigen Entwicklungsplatzsystemen sowie in den KI-orientierten Programmiersprachen LISP und Prolog möglich.
vgl. Kapitel 4.2.2

[142] Die Darstellungsform dieses Sachverhaltes in der Wissensbasis ist ebenfalls nur durch die Konzeption von einzelnen Regeln möglich. In allgemeiner Form würden die Regeln folgende Form aufweisen : "WENN Qualität der Deckungslücke = Kategorie A DANN Maßnahme 1 hat Konfidenz (x)".

lungsmaßnahmen exakt vorherzusagen. Der dadurch entstehende Regelkreis darf sich jedoch nicht nur auf die selektierten Maßnahmen beschränken, sondern muß wiederum auch die betroffenen Zielgruppen einbeziehen, d.h. auf den gesamten Entwicklungsprozeß ausgedehnt werden, zumal die Anwendung gleicher Entwicklungsmaßnahmen bei verschiedenen Mitarbeitern zu unterschiedlichen Ergebnissen führen kann [143]. Dies bedingt bei der Konstruktion der Wissensbasis eine weitere Differenzierung, die nicht nur eine Zuordnung von Maßnahmen und der Beschaffenheit der Deckungslücken erlaubt, sondern auch die Erfolgswahrscheinlichkeit in Abhängigkeit zur Zielgruppe definiert [144].
Die damit in Verbindung stehende Problematik ist die Wahl des Kontrollmodells, mit dem es möglich ist, die tatsächlichen Erfolgswahrscheinlichkeiten ex post zu quantifizieren [145]. Nach Drumm ist für diesen Zweck zumindest eine Lernfeld- und Tätigkeitskontrolle notwendig, die durch die Kontrolle der Bedürfnisbefriedigung und die Kontrolle des Fähigkeitsvektors ergänzt werden kann [146]. Für die Lernfeldkontrolle bieten sich die Befragung, Prüfungen und Tests an, während die Tätigkeitskontrolle durch eine Erfolgsmessung am Arbeitsplatz, durch die Mitarbeiterbeurteilung und die generelle Erfolgsermittlung durchgeführt

---

[143] W. Mentzel (1989), S. 249

[144] Mit einer derartigen Vorgehensweise könnten ex post zudem die Regeln für die Ressourcenallokation geprüft werden, d.h. es ließe sich feststellen, ob z.B. tatsächlich nach der Engpaßregel verfahren wurde. Die Regeln in der Wissensbasis müßten zu diesem Zweck in folgender Form erweitert werden : "WENN Deckungslücke = Kategorie A UND Zielgruppe = B UND Maßnahme = C DANN Erfolg = Konfidenzfaktor (X)".

[145] Die Kontrollmethoden sind ebenfalls eng mit der Art der Entwicklungsmaßnahme verbunden, d.h., daß beispielsweise Maßnahmen des "trainings on the job" andere Kontrollmaßnahmen erfordern als Maßnahmen des "trainings off the job".

[146] Zusätzlich differenziert Drumm unter dem temporalen Aspekt in eine Ergebnis- und Fortschrittskontrolle, die jedoch erst bei längerfristigen Entwicklungsmaßnahmen zum Tragen kommt.
H. J. Drumm (1989), S. 232

werden kann [147]. Der Kontrollprozeß selbst kann bei der Fixierung der Ergebnisse, d.h. der Ist-Größen, somit nicht durch ein wissensbasiertes System unterstützt werden, sondern nur bei dem eigentlichen Soll-Ist-Vergleich, nachdem die Kontrollmethoden angewandt worden sind. Dies kann in ähnlicher Form wie im Bereich der Personalbeschaffung geschehen, und zwar in der Form, daß bei großen Soll-/Ist-Wert-Abweichungen bestimmte Maßnahmen definiert werden, die wiederum von relevanten Einflußgrößen abhängen [148]. Eine weitere Überlegung für ein derartig zu gestaltendes Expertensystem, wären weitere Elemente aus dem strategischen Bereich der Personalentwicklung, d.h., die Bestimmung von strategischen Entwicklungszielen und deren momentaner Erreichungsgrad, sowie die strategische Entwicklung der bisher präferierten Zielgruppen und entsprechende Vorschläge bei auftretenden gravierenden Differenzen zwischen den gesteckten Zielen und der Ist-Situation, die nur durch Modifikation der strategischen Entwicklungsmaßnahmen abgebaut werden können [149].

Für die strategische Planung der Personalentwicklung könnte ein solches wissensbasiertes System ein weiteres Instrument für die Schwachstellenanalyse im Planungsbereich darstellen.
Die sich damit verbindende Frage innerhalb der Grobkonzeption dieses ES ist die Partionierung der einzelnen Aufgaben innerhalb der Personalentwicklung, da die Komplexitätsproblematik, wie an anderer Stelle schon bei wissensbasierten Systemen angedeutet, auch in diesem Fall den Leistungsumfang des Systems massiv determinieren und zu einer ökonomischen Nichtvertretbarkeit führen kann.

---

[147] J. Hentze (1991a), S. 372f.

[148] Zu diesen Einflußgrößen zählen die in der Personalentwicklung definierten Prioritäten bei den Zielgruppen, die nach Abschluß der Entwicklungsmaßnahmen sich neu darstellenden Entwicklungspotentiale und die vorhandenen Entwicklungsressourcen.

[149] Z.B. die Veränderung der Prioritäten bei den Zielgruppen aufgrund einer anderen Potentialsituation usw.

Der Leistungsumfang des bisher beschriebenen Systems umfaßt drei
Aspekte :

- die Unterstützung bei der Wahl der Entwicklungsmaßnahmen,
- die Kontrolle des Maßnahmenerfolgs in Form eines Soll-/
  Ist-Wertvergleiches mit alternativen Vorschlägen, sowie
- die Kontrolle im Bereich der strategischen Planung der
  Personalentwicklung.

Alle drei Ziele sind nur mit völlig unterschiedlichen Regelwerken zu realisieren, da zu allen drei Positionen völlig unterschiedliche Ergebnisse von dem System erwartet werden. Im ersten Fall soll das System Vorschläge für einen individuellen Entwicklungsmaßnahmenkatalog unter Berücksichtigung des vorhandenen Entwicklungspotentials und des individuellen Entwicklungsziels liefern, im zweiten Fall soll eine Überprüfung der Maßnahmen im Hinblick auf ihre Wirkung auf die verschiedenen Zielgruppen und Bildungsziele erfolgen und im dritten Fall werden von dem System Vorschläge zur Änderung von gesteckten Zielen in der Personalentwicklung erwartet. Alle drei Aufgaben sind damit so unterschiedlich, daß eine Diversifizierung des Gesamtsystems in modulare Komponenten zwingend erscheint.

Die Konzeption und Entwicklung von drei unterschiedlichen Wissensbasen mit den dazugehörigen Regelwerken, Daten und Fakten scheint daher einer realistischen Vorgehensweise für den Einsatz von Expertensystemen am nächsten zu kommen. Dabei ist jedoch auch die Frage zu klären, in welcher Form die mit diesem System gewonnenen neuen Fakten auf einem Sekundärspeichermedium organisiert und abgelegt werden sollen. Zwischen den ersten beiden Anwendungsbereichen des potentiellen ES bestehen z.B. starke Interdependenzen, d.h., daß die Konfidenzfaktoren im Regelwerk für die Ermittlung von Erfolgswahrscheinlichkeiten bei der Kombination unterschiedlicher Bildungsmaßnahmen, basierend auf den Ergebnissen des zweiten Anwendungsbereiches, permanent modifiziert werden. Dieser Situation muß bei der Konzeption des wissensbasierten Systems Rechnung getragen werden, indem für beide Anwendungen zwar unterschiedliche Wissensbasen - allein schon aus Komplexitätsgründen - gestaltet werden, aber beide Wissensbasen auf gemeinsame Dateien eines Datenbanksystems zugreifen, in denen die relevanten Daten und Fakten für beide Basen abgelegt sind. Die Modifikationen für den ersten Applikationsbereich können nach diesem Prinzip automatisch vor dem Beginn einer ES-Sitzung erfolgen, sofern sich neue Ergebnisse nach der ex post Kontrolle für die situationsspezifischen Erfolgsaussichten der potentiellen Bildungsmaßnahmen ergeben haben [150]. Eine Aktualisierung in dieser Form beschränkt sich nicht nur auf die einzelnen Daten und Fakten, sondern greift auch im Regelwerk der Wissensbasis für den ersten Anwendungsbereich, indem direkt für die einzelnen formulierten Regeln neue Konfidenzfaktoren geladen werden. Eine derartig enge Verknüpfung von Wissensbasen über eine Datenbank ist für den dritten Anwendungsbereich nicht erforderlich. Es werden zwar auch für die Kontrolle der Personalentwicklung im strategischen Bereich Informationen von der operativen bzw. taktischen Ebene benötigt, allerdings in einer mehr verdichteten Form, die keine Bezüge zu Einzelmaßnahmen aufweist. Relevante Informationen wären z.B. :

- der periodenbezogene Zielerreichungsgrad,
- die längerfristige Veränderung des Entwicklungspotentials
- und die Entwicklung der Kosten in der Personalentwicklung.

---

[150] D.h. nach einer ES-Konsultation im zweiten Anwendungsbereich.

Die Informationsbeschaffung für den dritten Anwendungsbereich erstreckt sich über das gesamte In- und Umsystem der Unternehmung und schließt damit auch weitere Informationen z.B. über den technischen Fortschritt, die Arbeitsmarktsituation, das Käuferverhalten, den innovativen Wandel der Branche usw. ein, so daß die notwendigen Daten und Fakten für die strategische Kontrolle in der Personalentwicklung nicht nur auf den Ergebnissen der operativen und taktischen Ebene beruhen können. Es ist daher nicht möglich, wie bei den anderen beiden Anwendungsbereichen eine automatisierte Modifikation des Regelwerks und der Wissensbasis für diesen Bereich vorzunehmen, sondern nur einen geringeren Teil des benötigten Informationsvolumens, der aus diesen Gebieten stammt, über eine Datei durch eine entsprechende Zugriffsmöglichkeit zu übernehmen [151]. Das Regelwerk der Wissensbasis muß natürlich, soweit dies möglich ist, das gesamte Informationsvolumen berücksichtigen, d.h. zumindest muß bei der Konzeption ein Katalog der Einflußgrößen im Bereich der strategischen Personalentwicklung definiert werden, deren einzelne Positionen entweder über die manuelle Eingabe oder durch die Übernahme aus Sekundärspeichersystemen quantifiziert bzw. qualifiziert werden.

---

[151] Es kann sich dabei nur um die verdichtete Übernahme von Daten und Fakten handeln, die keinen Einfluß auf die konzipierten Regeln haben.

Die Abbildung II 13 zeigt schematisiert das Gesamtkonzept für die Applikation von Expertensystemen in der Personalentwicklung [152].

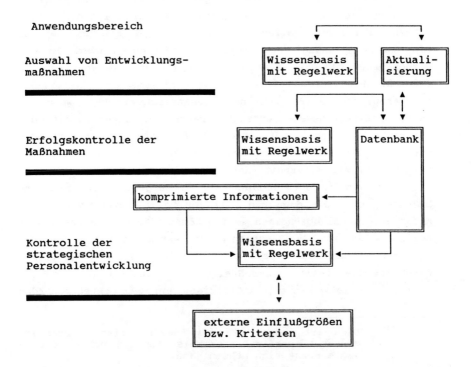

Abbildung II 13 : Applikationskonzept von Expertensystemen in der Personalentwicklung

Die in der Abbildung dargestellte Wissensbasis für die Kontrolle der strategischen Personalentwicklung kann zudem auch weitere Schnittstellen zu anderen Bereichen und EDV-Anwendungen in der Personalwirtschaft und anderen betrieblichen Funktionen innerhalb des Unternehmens aufweisen, die nicht explizit dargestellt wurden, da dies situationsspezifisch zu betrachten ist. Im Prin-

---

[152] Nicht dargestellt ist die Möglichkeit, Expertensysteme als aktive Lernmethode zu verwenden.

zip lassen sich auch die einzelnen aufgezeigten Wissensbasen mit ihren Regelwerken als eigenständige Expertensysteme verstehen, die über eine Datenbank für die Verwaltung gemeinsamer Daten und Fakten miteinander verbunden sind [153].

Eine weitere implizierte Anwendungsmöglichkeit und Erweiterung des in der Abbildung II 13 dargelegten Konzepts ist die Unterstützung der individuellen Laufbahnplanung, da ein Teil des für die Laufbahnplanung notwendigen Informationsvolumens in den Wissensbasen für die Selektion und die Kontrolle von Entwicklungsmaßnahmen vorhanden ist [154]. Die Effizienz und Qualität der Laufbahnplanung ließe sich noch zusätzlich erhöhen, wenn die über das Expertensystem erzeugten Daten und Fakten in ein edv-gestütztes System für die Laufbahnplanung eingebunden würden [155]. Für das Laufbahnplanungssystemkonzept würde dies die Erweiterung der Mitarbeiterdatei um eine zusätzliche Schnittstelle zu der in der Abbildung II 13 dargestellten Datenbank bedeuten, über die dann ein Teil der Daten und Fakten in die Mitarbeiterdatei übernommen werden könnte [156]. Eine weitere Konnexion zwischen beiden Systemen resultiert aus einer Reorganisation der Organisationsdatei. Ein Bestandteil der Organisationsdatei ist die Stellen- oder Stellgruppenanforderung. Diese Informationen lassen sich, modifiziert auf ein entsprechendes

---

[153] Dies ist jedoch ein rein definitorisches Problem, dessen Lösung in keiner Weise Einfluß auf die dargelegte Konzeption nehmen kann.

[154] Hierzu zählen die individuellen Entwicklungspotentiale und bestehenden Fähigkeiten.

[155] Ein derartiges Laufbahnplanungssystem ließe sich ohne KI-Elemente sinnvoll mit konventioneller Software mit dem Ziel realisieren, die individuelle Laufbahnplanung überschaubarer zu verwalten. Ein edv-gestütztes Laufbahnplanungssystem findet sich z.B. bei :
J. Hentze / A. Heinecke (1989e), S. 222

[156] Eine weitere Variante der Einbindung wäre die Verwendung eines Datenbanksystems mit verschiedenen Dateien und einem Informationstransfer, der über den Verbund, d.h. der Erzeugung eines 'joints' zwischen den einzelnen Records verschiedener Dateien erfolgt. Dies würde den weiteren Vorteil bewirken, daß Formatprobleme zwischen unterschiedlichen Datenbanksystemen nicht mehr auftreten können.
G. Schlageter/ W. Stucky (1983)

Datenformat, das zu dem in der Abbildung II 13 gezeigten Datenbanksystem kompatibel ist, auch als Input für die Selektion der Entwicklungsmaßnahmen verwenden und als Daten und Fakten für eine ES-Konsultation nutzen. Es wäre damit möglich, die in einigen Unternehmen praktizierte Laufbahnplanung in einer recht effizienten Weise mit einer partiell wissensbasierten Steuerung des Personalentwicklungsprozesses zu verbinden.

Weitere Varianten der Einbindung des in Abbildung II 13 skizzierten Konzepts in bestehende unternehmensspezifische EDV-Realisierungen im Personalbereich sind ebenfalls denkbar, aber insbesondere von den Sekundärspeicherlösungen für personalwirtschaftlich relevante Daten abhängig [157]. Insofern können keine allgemeingültigen Lösungen für die Integration dieser ES-Konzeption in bestehende EDV-Strukturen formuliert werden.

---

[157] D.h. abhängig von dem verwendeten Datenbanksystem, den Dateiformaten, dem Aufbau und den Zugriffsmöglichkeiten auf Dateien und Datensätzen.

10.4 Die Aufgabengruppen im Personaleinsatz

Die Zielsetzung der personalwirtschaftlichen Funktion des Personaleinsatzes besteht darin, eine optimale Zuordnung von Mitarbeitern und Stellen zu erreichen, und zwar in der Form, daß Mitarbeiter ihrer Eignung entsprechend eine Stelle bekleiden [158]. Ein weiterer Aspekt ist die Berücksichtigung der sozialen Belange der Mitglieder der betrieblichen Institution sowie die Einhaltung von arbeitsrechtlichen Regelungen und Arbeitsschutzbestimmungen. Bisani nennt als Sekundärziele des Personaleinsatzes [159]

- eine möglichst hohe Stabilität bei der Erreichung der Leistungsziele,
- eine günstige soziale Integration der Belegschaftsmitglieder
- und ein hohes Maß an Arbeitszufriedenheit.

Die Aufgabe des Personaleinsatzes besteht somit in der Ermittlung einer zieladäquaten, wechselseitigen Zuordnung von Sachaufgaben und Mitarbeitern, entsprechend der Fähigkeiten der Mitarbeiter und den Anforderungen der Sachaufgaben [160]. Während bei der Personalauswahl noch interpersonale Aspekte in den Vordergrund traten, sind bei der Funktion des Personaleinsatzes eher intrapersonale Gesichtspunkte zu berücksichtigen [161]. Nach

---

[158] M. Domsch (1975), Sp. 1513;
J. Hentze (1991a), S. 390

[159] F. Bisani (1983), S. 171

[160] In der Literatur sind die Begriffe Personaleinsatz und Personaleinsatzplanung nicht eindeutig differenziert. Z.B. wird von Drumm und Scholz die Personaleinsatzplanung genauso definiert wie z.B. bei Hentze der Personaleinsatz. Insofern soll im weiteren Verlauf der Personaleinsatz als personalwirtschaftliche Funktion und die Personaleinsatzplanung, die im Prinzip die Summe der Aufgaben und Tätigkeiten beschreibt, als diese verstanden werden.
H. J. Drumm/ Ch. Scholz (1983), S. 124;
J. Hentze (1991a), S. 390

[161] W. F. Casio/E. M. Award (1981), S. 263

Drumm und Scholz steht in der Personaleinsatzplanung die Frage nach Inhalt und Ermittlung einer zieladäquaten Zuordnung im Mittelpunkt, was insbesondere ein methodisches Problem darstellt. Die Informationsbasis für eine optimale Zuordnung bilden zwei Komponenten, die bereits in der Personalbedarfsermittlung und der Personalentwicklung erarbeitet wurden :

1. Informationen über die personellen Kapazitäten, die auch die qualitativen Aspekte einbeziehen und sowohl gegenwarts- als auch zukunftorientiert sein sollten [162].

2. Informationen über die Anforderungen der bestehenden Sachaufgaben, die einer Dynamik - hervorgerufen durch eine Umwelt- und Technologiedynamik - unterliegen.

Den Sachaufgaben sind im Vorfeld, d.h. im Bereich der Personalbedarfsermittlung Stellen zugeordnet oder sie werden in neu gebildeten Stellen durch Zusammenfassung einzelner Teilaufgaben fixiert, so daß die Informationen über die Anforderungen der bestehenden Sachaufgaben stellenspezifisch vorliegen [163]. Diese Informationsbasis ermöglicht die Definition von mitarbeiterbezogenen Fähigkeits- und stellenbezogenen Anforderungsprofilen, sofern dies nicht schon im Bereich der Personalbedarfsermittlung und -entwicklung durchgeführt wurde, für einen späteren Profilabgleich. Allerdings läßt sich mit diesem Verfahren der gesamte Anspruch der personalwirtschaftlichen Funktion des Personaleinsatzes nicht vollends realisieren, da erst die Berücksichtigung von weiteren Einflußfaktoren auf die Zielerreichung, die sich nicht als Kriterien in den Profilen definieren lassen, d.h. einer optimalen Kombination zwischen vorhandenen Stellen und Mitarbeitern, die Erfolgsaussichten dieser Maßnahmen erhöhen.

---

[162] J. Hentze (1991a), S. 391

[163] Die Anforderungen werden dann zum überwiegenden Teil in den stellenbezogenen Anforderungsprofilen manifestiert.

Zu diesen Faktoren zählen u.a. :

- die Arbeitsplatzgestaltung,
- die persönlichen Wünsche und Belange der betroffenen Mitarbeiter,
- die mit der Stelle verbundenen immateriellen Privilegien,
- das soziale innerbetriebliche Image der Stelle und
- die hierarchische innerbetriebliche Positionierung der Stelle.

Alle Faktoren können, trotz einer optimalen Zuordnung über einen Profilabgleich in ihrer Gesamtheit, aber auch als einzelner Faktor, der erhofften Produktivität des Mitarbeiters und Stelleninhabers in seinem Wirkungsbereich entgegenstehen.
Es ist also in gleicher Weise eine Überprüfung der sozialen Nebenbedingungen vor einer Zuordnungsmaßnahme erforderlich. Die Problematik des Personaleinsatzes manifestiert sich damit in zwei Komponenten [164] :

1. arbeitsaufgabenbezogen ist das Zuordnungsproblem durch das Zusammenführen von Arbeitsplatz und Mitarbeiter zu lösen und
2. arbeitsplatzbezogen sind die Voraussetzungen zu schaffen, die sich auf den Einsatzort des Mitarbeiters beziehen [165].

Das arbeitsaufgabenbezogene Zuordnungsproblem ist methodisch durch den Profilvergleich lösbar.

---

[164] W. Mag (1986), S. 98

[165] Der Begriff "Arbeitsplatz" ist different von dem Begriff "Stelle" aufzufassen, d.h. der Arbeitsplatz besitzt einen örtlichen Bezug, während die Stelle ein Element innerhalb der Organisationsstruktur darstellt.

Drumm und Scholz schlagen hierzu eine zweistufige Vorgehenweise vor [166]:

1. Die Ermittlung der Eignungswerte [167]
   Dies geschieht bei der Profilmethode durch die Addition von Einzeldifferenzen zwischen den Anforderungs- und Fähigkeitsmerkmalen.

2. Der konkrete Zuordnungsschritt
   Als Methode bietet sich ein heuristisches bzw. ein optimierendes Verfahren an.

Die für den ersten Schritt erforderlichen Profile stammen aus der Personalbestandsanalyse und lassen die Ermittlung der Eignungswerte (eij) [168] in folgender mathematischer Form zu :

$$e_{ij} = \sum_{k=1}^{m} |f_{ik} - a_{ik}| \quad \text{für alle } i,j \quad [169]$$

Der Eignungswert ist im Prinzip als Summe der Profildifferenzen zu interpretieren und würde dementsprechend bei einer hohen Eignung mit einem geringen Wert verifiziert. Theoretisch ließen sich in dieser Form auch die Eignungswerte eines Mitarbeiters

---

[166] H. J. Drumm / Ch. Scholz (1983), S. 129

[167] Der Begriff "Eignungswert" läßt sich einmal indirekt durch den Profilabgleich ermitteln (als Distanz zwischen Anforderung und Fähigkeit) bzw. direkt als geschätzer personenbezogenen Wert im Sinne eines Nutzwertes, z.B. in Form von Gewinnbeiträgen usw.
H. J. Drumm / Ch. Scholz (1983), S. 130

[168] D.h. der Eignungswert des Mitarbeiters i für die Stelle j.

[169] ajk = Ausprägung des Merkmals k der Stelle j
fik = Ausprägung des Merkmals k der Person i

für mehrere Stellen bestimmen [170]. Man erhält dann für n Stellen einen n-elementigen Eignungsvektor [171]. Die zweite Möglichkeit für die Ermittlung von Eignungswerten ist die implizite Form, d.h. die Schätzung anhand eines aggregierten Wertes [172], bei der keine Notwendigkeit besteht, auf Anforderungs- und Fähigkeitsprofile zurückzugreifen. Allerdings ist diese Methode als recht ungenau zu betrachten, insbesondere in bezug auf den Beurteilungsprozeß.

Eine dritte Variante für die Ermittlung von Eignungswerten resultiert aus der Kombination der beiden oben beschriebenen Alternativen. Dabei werden die Eignungswerte als Nutzenwerte verstanden und direkt den spezifischen betriebswirtschaftlichen Unternehmenszielen zugeordnet [173]. Die Eignungswerte sind bezogen auf die Person geschätzte Werte in Form von Gewinnbeiträgen oder auch Anteilen an den Gesamtkosten. Diese Variante verzichtet zwar auch auf die Profilmethode, sie bietet aber im Vergleich zur zweiten Möglichkeit den Vorteil, daß die Eignungswerte nicht unbedingt zu einer Größe aggregiert werden.

Während die durch die ersten beiden Methoden ermittelten Werte noch einfache mathematische Resultate repräsentieren, ist bei der dritten Methode der Eignungswert als eine völlig unabhängige Datenmenge aufzufassen.

Die zweite Stufe ist die Zuordnung der Mitarbeiter und Stellen, bei der die Eignungswerte eine Grundlage bilden können. Zu diesem Zweck bieten sich nun zum einen die optimierende Zuordnung und die heuristische Zuordnung als Methoden an. Ein gravie-

---

[170] Dies würde dann bei der beschriebenen Aggregation der Eignungswerte zu einem sogenannten Eignungsvektor führen bzw. bei mehreren Mitarbeitern zu einer Eignungsmatrix.
W. Meiritz (1983), S. 152f.

[171] Für die Messung und Skalierung von Eignungsvektoren existieren vielfältige Möglichkeiten. Eine vertiefende Darstellung findet sich bei :
H. Rumpf (1979), S. 36

[172] H. J. Drumm / Ch. Scholz (1983), S. 130

[173] H. J. Drumm / Ch. Scholz (1983), S. 130

render Unterschied zwischen beiden Methoden liegt in der Wertung der Eignungswerte, die bei der optimierenden Zuordnung ausschließlich eindimensional erfolgt, während die heuristischen Methoden auch für mehrdimensionale Eignungswerte (einen Eignungsvektor) in Betracht kommen, die dann in Form einer Rangordnungsmethode als Basisdaten verwandt werden können [174].
Beide Zuordnungsverfahren lassen sich bezogen auf den betrachteten Planungshorizont auf dem Gebiet des Personaleinsatzes in eine dynamische und statische Methode weiter differenzieren. Bei der statischen Zuordnung erfolgt die Anordnung zwischen Stellen und Mitarbeitern jeweils auf eine genau definierte Periode, während die dynamische Zuordnung eine Berücksichtigung von zu erwartenden Änderungen erlaubt und damit wechselnde Anforderungen an Stellen bzw. Stellenneubildungen einbezieht [175]. Die Zuordnungsmethoden weisen jedoch auch Schwachpunkte auf, die einer Anwendung in der Praxis entgegenstehen bzw. diese nur in Verbindung mit der Berücksichtigung weiterer Faktoren ermöglichen, die von den letztendlich mathematischen Zuordnungsmethoden nicht geleistet werden können [176]. So lassen sich für alle aufgezeigten Verfahren folgende zentrale Kritikpunkte formulieren [177]:

---

[174] Nach dem Rangordnungsverfahren erfolgt die Zuordnung z.B. nach dem Prinzip "für jeden Arbeitsplatz den besten Mitarbeiter". Unproblematisch ist dieses Verfahren jedoch nur, wenn jeder Mitarbeiter seine höchste Eignung für eine andere Stelle aufweist.
R. Stitzel/ R. Márr (1979), S. 328.
Eine andere Möglichkeit bei den heuristischen Verfahren wäre ein rein intuitive Zuordnung des Entscheiders.
H. J. Drumm / Ch. Scholz (1983), S. 131

[175] H. J. Drumm/ Ch. Scholz (1983), S. 133

[176] Eine Ausnahme bildet in diesem Zusammenhang die intuitive Zuordnung, welche jedoch aufgrund der nicht vorhandenen Systematik nicht weiter ausgeführt werden soll.

[177] J. Berthel (1979), S. 135;
R. Marr / M. Stitzel (1979), S. 331;

1. Es ist unrealistisch, die Eignung eines Mitarbeiters kardinal messen bzw. bewerten zu wollen.

2. Über den Profilabgleich werden zwar keine Eignungskoeffizienten bestimmt, aber eine Zerlegung der Anforderungen in Einzelfaktoren vorgenommen, um überhaupt eine Gegenüberstellung von Fähigkeiten und Anforderungkriterien erreichen zu können, was zu erheblichen Informationsverlusten führt.

3. Es findet keine Berücksichtigung der organisatorischen Determinanten statt, d.h. die Eignung der Mitarbeiter wird isoliert und nicht im Leistungsverbund betrachtet.

4. Eine Messung der mitarbeiterbezogenen Leistungsbereitschaft findet über die Eignungswerte nicht statt.

5. Das reine Zuordnungsmodell vernachlässigt den Aspekt der Mindestqualifikation des Mitarbeiters [178].

6. Die Zuordnungsmodelle weisen einen rein ökonomisch-rationalen Charakter auf, der sozialbasierte Effizienzpotentiale ingnoriert.

7. Die Bedürfnisse der Mitarbeiter werden bei Anwendung der Zuordnungsmodelle nicht genügend gewürdigt und führen damit zu Konfliktpotentialen, die durch die Nichtüberschaubarkeit der Zuordnung von seiten der Mitarbeiter noch gestärkt werden.

Bereits diese Kritikpunkte an einem Personalzuordnungsmodell zeigen auf, daß ihre Anwendung lediglich eine Entscheidungshilfe darstellen kann [179].

Das für den Erfolg einer Personalzuordnung relevante Interde-

---

[178] Dies kann jedoch im Vorfeld des Zuordnungsprozesses durch Definition der Mindestanforderung erfolgen.

[179] R. Marr/ M. Stitzel (1979), S. 322

pendenzgefüge von Einflußfaktoren wird von einem isolierten Zuordnungsmodell nur teilweise erfaßt. Die Abbildung II 14 zeigt in einer schematisierten Form die möglichen Einflüsse auf, denen ein Mitarbeiter an seinem Arbeitsplatz ausgesetzt sein kann und die über das individuelle Eignungspotential hinaus die Qualität des Arbeitsergebnisses bestimmen.

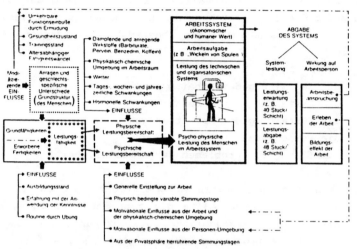

Abbildung II 14 : Das Arbeitsplatzsystem [180]

Weitere von den Zuordnungsmodellen nicht berücksichtigte Faktoren sind die persönlichen Bedürfnisse der Mitarbeiter, die wie es z.B. Marr und Stitzel vorschlagen, nur durch individuelle Gespräche mit den betroffenen Mitarbeitern analysiert werden können, um sie mit den Zielsetzungen der Unternehmung zu verbinden [181]. Insbesondere eine immer stärker in den Vordergrund tretende sich verändernde Erwartungshaltung der Mitarbeiter, basierend auf einem immer stärker wachsenden Qualifikationsniveau, führt zu der Forderung nach einer zunehmenden Dynamisierung des Personaleinsatzes.

---

[180] nach R. Pfützner (1988), S. 30

[181] R. Marr/ M. Stitzel (1979), S. 332

Objekt der Betrachtung kann somit nicht nur die ökonomische Effizienz bei der Personalzuordnungsproblematik sein, sondern vielmehr die optimale Verbindung zwischen der ökonomischen und sozialen Effizienz zur Aufgabenbewältigung im Bereich des Personaleinsatzes. Dies bedingt eine Expansion der Tätigkeitsbereiche innerhalb des Personaleinsatzes und führt zu einer Reihe von Aufgaben, deren Lösungsqualität erst den Erfolg der Zuordnung und damit die Zielerreichung der personalwirtschaftlichen Funktion des Personaleinsatzes bestimmt. Zu diesen Aufgaben zählen [182]:

- die Gestaltung des Arbeitsplatzes,
- die Gestaltung der Arbeitszeit,
- die Gestaltung der Arbeitsaufgabe,
- die Personaleinarbeitung und
- die Lösung von Problemen der Arbeitssicherheit.

Die Gestaltung des Arbeitsplatzes erstreckt sich auf verschiedene Ebenen, zum einen sollte die räumliche Anordnung der Arbeitsmittel unter ergonomischen Gesichtspunkten erfolgen, zum andern sind die negativen Umgebungseinflüsse, wie z. B. Lärm, Staub, chemische Stoffe usw. weitestgehend zu minimieren und die Wünsche nach Humanisierung am Arbeitsplatz weitestgehend zu berücksichtigen [183]. Ziel der Arbeitsplatzgestaltung ist u.a. die Reduzierung von Beanspruchungen energetischer Arbeit und die Vermeidung von gesundheitlichen Schäden, die durch eine einseitige Belastung am Arbeitsplatz entstehen können.
Ebenso wie die Arbeitsplatzgestaltung dient auch die Arbeitszeitgestaltung dazu, die individuellen Bedürfnisse mit den Arbeitsplatzanforderungen zu verbinden. Das Ziel der Arbeitszeitgestaltung ist die Aufteilung der Arbeits- und Freizeit sowie die Verteilung der Arbeitszeit, orientiert an den Bedürfnissen der Unternehmung und unter Berücksichtigung der Belange der

---

[182] J. Hentze (1991a), S. 390;
Ch. Scholz (1991), S. 246ff.;
H.-J. Drumm (1989), S. 61ff.

[183] D. Wagner (1989), S. 229

Mitarbeiter [184]. Zentrale Aufgabe der Arbeitszeitgestaltung ist die Lösung des chronometrischen und chronologischen Problems [185] im Bereich der Periodenarbeitszeitgestaltung, das sich in der Gesamtheit als ein Zielkonflikt darstellt, bei dem es sich um die Festlegung von Anwesenheits-, Pausen- und Abwesenheitszeiten handelt unter der Maßgabe der arbeitsteiligen Leistungserstellung und Minimierung der zeitabhängigen Kosten. Dieser Zielerreichungsprozeß wird von arbeitsrechtlichen und tarifvertraglichen Regelungen determiniert, die sich eher an sozialen als an arbeitsphysiologischen Argumenten orientieren [186]. Die Arbeitszeitgestaltung vollzieht sich in der heutigen Zeit unternehmensspezifisch und basiert auf einem Arbeitszeitkonzept, das zu den betriebs- bzw. bereichsspezifischen Konditionen passen muß und soweit wie möglich den individuellen Bedürfnissen Rechnung trägt. Diese Situation verstärkt einen Trend zur Individualisierung der Arbeitszeit im Rahmen der arbeitsteiligen Leistungserstellung und hat bisher bewirkt, daß die zu entwickelnden Arbeitszeitkonzepte zum überwiegenden Teil aus der Praxis stammen. Mögliche Konzepte, die dem o.g. Trend entsprechen können, da sie auf eine Flexibilisierung der Arbeitszeit abzielen, sind auf der Ebene der Tagesarbeitszeit [187]:

- Gleitzeitmodelle mit Kernzeiten,
- variable Arbeitszeitmodelle ohne Kernzeit,
- Teilzeitmodelle und Job Sharing und
- Schichtarbeit.

---

[184] H. J. Drumm (1989), S. 89

[185] Das chronometrische Problem beinhaltet die Fixierung des Arbeitszeitbudgets je Bezugsperiode und Person, während das chronologische Problem die Allokation des Arbeitszeitbudgets auf die Bezugsperiode darstellt.
H. J. Drumm (1989), S. 89

[186] H. J. Drumm (1989), S. 92

[187] H. J. Drumm (1989), S. 102f.

Zur Flexibilisierung der Wochenarbeitszeit bieten sich folgende
Modelle an [188] :

- Bandbreitenmodelle und alternierende Wochenarbeit,
- die komprimierte Wochenarbeit,
- die Variation der Soll-Arbeitszeit je Woche
- die Gleitarbeitswochen und
- das Cafeteria-Prinzip [189].

Die Eignung der verschiedenen Modelle hängt von der betriebsinternen Arbeitsteilung und der Form des Leistungserstellungprozesses ab und nicht alle Modelle weisen eine soziale Verträglichkeit auf [190]. Auch die Kombination der Modelle in verschiedenen Bereichen des Unternehmens ist möglich und in der Praxis sehr stark verbreitet. Die sich damit verbindende Problematik ist die zunehmende Komplexität und der Koordinationsaufwand der Arbeitspläne. Für einzelne Bereiche des Unternehmens muß zunächst einmal die Eignung bestimmter Zeitmodelle anhand verschiedener Kriterien geprüft werden und in einem zweiten Schritt die Kombinierbarkeit der Modelle für die differenten Unternehmenssegmente [191]. Diese notwendige Vorgehensweise bei der Einführung von Arbeitszeitmodellen bedarf einer genauen Kenntnis der Arbeitsleistungsinterdependenzen zwischen den Stellen in einem Unternehmenssegment und zwischen den Segmenten selbst sowie ein Wissen über die Arbeitsabläufe, die sich in einem

---

[188] H. J. Drumm (1989), S. 103

[189] Unter dem Cafeteria-Prinzip ist die Wahlmöglichkeit von Mitarbeitern zwischen verschiedenen Zeitarbeitsmodellen in bestimmten Bandbreiten zu verstehen.

[190] Insbesondere die verschiedenen Formen der Schichtarbeit können z. B. zu sozialen und familiären Konflikten bei den Mitarbeitern führen, die sich auch nicht durch modernere Formen der Schichtarbeit (z.B. BMW-Modell in Regensburg-Harting) abbauen lassen.

[191] Eignungskriterien wären beispielsweise arbeitsrechtliche Regelungen, Tarifvereinbarungen, die Ziele des Betriebsrates, Kosten und Nutzen des Modells und der individuelle Nutzen für den einzelnen Mitarbeiter.
H. J. Drumm (1989), S. 104

Arbeitsplan [192] manifestieren. Diese Kenntnisse können nur in Zusammenarbeit und mit dem Expertenwissen der zuständigen Führungskräfte aus den jeweiligen Unternehmensbereichen erworben werden und müssen permanent im Verlauf der Planungsphase für die Arbeitszeitmodelle präsent sein.

Die Frage nach dem geeigneten Arbeitszeitmodell hängt damit auch von der innerbetrieblichen Arbeitsteilung und der damit verbundenen stellenbezogenen Aufgabengestaltung ab, deren Qualität einen wesentlichen Faktor für den Grad der Arbeitszufriedenheit darstellen kann. Die Bandbreite für eine stellenbezogene Aufgabengestaltung erstreckt sich von einer völligen Spezialisierung, mit den damit verbundenen restriktiven Arbeitsinhalten bis hin zu einer Generalisierung mit einer Vielfalt an stellenbezogenen Arbeitsinhalten und einer Erweiterung des qualitativen Arbeitsumfangs [193].

Ein weiterer Aspekt, der den Bedürfnissen der Mitarbeiter entgegenkommt, ist die Arbeitssicherheit, d.h. die Entwicklung von Maßnahmen zur Unfallverhütung am Arbeitsplatz und zur Verringerung von Arbeitsunfällen [194]. Derartige Maßnahmen lassen sich jedoch nur nach einer gründlichen Analyse von möglichen Gefährdungspotentialen im Unternehmen bzw. an den Arbeitsplätzen konzipieren und können nur durch ein Zusammenwirken von Instanzen

---

[192] Die Arbeitsplanung erfolgt in der Regel bei vorgegebenen Arbeitsabläufen durch Zeitstudien, die sich z. B. an die Modelle des Refa-Verbandes anlehnen.
J. Hentze (1991a), S. 417ff.

[193] Zu den neueren Methoden, die eine Generalisierung der Aufgabengestaltung unterstützen, zählen der Arbeitsplatzwechsel (job rotation), die Aufgabenerweiterung (job enlargement), die Aufgabenbereicherung (job enrichment) und die Bildung von relativ autonomen Arbeitsgruppen.
J. Hentze (1991a), S. 409ff.
J. Berthel (1979), S.220f.
F. Bisani (1983), S. 106f.

[194] Zur Arbeitssicherheit bilden die gesetzlichen Vorschriften die Minimalbedingungen, die sich aus einer Pflicht zur gesetzlichen Unfallversicherung, den Unfallverhütungsvorschriften der Berufsgenossenschaften, der Arbeitszeit- und Gewerbeordnung sowie aus dem Arbeitssicherheitsgesetz zusammensetzen.

und Mitarbeitern erfolgreich gestaltet werden [195]. Zu diesem Zweck ist es unerläßlich, die der betrieblichen Institution zugehörigen Personen zu informieren und im Hinblick auf ein arbeitssicheres Verhalten hin auch zu motivieren.

Zusammengefaßt ergibt sich damit eine ganze Anzahl von Aufgabengruppen in der Funktion des Personaleinsatzes, die in der Abbildung II 15 im Gesamtkontext dieser personalwirtschaftlichen Funktion dargestellt ist.

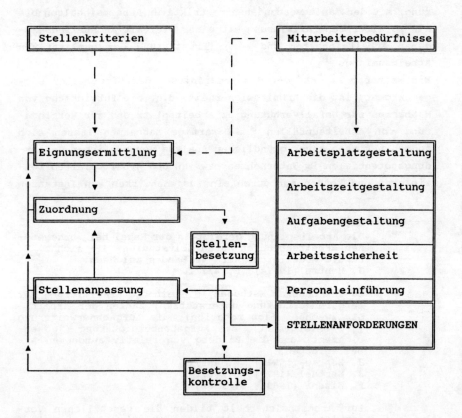

Abbildung II 15 : Die Aufgabengruppen im Personaleinsatz

---

[195] J. Hentze (1991a), S. 443ff.

Zu den bisher noch nicht weiter ausgeführten Aufgabengruppen gehören die Einführung und die Besetzungskontrolle. Zu den Aufgaben der Personaleinführung zählt die Information des Mitarbeiters über die Struktur und Größe des Unternehmens und die spezifischen Aufgaben, die mit seinem neuen Arbeitsplatz verbunden sind [196].

Die Zuordnung der Stellenbesetzungskontrolle als eigenständige Aufgabengruppe innerhalb des Personaleinsatzes ist nicht eindeutig und bedarf deshalb an dieser Stelle einer näheren Erläuterung. Im Prinzip ist die Überprüfung der gesetzten Erwartungen bei der Stellenbesetzung mit der sich nach der Besetzung abzeichnenden Situation unter dieser Kontrollform zu verstehen. Sie ist damit nicht gleichzusetzen mit einer Personalbeurteilung des Stelleninhabers, sondern schließt diese ein und setzt die Beurteilungsergebnisse in Relation zu der Qualität der Stelle, um bei einer zu korrigierenden Differenz zwischen Soll- und Ist-Größen nach einer Schwachstellenanalyse, die sich auf beide Bereiche bezieht, d.h. auf die Leistung des Mitarbeiters wie auch auf die der Stelle zuzuordnenden Bedingungen, die Ursachen für eine relevante Abweichung in beiden Einflußbereichen ermitteln zu können [197]. Je nach dem Ergebnis der Schwachstellenanalyse wäre dann eine Stellenanpassung mit Hilfe des in Abbildung II 15 dargelegten Instrumentariums bzw. eine Personalanpassung durch Personalentwicklungs-, Personalerhaltungsmaßnahmen

---

[196] Im Gegensatz zur Personaleinführung ist die Personaleinarbeitung eine Aufgabe, die, sofern sie innerhalb des Betriebes stattfindet, von dem unmittelbaren Vorgesetzten bzw. den für die betroffene Person neuen Mitarbeitern am Arbeitsplatz durchgeführt wird.

[197] Im Normalfall ist einem Kontrollprozeß natürlich auch der Korrekturprozeß zuzuordnen. Dies ist bei der Besetzungskontrolle nicht ohne weiteres möglich, sondern hängt vom Analyseergebnis ab. Liegen die Ursachen z.B. bei den Stellenkonditionen, lassen sich diese eventuell durch Maßnahmen innerhalb der Arbeitsplatzgestaltung, -zeitgestaltung oder Aufgabengestaltung der Stelle korrigieren. Lassen sich jedoch die Ursachen eindeutig bei dem Stelleninhaber fixieren, sind z. B. Korrekturmaßnahmen erforderlich, die aus den personalwirtschaftlichen Funktionen der Personalentwicklung bzw. Personalerhaltung stammen können.

oder auch Freisetzungsmaßnahmen erforderlich. Insofern liegt in der Besetzungskontrolle auch eine Schnittstelle zu den anderen personalwirtschaftlichen Funktionen, die eng mit dem Personaleinsatz verbunden sind.

Der Personaleinsatz ist damit ein dynamischer Prozeß, der sowohl die Zuordnung zwischen Mitarbeitern und Stellen beinhaltet als auch die Adaption zwischen den Stellen und den Fähigkeiten und Bedürfnissen der Mitarbeiter, wobei als Instrumente der Adaption auch Methoden aus den anderen personalwirtschaftlichen Funktionen herangezogen werden können, wenn durch die Besetzungskontrolle entsprechende Notwendigkeiten dafür entstehen sollten. Die Frage nach dem Applikationspotential von KI-Systemen in den Aufgabengruppen des Personaleinsatzes, wie sie in Abbildung II 15 aufgezeigt werden, ist sehr diffizil und kann nur durch eine Reorganisation der Aufgabengruppen beantwortet werden. Dazu sind zunächst einmal die Aufgaben im Bereich der Eignungsermittlung, Zuordnung und anschließender Besetzung zu einer Gruppe zusammenzufassen, da sie in einem chronologischen Zusammenhang stehen und mit einem in etwa quantitativ und qualitativ gleichen Informationsvolumen gelöst werden, sofern nur eine mathematische Methodik angewandt werden soll, d.h. das Zuordnungsproblem auf ein rein mathematisches Problem reduziert wird. Für diese Anwendung wäre eine Unterstützung durch konventionelle Softwareinstrumente völlig ausreichend, da nach einer Ermittlung der Eignungswerte nur deterministische Rechenprozesse bei diesem Zuordnungsverfahren ablaufen würden [198]. Die Entwicklung und Implementierung von Rangordnungsverfahren wäre ebenfalls im Bereich der konventionellen Software möglich und ausreichend. Dabei steht nicht mehr die Frage im Vordergrund, ob es sich um eine Softwareeigenentwicklung oder die Verwendung einer Standardsoftware handeln muß [199]. Eine reine KI-Applikation für die Lösung

---

[198] Eine Ausnahme bildet die heuristische Zuordnung, bei der die Planung rein intuitiv erfolgen kann.
H. J. Drumm/ Ch. Scholz (1983), S. 131

[199] Drumm ist z. B. der Meinung, daß für die Lösung des Zuordnungs- und Stellenbesetzungsproblems ein integratives Standardsoftwarepaket wie SYMPHONY völlig ausreichend erscheint.
H. J. Drumm (1989), S. 198

dieses Problems ist aufgrund der KI-Sprachenstruktur nicht durchführbar, sondern kann nur in Kombination mit konventioneller Software erfolgen [200]. Eine weitere Alternative wäre die Verwendung eines Tabellenkalkulationsprogramms, welches ebenfalls die Möglichkeiten eröffnet, die Eignungswerte bei vorgebenen Stellenanforderungen zu bestimmen und in Form eines implementierten Rangordnungsverfahrens weiter zu bearbeiten [201].

In der Praxis ist es kaum vorstellbar, daß eine Zuordnungsmaßnahme ausschließlich auf dem Ergebnis eines mathematischen Prozesses basiert, sondern auch weitere Einflußgrößen von Bedeutung sind, die eine qualitative Gewichtung nicht zulassen [202]. Die Berücksichtigung dieser Faktoren bei der Stellenzuordnung verläuft parallel zu dem o.g. geschilderten Verfahren bzw. schließt sich diesem an, bevor eine endgültige Entscheidung getroffen wird.

Die Applikationsmöglichkeiten von ES in den anderen Aufgabengruppen in der personalwirtschaftlichen Funktion sind ebenfalls restriktiv bzw. nicht existent, wobei dieser Hypothese unterschiedliche Ursachen zugrunde liegen :

---

[200] Die KI-Sprachenstruktur erlaubt nämlich nur in einem sehr begrenzten Umfang die Verarbeitung von mathematischen Formeln. Ein Nutzenzuwachs ist jedoch durch KI-Systeme in diesem Anwendungsbereich nicht zu erwarten.

[201] Die Implementierung erfolgt bei den Tabellenkalkulationsprogrammen durch die Eingabe von mathematischen Formeln, deren Variablen in einer zweidimensionalen Matrix durch die Koordinaten bestimmt sind.
J. Hentze/ A. Heinecke (1989q), S. 333f.

[202] Z.B. persönliche Eigenschaften des Mitarbeiters.

1. Arbeitsplatzgestaltung

In der Arbeitsplatzgestaltung bezieht sich die Aufgabenbewältigung jeweils auf ein sehr differentes Aufgabenobjekt, d.h. einen Arbeitsplatz. Der Gestaltungsgegenstand wäre damit - im schlechtesten Fall - eine in sich zu variierende Unifikation, deren Veränderung nicht mehr über ein Expertensystem regelbar ist [203].

2. Arbeitszeitgestaltung

Die Entwicklung von Arbeitszeitmodellen hat überwiegend Bestand über einen längeren Zeitraum. Demzufolge wäre eine Konzeption und Realisierung eines Expertensystems für die Unterstützung eines Arbeitszeitmodells ein zusätzlicher Aufwand, der vom Umfang mit dem des eigentlichen Gestaltungsprozesses vergleichbar wäre. Die Entscheidungen in dieser Aufgabengruppe besitzen einen längeren Wirkungszeitraum und werden nicht so häufig revidiert, was ebenfalls eine häufige Nutzung eines ES unwahrscheinlich werden läßt. Der Aspekt einer geringen ES-Nutzung steht einer Anwendung von ES damit entgegen [204].

3. Aufgabengestaltung

Die im Rahmen der Aufgabengestaltung enstehenden notwendigen Aktivitäten sind sehr stellen- und personenbezogenen und lassen sich damit ebenfalls nicht in allgemeiner formulierten Regeln unterstützen, wie sie für die Konstruktion eines Expertensystems

---

[203] Würde man die Gestaltung über ein Expertensystem vornehmen, hätte dies zur Konsequenz, daß aufgrund der unterschiedlichen vorzufindenden Bedingungen bei einer angestrebten Detaillösung, theoretisch die Entwicklung eines ES mit einem für den jeweiligen Arbeitsplatz angepaßten Regelwerk vorgenommen werden müßte, was natürlich nicht vertretbar sein kann.

[204] Nach den in Kapitel 7.1 nach Scheer aufgestellten Kriterien.
A.-W. Scheer (1988b), S. 17f.

zwingend sind.

4. Arbeitssicherheit

Im Bereich der Arbeitssicherheit ergeben sich in einem Teilgebiet mögliche Ansatzpunkte für den Einsatz von Expertensystemen, nämlich bei der Berücksichtigung rechtlicher Grundlagen. Die Mindestvoraussetzung auf dem Gebiet der Arbeitssicherheit besteht in einer Überprüfung der arbeitsspezifischen Konditionen mit den rechtlichen Rahmenbedingungen. Es ist durchaus möglich, in Form einer Katalogisierung zur Beschreibung der Arbeitsbedingungen, ein Regelwerk für ein Expertensystem zu entwickeln, welches in der Lage ist, anhand der Standarddeskription der Arbeitssituation eine Überprüfung der rechtlichen Rahmenbedingungen, die ebenfalls in Regelform im ES fixiert sind, vorzunehmen. Die rechtlichen Grundlagen werden zu diesem Zweck in Fakten und Regeln für die Wissensbasis definiert und müssen insbesondere bei den Regeln mit den Termini für die Standardsituationsbeschreibung in der Form in Relation gesetzt werden, daß beim Inferenzprozeß deutlich wird, welche der vorgefundenen und dargelegten Situationen in welchen Punkten den rechtlichen Aspekten widersprechen. Ein solches System kann selbstverständlich nicht alle potentiell eintretenden Situationen berücksichtigen, es ist jedoch ein System, das als ein groberes Raster auf eventuelle Unstimmigkeiten hinweisen kann, die einer Überprüfung bedürfen. Ein Hauptproblem ist die Aufstellung eines Kriterienkataloges für die Situationsbeschreibung und die Zuordnung der Kriterienausprägungen zu den rechtlichen Regelungen [205]. Die Kriterienbeschreibung muß zudem arbeitsplatzbezogen erfolgen und ebenso datentechnisch verwaltet werden [206].

---

[205] Wenn der Kriterienkatalog z. B. zu klein ist, besteht die Gefahr, daß das Regelwerk im Inferenzprozeß zu ungenau arbeitet und die gewonnenen Ergebnisse auf einer zu kleinen Informationsbasis aufbauen.

[206] Beispielsweise könnte dies in Form eines Anhangs zu einer edv-gestützten Arbeitsplatzbeschreibung durchgeführt werden.

Eine Erweiterung dieses Systems wäre die Implementierung der Unfallverhütungsvorschriften [207] als ein gesondertes Regelwerkmodul innerhalb der Wissensbasis, mit dem es in Verbindung mit einer Dialogkomponente möglich ist auch eine arbeitsplatzbezogene Überprüfung der Einhaltung von Unfallverhütungsvorschriften vorzunehmen bzw. bei der Einrichtung eines neuen Arbeitsplatzes, diese zu berücksichtigen. Ergebnis einer ES-Sitzung wäre damit nicht nur die Spezifizierung einer möglichen Verletzung gesetzlicher Regelungen, sondern auch die Nichtbeachtung spezieller Unfallverhütungsvorschriften.

5. Die Personaleinführung

Das in der Personaleinführung gesteckte Ziel der Integration neuer Mitarbeiter in ihren neuen Arbeitsbereich ist nur mit umfassenden Informationsmaßnahmen erreichbar. Es handelt sich hierbei um individualbezogene Informationsprozesse, bei denen eine Unterstützung durch die Applikation von Expertensystemen fast völlig ausgeschlossen werden muß [208].

Eine nähere Betrachtung der Situation für Applikationsmöglichkeiten von Expertensystemen läßt erkennen, daß nutzenbringende Applikationen kaum in den fünf genannten Aufgabengruppen des Personaleinsatzes möglich sind. Die Ursachen sind in den Aufgabencharakteren anzutreffen. Sie sind zum überwiegenden Teil operativ ausgerichtet und individualbezogen, so daß die Entwicklung von Wissensbasen mit allgemeingültigeren Regeln nicht möglich ist.
Eine andere Situation findet man jedoch auf der taktischen bzw. strategischen Ebene im Personaleinsatz, zu der die in Abbil-

---

[207] nach der Reichsversicherungsordnung (RVO)

[208] Theoretisch ist es jedoch möglich, für einige Bereiche ein Expertensystem zur Unterstützung der Informationsübermitttlung heranzuziehen (z.B. im Rahmen von Informationskursen, wo der Teilnehmer ex post die Informationen im Dialog mit dem System erfragen kann). Die Bedeutung eines ES für diesen Zweck ist jedoch so gering, daß von weiteren Ausführungen Abstand genommen wird.

dung II 15 dargelegte Besetzungskontrolle zu zählen ist. Der Schwerpunkt dieses Kontrollprozesses liegt in einem qualitativen und quantitativen Soll-/Ist-Wert-Vergleich, der entweder Personalanpassungsmaßnahmen oder eine neue Stellenbesetzung zur Folge hat [209]. Der Vergleich ähnelt einem Personalbeurteilungsprozeß, der sich jedoch sehr stark an den Stellenanforderungen orientiert und in geringerem Maße das individuelle Entwicklungspotential des Beurteilten berücksichtigt. Grundlage für die Informationsbasis des Kontrollprozesses ist das Anforderungs- und ein Stellenprofil, das eine Ergänzung des Anforderungsprofiles darstellt und die an den Stelleninhaber gerichteten Erwartungen beinhaltet [210]. Zusammen ließen sich diese zwei Informationsquellen für die Sollvorgaben im Kontrollprozeß nutzen [211].

Die Informationen für die Beschreibung der Ist-Größen resultieren aus der Personalbeurteilung und den objektiv erzielten Arbeitsergebnissen, die in Relation zu den erwarteten Ergebnissen aus dem Stellenprofil zu setzen sind.

Eine primäre Voraussetzung für eine Verarbeitung dieser Informationen in einem Expertensystem ist eine Aufbereitung und Standardisierung dieses Informationsvolumens in der Form, daß sowohl für die Beschreibung der Soll- als auch der Ist-Größen gleiche Strukturen benutzt werden [212]. Nur auf diese Art und Weise besteht die Möglichkeit, ein dieser Aufgabenanforderung gerechtes

---

[209] Da es sich bei der Besetzungskontrolle um individualbezogene Prozesse handelt, ist unter dem Begriff "Personalanpassungsmaßnahme" in diesem Zusammenhang ausschließlich die mitarbeiterbezogene qualitative Anpassung zu verstehen.

[210] Diese in Kriterien definierten Erwartungen wären zusammen mit den Anforderungskriterien die in diesem Vergleich notwendigen Soll-Größen.

[211] Eine Alternative wäre nur die Nutzung des Anforderungsprofiles, allerdings wäre diese Informationsbasis zu ungenau, da gerade die erwähnten Erwartungen an den Stelleninhaber vom Fachvorgesetzten stammen und nicht immer in einem Anforderungsprofil manifestiert sein können.

[212] Ein Beispiel für eine Struktur wäre die Gliederung nach Kriterien, Ausprägungen und eventuellen Anmerkungen dazu. Die Anmerkungen dürfen jedoch auch nur aus einem streng determinierten Wortschatz stammen.

Regelwerk zu entwickeln [213]. Nach dem Strukturierungsprozeß präsentiert diese Informationsform einen Teil der Daten und Fakten in der Wissensbasis, die in einer Datei eines Datenbanksystems abgelegt ist und eine Schnittstelle mit der Wissensbasis verbindet. Ein weiterer Teil der Fakten für die Wissensbasis ist der Maßnahmenkatalog für eine Veränderung der Ist-Situation zur Verringerung der Differenz zwischen Soll- und Ist-Größen. Die Anzahl der Maßnahmen ist durch einen Katalog damit fest vorgegeben und läßt sich nur indirekt variieren [214]. Die Auswahl der Maßnahmen und deren Spezifizierungsgrad ist die Aufgabe des für dieses Gebiet delegierten Entscheiders bzw. des Experten. Für die Aufbereitung des Maßnahmenkataloges als Daten für die Wissensbasis bieten sich zu diesem Zweck verschiedene Möglichkeiten an :

1. Die einstufige Darstellung der Maßnahmen

Die unterschiedlichen Maßnahmen werden streng gegeneinander abgegrenzt und mit einem vom Entscheider bestimmbaren Detailierungsgrad in einer für eine Wissensbasis weiterverarbeitbaren Form in einer Datenbank abgelegt.

---

[213] Ohne eine Standardisierung würde der Inferenzablauf des Systems durch nicht definierte Fälle gestört werden.

[214] Unter indirekt ist die Veränderung bzw. das Hinzufügen von Maßnahmen mittels eines Datenbanksystems zu verstehen. Falls es sich dabei um neue Maßnahmen und Methoden handeln sollte, muß natürlich das Regelwerk ebenfalls entsprechend modifiziert werden, damit eine Berücksichtigung stattfinden kann.

Die Abbildung II 16 zeigt ein mögliches dabei enstehendes Datensatzschema.

Dateienfelder	Maßnahme	Dauer
Maßnahme 1	Rhetorik-Kursus	6 Tage
*	*	*
*	*	*
*	*	*

Abbildung II 16 : Datensatzschema für die Ablage eines einstufigen Maßnahmenkataloges

Die dargestellte Maßnahme wäre dann im Regelwerk einzubeziehen, d.h. es müßte zumindest eine Regel formuliert werden, bei der im Konklusionsteil zu einer Prämisse die Maßnahme 1 aufgeführt ist [215].

2. Die mehrstufige Darstellung von Maßnahmen

Die Arbeitsweise eines Regelwerks läßt auch die Verarbeitung von mehrstufigen Objekten in den Regeln zu [216]. Übertragen auf die Deskription der Maßnahmen lassen sich damit die Maßnahmen zunächst in einer allgemeineren Form formulieren und innerhalb dieser allgemeinen Form unterschiedlich spezifizieren. Die Zugehörigkeit der Detailmaßnahmen muß allerdings bei der Aufbereitung für die Wissensbasis erkennbar sein. Für den Fall, daß die Datenverwaltung wiederum über ein Datenbanksystem erfolgen soll, ließe sich diese Forderung durch ein zusätzliches Datenfeld im Datensatzschema realisieren.

---

[215] Zur Konstruktion von Regeln, vgl. Kapitel 4.2.1

[216] Beim Inferenzprozeß werden diese Objekte als Objektgruppen behandelt und der Inferenzmechanismus nach Erkennung einer Objektgruppe nur in diesem Bereich zunächst einmal fortgesetzt. Dadurch lassen sich die Inferenzverfahren effektiver gestalten, was kürzere Antwortzeiten bei einem Dialog Mensch-Maschine zur Folge hat.

In der Abbildung II 17 findet sich dazu ein Beispiel.

Dateienfelder	Maßnahmengruppe	Maßnahme	Dauer
	1	Rhetorik-Kursus	6 Tage
	1	Gesprächsführung	3 Tage
	2	neue Büromöbel	-
	2	Renovierung	2 Tage

Maßnahmengruppe 1 : Verbesserung des Auftretens
Maßnahmengruppe 2 : Modifikationen am Arbeitsplatz

Abbildung II 17 : Ein Datensatzschema für die Ablage eines mehrstufigen Maßnahmenkataloges

Das gezeigte Datensatzschema ist natürlich erweiterbar [217] und läßt sich durch weitere Maßnahmengruppen, die eine hierarchische Beziehung untereinander besitzen, in weitere Stufen untergliedern. Denkbar wäre folgende Gliederung :

1. Der Maßnahmenbereich (z. B. die Arbeitsplatzgestaltung, Aufgabengestaltung, Methoden der Personalentwicklung etc.)

2. Die Maßnahmengruppe (z. B. die Arbeitsraumgestaltung, Erweiterung von Kompetenzen, Schulung der Kundenbetreuung etc.)

3. Die konkrete Maßnahme (z. B. Renovierung des Büros, Ernennung zum Prokuristen, Besuch eines Rhetorik-Kursus etc.)

---

[217] Beispielweise ließen sich als ein weiteres Feld die Kosten der einzeln Maßnahmen in der Datei festhalten.

Die mehrstufige Konzeption eines Maßnahmenkataloges erlaubt damit im Vergleich zur einstufigen Version einen deutlich höheren Grad in der Detailbeschreibung, was die Qualität der Lösungsvorschläge des ES wesentlich verbessert.

Der Nachteil der Mehrstufigkeit liegt in der größen Komplexität des Regelwerkes für das ES, da zumindest alle Detailmaßnahmen im Konklusionsteil einer Regel einmal vorhanden sein sollten. Die Regeln könnten aber nach der gleichen Stufigkeit gegliedert werden, so daß es möglich ist, für einen Bereich in der ersten Stufe ein in sich geschlossenes Regelsystem zu konzipieren, das nur über die Fakten und Daten der Anforderungs- und Stellendatei angesteuert werden kann.

Der Konzeption der Anforderungs- und Stellendatei ist ebenfalls ein fester Rahmen zu geben, der die Anzahl der Kriterien und deren Ausprägungen begrenzt. Zudem ist in ähnlicher Weise für diese Datei ein bestimmtes Format zu wählen, das alle wesentlichen Informationen in den Dateifeldern beinhaltet und deren einzelne Attribute der Datei zu den Variablen im Regelwerk kompatibel sind. Wichtig ist die Spezifizierung der Daten nach den Stellen, d.h. die Festlegung einheitlicher Kriterien für alle Stellen und die Bestimmung der Kriterienausprägung für einzelne Stellen.

Die Abbildung II 18 stellt eine Möglichkeit für die Dateikonzeption dar.

Stelle	Kriterium	Erwartung	Besetzungsdauer
0815	Eigeninitiative	hoch	10 Monate
* * *	* * *	* * *	* * *
0815	Lernfähigkeit	mittel	
* * *	* * *	* * *	* * *
0816	Eigeninitiative	gering	23 Monate

Abbildung II 18 : Konzeption der Stellendatei in einer Datenbank

Eine dritte unentbehrliche Datei für das ES-Konzept ist die Ergebnisdatei. Sie beinhaltet die Ergebnisse einer ES-Sitzung, d.h. zum einen die Ergebnisse des Soll-Ist-Vergleichs und die vom System vorgeschlagenen Maßnahmen zum Abbau von gravierenden Diskrepanzen zwischen den Erwartungen und der ermittelten Situation. Auch bei dieser Datei besitzt ihr Aufbau eine entscheidende Bedeutung für die Effektivität des gesamten Systems. Zunächst sollte der Zugriff auf diese Datei zumindest über die Stellenspezifizierung möglich sein [218]. Zusätzlich könnte auch ein Zugriff über die aus der Analyse resultierenden Diskrepanzen den Wirkungsgrad verbessern, da er die

---

[218] Die Stellennummer bzw. eine andersartige Stellenspezifizierung wäre damit ein Sekundärschlüssel für den Zugriff. Zum Begriff "Sekundärschlüssel" siehe :
P. Schlageter / W. Stucky (1983), S. 46

Möglichkeit eröffnet, eine Prioritätenliste über die Dringlichkeit der einzelnen Maßnahmen bei den Stellen bzw. Stelleninhabern aufzustellen. Weitere Mindestanforderungen für das Dateiformat mit den einzelnen Datenfeldern wären :

- eine stellenbezogene Auflistung von Maßnahmen,
- der Diskrepanzgrad zwischen Soll- und Ist-Werten,
- der Stelleninhaber,
- die Dauer der Maßnahmen,
- die Kosten der Maßnahmen,
- der Zeitpunkt der Beurteilung des Stelleninhabers und
- der Zeitpunkt der Stellenbesetzung.

Die Gestaltung des Dateiformates erfolgt unternehmensbezogen und ist entsprechend den institutionsbezogenen Belangen zu variieren.
Ein Vorteil, der durch die Verwendung von mehreren Sekundärschlüsseln in dieser Datei ensteht, ist eine problemlose Weiterverarbeitung im Datenbanksystem [219] und Einbindung in konventionelle Softwareprogramme [220].
Der logische Ablauf und die grobe Arbeitsweise des Expertensystems ist damit fixiert. Beginnend mit dem Zugriff auf die Stellen- und Maßnahmendatei, die über ein Datenbanksystem verwaltet werden, aber schon Bestandteile der Wissensbasis des Expertensystems sind, erfolgt die Verarbeitung der Daten im Regelwerk, das ebenfalls der Wissensbasis zuzurechnen ist. Die Ergebnisse der Arbeitssitzung werden in der Ergebnisdatei abgelegt und können dann in ein konventionelles Softwareprogramm eingebunden werden [221], mit dem z. B. die Durchführung von eventuellen Personalanpassungsmaßnahmen dokumentiert werden kann.

---

[219] Z. B. lassen sich Maßnahmenprioritäten festlegen, die Auflistung aller Stelleninhaber, die eine bestimmte Besetzungsdauer überschritten haben usw.

[220] Bei der Einbettung in andere Programme ist jedoch die Konsistenz der Datei zu berücksichtigen.

[221] Eine theoretische Alternative wäre die Verwendung der Ergebnisse als Daten für ein weiteres Expertensystem. Dies ist natürlich von den jeweiligen betriebsspezifischen Konditionen abhängig bzw. von dem Applikationsbereich des Expertensystems.

Die Darstellung II 19 zeigt die Gesamtkonzeption des Expertensystems für die Besetzungskontrolle und die Personalanpassung.

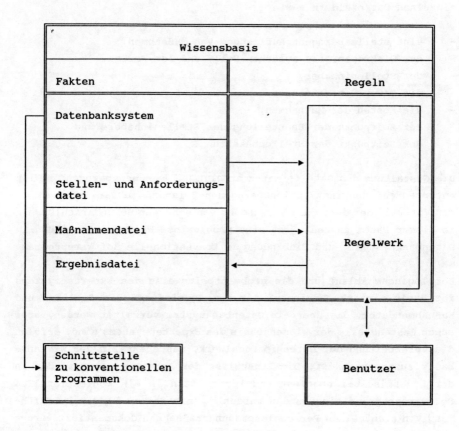

Abbildung II 19 : Konzeption eines Expertensystems für die Stellenbesetzungskontrolle

Die Qualität des aufgezeigten Systems korreliert in sehr starkem Maße mit der Qualität des Expertenwissens und dessen Transformation in die Regeln und Fakten der Wissensbasis sowie mit der Pflege und Aktualisierung der Stellen- und Maßnahmendatei.

Eine Ergänzung könnte das in der Darstellung 3.19 gezeigte System dadurch erfahren, daß für die Ist-Kriterienausprägung der Mitarbeiter eine eigene Datei im Datenbanksystem entwickelt bzw. die Datei als Teilmenge aus einem abgespeicherten Fähigkeitsprofil konstruiert wird [222], und zwar in der Form, daß die Kriterien mit denen der Stellendatei übereinstimmen. Dies würde bei einer ES-Sitzung einen Dialog zwischen Benutzer und System erleichtern und eine Eingabe der Ausprägungen nicht mehr notwendig werden lassen. Da jedoch das System in der Regel eher stellenbezogen eingesetzt wird, sollte diese Ergänzung von der Effektivität her nicht überbewertet werden.

Die Diskussion über die Verwendungsmöglichkeiten von Expertensystemen im Personaleinsatz hat gezeigt, daß auf der operativen Ebene aufgrund der stellenbezogenen Aufgaben und der damit schwer zu generalisierenden Tätigkeiten und Problemlösungen kaum zweckmäßige Anwendungen möglich sind [223]. Nutzeffekte lassen sich erst auf der taktischen und strategischen Ebene erwarten, wie das Beispiel der Besetzungskontrolle zeigt. Erst in diesem Entscheidungsfeld ist die Konstruktion eines Regelwerkes für ein ES und der Transfer von Expertenwissen in Kombination mit mitarbeiterbezogenen Datenbeständen für die Wissensbasis zu einem Instrument zur Entscheidungsfindung positiv zu bewerten [224].

---

[222] Durch entsprechende Dateioperationen ist dies ohne weiteres möglich.
P. Schlageter / W. Stucky (1983), S. 112ff.

[223] D.h. die Konstruktion von Regelwerken für stellenspezifische Expertensysteme ist nicht durchführbar bzw. unwirtschaftlich.

[224] Insbesondere wenn auf existierende Datenbestände, wie z.B. gespeicherte Fähigkeitsprofile, Anforderungsprofile usw. zurückgegriffen werden kann.

10.5 Die Aufgabengruppen in der Personalerhaltung

Unter der Personalerhaltung als personalwirtschaftliche Funktion ist die Anwendung von Instrumenten zu verstehen, die dazu dienen sollen, Mitarbeiter an das Unternehmen zu binden und die Zahl von Austrittsentscheidungen zu reduzieren. Das Ziel einer Bindung an ein Unternehmen ist jedoch nur in Verbindung mit der Erhaltung der Leistungsbereitschaft der Mitarbeiter anzustreben [225].
Die Sicherung der Leistungsbereitschaft bzw. des Leistungspotentials kann durch das Bedürfnis zur Leistungsmotivation determiniert werden [226]. Für die Erklärung von Motivation existieren eine Reihe von Theorien, die sich generell in zwei Kategorien gliedern lassen [227]:

1. die Inhaltstheorien, deren Forschungsobjekt die Art, der Inhalt und die Wirkung von Bedürfnissen auf Individuen darstellt.

2. die Prozeßtheorien als Analyseansätze für die Entstehung der Motivation und deren Wirkung auf das Verhalten.

Alle Theorien erfüllen - für sich allein - nicht den Anspruch, ein komplettes Erklärungsmodell für die Motivation von Mitarbeitern in Unternehmen zu liefern, sie erlauben jedoch ergänzend eine Erfüllung von Teilansprüchen, z.B. die Erkenntnis, daß Motivationsprozesse situativ bedingt sind und von konkreten Einflußfaktoren abhängen [228].

---

[225] Insofern wird im weiteren Verlauf die Leistungsstimulation als Bestandteil der Personalbindung betrachtet.

[226] Dies entspricht der Theorie der gelernten Bedürfnisse von McClelland.
D.C. McClelland/J. W.Atkins et. al (1953)

[227] H. J. Drumm (1989), S. 255

[228] Z. B. Art der Aufgabe, Anforderungen, Eignung, einer detaillierten Zieldeskription usw.
H. J. Drumm (1989), S. 270

Ergebnisse dieser Motivationsforschung fließen beispielsweise auch in die Entwicklung von computerunterstützten Eignungsdiagnostiksystemen ein und dienen sowohl zur Testdurchführung als auch zur Interpretation von Testergebnissen [229]. Ein weiterer Bestandteil der Funktion der Personalerhaltung ist die Führung im Sinne von Personalführung als Prozeß einer zielgerichteten Verhaltensbeeinflussung eines Gruppenmitglieds durch andere Gruppenmitglieder [230]. Das Führungsverhalten als Auslöser einer Verhaltensbeeinflussung spielt dabei eine besondere Rolle und kann durch die Wahl eines bestimmten Führungstils und die Bevorzugung eines Führungssystems in der Praxis in seinen möglichen Ausprägungen eingeschränkt werden, aber dies ist nicht ausreichend, um ein menschliches Verhaltensmuster oder in diesem Fall einen Führungsprozeß in ein Modell für die Wissenakquisition eines Expertensystems abzubilden [231].

---

[229] W. Wildgrub (1986), S.104
Es kann jedoch nicht die Zielsetzung dieser Arbeit sein, das Gebiet der computergestützten psychodiagnostischen Instrumente näher zu diskutieren.

[230] J. Hentze/ P. Brose (1990), S. 23;
W. H. Staehle (1990), S. 303

[231] Demzufolge läßt sich der Führungsprozeß nicht in ein Expertensystem übertragen und wird in dieser Arbeit auch nicht weiter diskutiert. Weiterführende Literatur zum Thema Personalführung :
J. Hentze/ P. Brose (1990)

Weitere Subziele, die zu einer Intensivierung der Personalbindung beitragen, sind die Verbesserung der Arbeitszufriedenheit, ein relativ gerechtes Vergütungssystem und Mitarbeiterbeteiligungsmodelle in Form von Erfolgs- und Kapitalbeteiligungen.
Im weiteren Sinne lassen sich auch als Instrumente zur Zielerreichung Methoden und Verfahren aus anderen personalwirtschaftlichen Funktionen einsetzen. Hierzu zählen sekundär die Personalentwicklungsmaßnahmen sowie die Arbeitsplatzgestaltung und die Arbeitzeit- und Pausenregelungen [232].
Für eine Analyse der Tätigkeitsbereiche im Rahmen der Personalerhaltung, die eine mögliche Unterstützung durch KI-Instrumente erfahren können, besitzen jedoch von den bisher genannten Aufgaben nur die Entlohnung und Mitarbeiterbeteiligungen eine Relevanz. Alle anderen Gebiete, wie z.B. die Führungsaufgaben lassen sich nicht mit EDV-Instrumenten unterstützen bzw. sind schon an anderer Stelle im Rahmen von anderen personalwirtschaftlichen Funktionen diskutiert worden.
Ziel der Entlohnungspolitik ist die Findung eines "gerechten Arbeitsentgelts", das auch einen monetären Anreiz für einen Mitarbeiter darstellt und motivationale Prozesse initiiert, die eine Verbesserung der Arbeitszufriedenheit und der Arbeitsproduktivität bewirken [233].
Zu diesem Zweck besteht die Notwendigkeit der Entgeltdifferenzierung, die an zwei Fragestellungen zu knüpfen ist :

- Welche Lohnformen sollen bei einzelnen Mitarbeitern oder Gruppen zum Tragen kommen ?

- Wie soll nach der Wahl des Entlohnungssystems der individuelle Arbeitslohn festgelegt werden ?

Zunächst ist damit bei der Entgeltdifferenzierung die Lohnform zu wählen, die in der Regel auf einem oder einer Kombination der

---

[232] Eine klare Abgrenzung und Zuordnung dieser Methoden zu einzelnen personalwirtschaftlichen Funktionen findet sich in der Literatur nicht, sie erfolgt nur autorenspezifisch.

[233] L. L. Byars/ L. W. Rue (1987), S. 292

drei Lohnsysteme: Zeit- , Akkord- oder Prämienlohn beruht. Die Differenzierung muß jedoch an Kriterien geknüpft sein, die eine Nachvollziehbarkeit der Lohnfestsetzung gestatten. Es kann z.B. eine Abhängigkeit zwischen den Arbeitsplatzanforderungen, der individuellen Leistung oder dem Sozialstatus der betreffenden Person herangezogen werden. Die Abbildung II 20 zeigt die verschiedenen Kriterien der Lohndifferenzierung und deren Komponenten und Methoden, die zu einer Differenzierung führen.

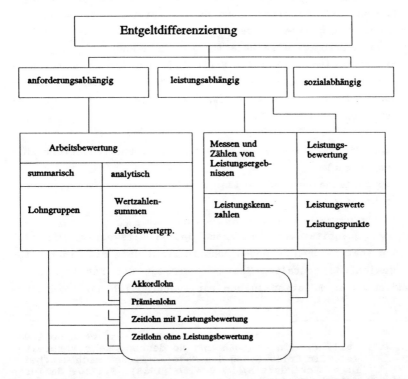

Abbildung II 20 : Komponenten der Entgeltdifferenzierung [234]

Das auf den in Abbildung II 20 gezeigten Komponenten zu bestimmende Arbeitsentgelt ist somit eine Zusammensetzung aus einem Soziallohn, dem anforderungsorientierten Zeitlohn und den leistungsabhängigen Zulagen.

---

[234] nach R. Pfützner (1988), S. 407

Weitere zusätzliche Einflußfaktoren auf die Höhe des Entgelts sind das Verhalten des Mitarbeiters und die Arbeitsmarktsituation [235].

Insbesondere für den anforderungsabhängigen Teil der Entgeltdifferenzierung existiert eine Reihe von Verfahren und Methoden, die eine vorangehende Arbeitsbewertung unterstützen und die Ermittlung eines Arbeitswertes zum Ziel haben, der die Vergleichbarkeit der Summe der arbeitsplatzbezogenen Anforderungen herstellen soll. Middlemist und Hutt verstehen damit unter der Arbeitsbewertung einen Prozeß, bei dem der Wert einer Tätigkeit für eine Organisation in Relation zu allen anderen Tätigkeiten eingeschätzt wird [236]. Für die Ermittlung des Arbeitswertes stehen grundsätzlich zwei unterschiedliche Vorgehensweisen zur Verfügung, die sich in jeweils zwei Verfahrenskategorien manifestiert haben [237] :

- analytische Vorgehensweise (Rangreihen- und Stufenwertzahlverfahren)
- summarische Vorgehensweise (Rangfolge- und Lohngruppenverfahren)

Nach der quantitativen Bestimmung des Arbeitswertes, die sich bei den analytischen Methoden noch in Verbindung mit einer offenen Gewichtung gestalten läßt [238], erfolgt die Festlegung des Grundlohnes in Relation zu den tarifvertraglichen Vereinbarun-

---

[235] Dies ist insbesondere bei dem Merit-Rating-Modell der Fall, das in den USA und Nordeuropa sehr verbreitet ist. Ein Erläuterung des Modells findet sich u.a.bei : D. v. Eckardstein/ W. Greife (1988), S.11;J. Halloran (1986), S. 351

[236] R. D. Middlemist/ M. A. Hitt/ Ch. R. Greer (1983), S. 284

[237] Beim analytischen Vorgehen werden, ausgehend von den explizit beschriebenen Anforderungsmerkmalen, die Arbeitswerte über eine Gewichtung und Kumulierung ermittelt, während bei den summarischen Methoden eine globale Betrachtung des Arbeitsplatzes bzw. der Stellenanforderungen vorgenommen wird.
J. Halloran (1986), S. 343f.;J. Hentze (1980), S.60f.

[238] J. Hentze (1980), S. 75ff.;

gen [239]. Entlohnungssysteme fußen in der Regel jedoch nicht nur auf einer anforderungsabhängigen Basis, sondern setzen sich aus mehreren Komponenten zusammen. Zu diesen Komponenten zählt ein leistungsabhängiger Teil des Gesamtlohnes, dessen Ermittlung über eine leistungsabhängige Entgeltdifferenzierung erfolgt. Die Leistung korreliert eng mit dem Leistungspotential, der Leistungsbereitschaft und der Anforderungsstruktur, die sich im anforderungsabhängigen Teil des gesamten Lohndifferenzierungssystems widerspiegelt. Der Bewertungsprozeß konzentriert sich demzufolge auf die Leistungsbereitschaft und die tatsächlich erbrachte Leistung.

In der Praxis finden sich unterschiedliche leistungsbezogene Lohndifferenzierungssysteme, die sich vier verschiedenen Entlohnungsprinzipien zuordnen lassen [240] :

- der Zeitlohn plus Leistungsbewertung
- der Prämienlohn
- der Akkordlohn
- der Pensumlohn

Ergänzend ließe sich die Führungskräfteentlohnung als gesonderter Bereich hinzufügen, der besonders vielschichtige Komponenten aufweist und in vielen Fällen eine Kombination aus einem festen Grundlohn, einer erfolgs- bzw. leistungsabhängigen Komponente

---

[239] Die auf den Arbeitswerten basierende Grundlohnberechnung kann ebenfalls ein- oder mehrstufig durch die Bildung von Lohngruppen erfolgen. Die einstufigen Verfahren verwenden in der Regel Gleichungen, die durch die ermittelten Extremwerte determiniert werden.
J. Hentze (1980), S. 119ff.

[240] Eine detaillierte Form der Darstellung und Erläuterung dieser Systeme wird an dieser Stelle nicht weiter verfolgt, sie findet sich u.a. bei :
K. Olfert/ P. A. Steinbuch (1990), S. 268ff.;
J. Hentze (1991b), S. 91;

und diversen Zusatzleistungen [241] und weiteren Anreizen darstellt [242]. Ein gravierender Unterschied bei der leistungsbezogenen Komponente der Vergütung von Führungskräften im Vergleich zu den o.g. Entlohnungsprinzipien besteht in dem temporalen Bezug der geförderten Leistung. Während die reine leistungsbezogene Entgeltdifferenzierung Leistungsanreize am kurzfristigen Erfolg orientiert, wird bei der Führungskräfteentlohnung der langfristige Erfolg gewünscht und präferiert, was nicht zuletzt auch durch die Kombination von verschiedenen Elementen und Kriterien bei der Festsetzung der Bezüge zum Ausdruck kommt. Gefordert wird daher ein Entlohnungssystem, das strategisch ausgerichtet ist und in ein entsprechendes Anreizsystem eingebettet werden kann bzw. zu einem solchen System ausgebaut wird, um den Forderungen einer mittel- und langfristigen Personalbindung gerecht zu werden.

Ein entscheidender Aspekt bei der Gestaltung dieser Systeme liegt in der Berücksichtigung individuell unterschiedlicher Präferenzen von einzelnen Elementen eines Entlohnungs- bzw. Anreizsystems, die das Maß an Effizienz eines Anreizsystems bestimmen [243]. Möglichkeiten für eine Individualisierung eines Entlohnungssystems bieten die sogenannten Cafeteria-Ansätze, bei denen zumindest einzelne Entlohnungskomponenten des Gesamtsystems frei in Form eines "Menueplans" gewählt werden können [244],

---

[241] Unter Zusatzleistungen (in der angloamerikanischen Literatur auch als Benefits bezeichnet) sind in diesem Zusammenhang bezahlte Kurzurlaube, Unternehmenspensionen usw. zu verstehen.
H. G. Henemann III/ D. P. Schwab et al. (1980), S. 298f.; C. D. Fisher/ L. F. Schoenfeldt/ J. B. Shaw (1990), S. 533f.

[242] Insbesondere in der anglo-amerikanischen Literatur werden als Komponenten ein Fixum, Sozialleistungen, kurz- und langfristige monetäre Anreize sowie Zusatzleistungen genannt.
L. L. Byars/ L. W. Rue (1987), S. 296; J. Hentze / A. Kammel (1988), S. 45f.

[243] Diese Forderung ließe sich aufgrund des außertariflichen Bereiches der Führungskräfteentlohnung am ehesten realisieren.

[244] J. Halloran (1986), S. 374; W. Fröhlich (1987), S. 109

so daß das gesamte Entlohnungssystem einen Kern- und einen Wahlblock aufweist, wobei letzterer zur Disposition steht. Im Kernblock manifestieren sich die für eine strategische Ausrichtung notwendigen Komponenten des Systems und sind der individuellen Disposition entzogen [245].
Zwei weitere Gesichtspunkte verbinden sich noch mit der Gestaltung eines flexiblen Führungskräfteentlohnungssystems [246]:

1. Im Rahmen des konkreten Gestaltungsprozesses ist eine integrative Abstimmung mit den übergeordneten Unternehmensstrategien ebenso notwendig wie die Berücksichtigung von informationellen, verhaltensbezogenen und organisatorischen Grundlagen.

2. Ein derartiges System sollte auf der Basis von Indikatoren eine Feedforward-Kontrolle (z. B. bei der Gehaltsüberprüfung) unterstützen.
Diese Forderungen lassen sich nur durch eine ständige Kontrolle der inhaltlichen Ausgestaltung des Systems und der Definition und durch ein sinnvolles "Handling" der Indikatoren realisieren.

Für den weiteren Ausbau eines derartigen Systems zu einem Anreizsystem, das auch langfristigere, insbesondere strategische Funktionen beinhaltet, bieten sich neben den leistungsbezogenen Elementen des Entlohnungssystems [247] verschiedene Erfolgsbeteiligungsarten an, die weitere Stimuli für ein Interesse an einem

---

[245] Diese Maßnahme ist notwendig, um die strategische Orientierung des Entlohnungssystems zu gewährleisten, die insbesondere bei einem Führungskräfteentlohnungssystem erforderlich ist.
J. Hentze / A. Kammel (1988), S. 54

[246] J. Hentze / A. Kammel (1988), S. 51 u. 55

[247] Dies können z. B. Komponenten des Systems, deren Bemessung von dem unternehmensspezifischen Zielerreichungsgrad abhängig ist.
J. Hentze (1991b), S. 116

langfristigen und soliden Unternehmenserfolg auf der Führungskräfteebene initiieren [248].

Kapital- und Vermögensbeteiligungsarten beschränken sich jedoch nicht nur als Bestandteile eines Anreizsystems auf die Gruppe der Führungskräfte eines Unternehmens, sondern werden in der Praxis in zunehmendem Maße als ein Instrument der Personalbindung [249] für alle Mitarbeitergruppen genutzt. Die dafür in Frage kommenden Beteiligungsmodelle müssen jedoch der hierarchischen Struktur des Unternehmens Rechnung tragen, da die Mitarbeiterinteressen gerade bei einer Kapitalbeteiligung sehr heterogen sind, um die erhofften Effekte einer solchen Maßnahme im personalwirtschaftlichen Bereich zu erzielen. Die Beteiligungsmodelle müssen damit mitarbeitergruppenbezogen entwickelt werden und sollten darüber hinaus innerhalb einer Gruppe gewisse Differenzen aufweisen, die ein bestimmtes Leistungsangebot in Relation zu individualbezogenen Kriterien herstellen [250]. Dabei ist dem arbeitsrechtlichen Grundsatz der Gleichbehandlung zu entsprechen. Differenziert man die Möglichkeiten der Mitarbeiterbeteiligungen nach der Mittelaufbringung (z. B. durch Erfogsbeteiligungen) und der Mittelverwendung (als Kapitalbeteiligung des Mitarbeiters), ergeben sich nach Abbildung II 21 folgende Möglichkeiten [251]:

---

[248] Die Problematik bei diesen Anreizinstrumenten für Führungskräfte besteht u.a. darin, daß aufgrund der recht hohen Einkommen entsprechend hohe Beträge aus Einkünften aus Kapitalvermögen als Steuern zu entrichten sind und z. B. auch die Vergünstigungen des 5. Vermögensbildungsgesetzes (5. VermBG § 2) mit den dafür geltenden Einkommensgrenzen ebenfalls nicht in Anspruch genommen werden können.
H. Stehle (1985), S. 55;
D. Schwetzler (1989), S. 180f.

[249] Natürlich auch als Mittel der Kapitalbeschaffung.

[250] Z. B. eine Mindestbetriebszugehörigkeit usw.

[251] Eine detaillierte Darstellung der verschiedenen Beteiligungsformen kann nicht Gegenstand dieser Arbeit sein. Es sei deshalb u.a. auf
H.-G. Guski/ H. J. Schneider (1983) und (1986),
H. Stehle (1985) und B. Schwetzler (1989) verwiesen.

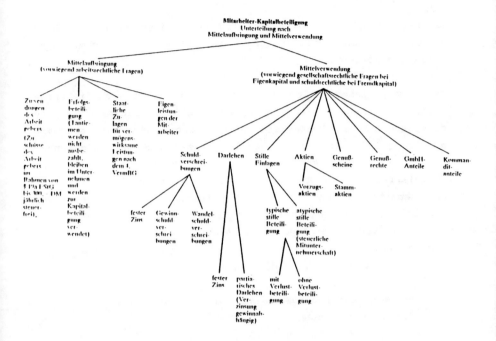

Abbildung II 21 : Möglichkeiten der Mitarbeiterbeteiligungen [252]

Die Abbildung verdeutlicht, daß bei der Mittelverwendung sowohl die Möglichkeit einer Fremd- als auch Eigenkapitalbeteiligung von seiten der Mitarbeiter besteht. Eine Beteiligung kann auch

---

[252] H. Stehle (1985), S.22

indirekt über die Partizipation an einer GmbH bzw. GBR als zwischengeschaltete Beteiligungsgesellschaft erfolgen, die eine eigenständige Anlagepolitik in beschränktem Maße betreiben kann [253].

Der Bereich der Mitarbeiterbeteiligungen bietet damit eine Fülle an Ausgestaltungsmöglichkeiten, die zu einer unternehmensspezifischen Konzeption führen kann.

Ungeachtet dieser Fülle von Möglichkeiten erhebt sich die Frage nach dem Einsatz von EDV-Instrumenten auf der Basis von Expertensystemen in den beschriebenen Aufgabenbereichen der Personalerhaltung und -bindung. Sicherlich lassen sich das Aufgabengebiete der Personalentlohnung und der Mitarbeiterbeteiligung administrativ durch konventionelle Software in Form von Lohn- und Gehaltssystemen [254] bzw. Datenbanksystemen unterstützen, sie leisten aber keinen aktiven Beitrag zur Entscheidungsfindung, was von einem Expertensystem erwartet und vorausgesetzt werden muß. Relevante, sehr häufig auftretende Entscheidungstatbestände wären z.B. in der Personalentlohnung :

- die Wahl der Lohnformen und -mischformen und
- die Gehaltsfindung

---

[253] H. Stehle (1985), S. 33

[254] Alternativ läßt sich die Lohn- und Gehaltsabrechnung durch ein Personalinformationssystem durchführen.

und in der Mitarbeiterbeteiligung [255]:

- die Kriterien für eine Beteiligungsberechtigung,
- die Zuordnung zu mitarbeitergruppenspezifischen Modellen und
- die Festlegung der Kriterien für eine Erfolgsbeteiligung sowie deren Höhe im Rahmen der Mittelaufbringung.

Die Wirkung der zu treffenden Entscheidungen läßt sich zudem aus verschiedenen Blickwinkeln messen und beurteilen. Es können sich zum einem aus der Perspektive des betroffenen Individuums, zum andern aber auch aus der Sicht der betroffenen Unternehmenssegmente [256] völlig unterschiedliche Ergebnisse herauskristallisieren. Daher ist es im Vorfeld einer Konzeption für eine wissenbasierte edv-orientierte Unterstützung von Entscheidungsprozessen notwendig, sich Klarheit darüber zu verschaffen, welche Zielsetzung mit einem derartigen System in erster Linie verfolgt werden soll [257]. Für die Aufgabengruppen im Rahmen der Personalerhaltung kann dies nur bedeuten, daß die Konstruktion von potentiell einsetzbaren Expertensystemen immer unter dem Aspekt der individuumsbezogenen Ergebnisdarstellung erfolgen kann, um eine Unterstützung im Entscheidungsprozeß für eine Zielerreichung der in diesem Segment der personalwirtschaftlichen Funktion der Per-

---

[255] Die Konzeption von Beteiligungsmodellen kann nicht Gegenstand und Aufgabe eines Expertensystems sein, da es sich aus der Unternehmensperspektive um einmalige Prozesse handelt, die nur geringen Modifikationen unterliegen und damit der Notwendigkeit einer Unterstützung durch ein Expertensystem entgegenstehen.

[256] Z.B. läßt sich bei den Beteiligungsmodellen der Versuch unternehmen, einen Zusammenhang zwischen der Beteiligung und dem Motivationsniveau des Individuums herzustellen, es kann jedoch auch als Meßgröße die Finanzierungssituation des Unternehmens herangezogen werden.

[257] Die Voraussetzungen für eine Anwendung von Expertensystemen bedingt allein schon die Relevanz dieser Forderung, zumal die ES nur für einen kleinen Anwendungsbereich entwickelt werden können.
A.-W. Scheer (1988a), S. 18

sonalerhaltung gesteckten Ziele zu realisieren.

Ein zweiter Punkt ist die Bestimmung des Leistungsumfangs eines oder mehrerer ES auf dem Gebiet der Personalerhaltung. Für das Aufgabensegment der Personalentlohnung ergibt sich in Verbindung mit der Anwendung von Expertensystemen folgende Situation :

- Die Gehaltsfindung und Lohndifferenzierung für den tariflichen Bereich ist relativ starr festgeschrieben und läßt kaum Spielräume für eine unternehmensspezifische Gehaltspolitik.

- Werden trotzdem diese geringen Spielräume genutzt, können damit nur monetäre Anreize geschaffen werden, die über tarifliche Vereinbarungen hinausgehen.

Aufgrund dieser Situation ist bei Unternehmen, die ihre Entlohnungspolitik für tarifliche Mitarbeiter nur auf der Basis der tariflichen Regelungen betreiben, kein Handlungsbedarf für den Einsatz eines ES zur Gehaltsfindung im tariflichen Bereich gegeben. Die unternehmensspezifischen Aktionsmöglichkeiten erweitern sich natürlich für den außertariflichen Bereich und können z.B. hierarchiebezogen zur Konstruktion von differenten Entlohnungssystemen führen, die sich bis zu einem gesamten Anreizsystem jeweils erweitern lassen. In diesem Sinne sollte bei den Überlegungen für die Verwendung von wissensbasierten Systemen zur Verbesserung von Anreizsystemen für den außertariflichen Bereich, aufgrund der schon o. e. strategischen Komponenten eines solchen Systems, die Entlohnung mit den Beteiligungsmöglichkeiten für diese Mitarbeitergruppe zusammen in einem möglichen ES berücksichtigt werden, um ein möglichst genaues Bild von der tatsächlichen individuellen Motivation und Leistungsbereitschaft bekommen zu können. Es empfiehlt sich also - nach der Klärung über die Entwicklungsmöglichkeit eines Expertensystems für den außertariflichen Bereich - ein System zu entwickeln, das sowohl die Gehaltsfindung und -zusammensetzung als auch die Beteiligungsmöglichkeiten für diese Mitarbeitergruppe unterstützt. Die Zielsetzung für dieses Expertensystem kann nicht die Verwaltung der Gehaltsabrechnung und der Tantiemen oder anderer monetärer mitarbeiterbezogener Größen sein, sondern sie muß vielmehr im dispositiven Sektor bei der Gehaltsfindung und -zusammensetzung sowie bei den in Frage kommenden Beteiligungsalternativen liegen und diese Punkte in Beziehung zu ihrer Wirkung auf das Individuum protokollieren [258]. Hinzu kommt ein Instrument des Personal-Controllings, und zwar in der Form, daß wenn dieses System die Wirkung von Anreizformen fixieren kann, es auch von seinem Leistungsumfang her in der Lage sein muß, den Vergleich zwischen diesen Größen und den eigentlichen Erwartungen (als Soll-Werte) durchzuführen und bei vorher gesetzten Schwellenwerten alternative Vorschläge zu den bisherigen Anreizformen zu liefern.

Die Wissensbasis eines derartigen Expertensystems muß damit zumindest mit Informationen oder genauer Daten und Fakten [259] aus drei weitgefaßten Gebieten aufbereitet werden :

- Lohn- und Gehaltsfindung
- Beteiligungsalternativen
- mitarbeiterbezogenen Daten

Die Informationsbeschaffung aus diesen Bereichen muß wiederum auf mehreren Quellen beruhen. Zum einen handelt es sich um administrativ edv-technisch aufbereitete Informationen aus bestehenden Informationssystemen [260], zum andern müssen bei dieser Wissensbasis die Informationen mit sehr starkem dispositiven und qualitativen Charakter einen sehr breiten Raum einnehmen, um eine Gewähr dafür zu bieten, daß das später implementierte Mo-

---

[258] Dabei ist zu berücksichtigen, daß eine eindeutige Ursache und Wirkungsfunktion nicht definiert werden kann, da auf die individuelle Leistungsbereitschaft und Motivation ein Bündel von Einflußfaktoren wirkt, das weder in einem EDV-System noch durch den Entscheider selbst vollständig erfaßt werden kann.

[259] Die Daten und Fakten implizieren natürlich auch die gewonnenen Erfahrungswerte innerhalb des Unternehmens bei den bisherigen Anreizsystemen.

[260] Z.B. Lohn- und Gehaltsabrechnungssysteme, Personalinformationssystem usw.

dell tatsächlich einen breiteren Funktionsumfang als technisch-administrative Systeme aufweist und den Entscheidungsfindungsprozeß aktiv unterstützen kann. D.h., die Erfahrungen von Mitarbeitern bzw. Experten müssen in Form von Regeln ebenfalls im System abgelegt werden.

Ein zusätzliches Moment, das in dieser Vorstufe zu einem Systementwurf in die Überlegungen mit einbezogen werden sollte, sind die gesetzlichen Regelungen für die Besteuerung des Einkommens und die Vermögensbeteiligung bzw. -bildung [261], die in einer groberen Struktur, aber ebenfalls in der entsprechenden operationalisierten Form, in die Wissensbasis mit aufgenommen werden können. Diese Maßnahme würde die Qualität und den Funktionsumfang des Expertensystems in zweierlei Hinsicht verbessern :

1. Die Besteuerungskomponente bei der Gehaltsfindung könnte automatisch mit in die Entscheidung vom System einbezogen werden und so die Quantität der monetären Anreize im Detail erfassen.

2. Die Entscheidung zwischen verschiedenen Beteiligungsformen ließe sich im Hinblick auf die staatlichen Förderungen und mitarbeiterspezifischen Bezüge individuell mitarbeiterbezogen verbessern, um damit situativ von der Kosten-Nutzen-Betrachtung eine optimale Lösung konstruieren.

Das Ziel der Entwicklung ist die Realisierung eines Expertensystems, das individuell ausgearbeitete Anreizinstrumente mit den damit verbundenen Kosten und monetären Nutzen für den Betroffenen konzipiert und vorschlägt bzw. Alternativen bei der Berücksichtigung von individuellen Wünschen der außertariflichen Mitarbeiter aufstellen kann und darüber hinaus, soweit dies möglich ist, die Wirkung der Anreize in der Mitarbeiterdatei dokumentiert [262].

---

[261] D.h., das Einkommenssteuergesetz und das fünfte Vermögensbildungsgesetz.

[262] Die geforderte Dokumentation ist primär nicht ein edv-technisches Problem, sondern generell ein Problem der Meßbarkeit von Anreizwirkungen.

Anhand dieser Zielsetzung läßt sich bei der notwendigen Informationsbasis eine Priorität festlegen, die sich am möglichen Ablauf des Systems orientiert. Danach besitzen die Informationen für die Lohn- und Gehaltsfindung, die Beteiligungsalternativen und die rechtlichen Determinanten einen höheren Stellenwert als die Mitarbeiterinformationen, die erst bei der Kontrolle der Wirkung von Anreizen an Relevanz zunehmen, wenn die Relationen zwischen den Hierarchieebenen und den dazugehörigen monetären Obergrenzen generell definiert und im Regelwerk verankert sind. Dieser Aspekt ist insofern wichtig, da er ein Splitting der Wissensbasis als Informationsträger bzw. Datenträger des Expertensystems erlaubt, was zu einer Reduktion des Regelwerks in mehrere Module führt. Aber trotz solcher Maßnahmen ist die Zahl der möglichen Kombinationen zwischen den Gehaltsformen und den Beteiligungsmöglichkeiten wegen der individuellen Betrachtung auch weiterhin sehr hoch. Eine Möglichkeit zur Reduktion des Kombinationsmöglichkeiten wäre die Festlegung von Prämissen, die in Form von Kriteriendefinitionen im Individualfall bestimmte Kombinationen von vornherein ausschließen [263]. D.h., mit einer Erweiterung um zusätzliche Informationen über die Unternehmensprämissen in den Wissensbasen oder einer eigenen Wissensbasis ließe sich die Effizienz des Gesamtsystems erhöhen. Die Abbildung II 22 zeigt in schematisierter Form das Zusammenwirken der einzelnen Informationsbereiche im Rahmen einer Wissensbasis für das Regelwerk des ES und den verschiedenen Sekundärinformationssystemen für die unterschiedlichen Daten.

---

[263] Die Verwendung von Prämissen läßt sich auch deshalb schon vertreten, da davon ausgegangen werden kann, daß bestimmte Vorstellungen der Unternehmensseite in das System eigebracht werden, die sich nicht in einem relativ statischen Regelwerk manifestieren lassen. Beispiele hierzu wären : eine obere Kostengrenze für eine spezifische Hierachieebene, definierte Toleranzen für ein Splitting des Wahl- und Kernblocks bei der Gehaltszusammensetzung usw.

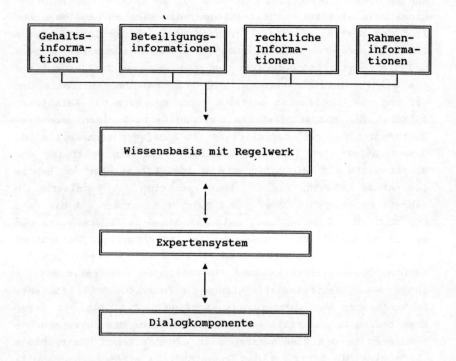

Abbildung II 22: Konzeption eines ES zur Unterstützung eines außertariflichen Anreizsystems

Die aus dem sehr heterogenen Regelwerk resultierende Problematik ist die Verknüpfung von unterschiedlichem Expertenwissen in einer in sich logischen und konsistenten Form, die nur von einem 'system engineer' in Zusammenarbeit mit mehreren fachkompetenten Mitarbeitern geleistet werden kann, deren auf unterschiedlichen Strukturen basierendes Wissen zu einem einheitlichen Regelwerk zusammengefügt werden muß. Dazu ist eine entsprechende Konzeption der Dateien für die Speicherung der Daten aus den einzelnen Informationsbereichen und die Verbindung der Dateienfelder in den Regeln notwendig.

Im einzelnen könnte die Konstruktion der Dateien im Rahmen einer Datenbank für die verschiedenen Bereiche folgende Form aufweisen :

1. Gehaltsinformationen

Datenfelder : Hierachie, Grundgehalt Minimum, Grundgehalt Maximum, Sozialmaßnahmen, Kosten der Sozialmaßnahmen, Incentives, Kosten der Incentives, Maximum der Gesamtkosten, Beteiligungskosten des Unternehmens in % der Gesamtkosten, usw.

2. Beteiligungsformen

Datenfelder : Hierarchie, Beteiligungsformen, minimale Kosten für die Unternehmung, maximale Kosten für die Unternehmung, minimale Kosten für Mitarbeiter, maximale Kosten für Mitarbeiter, usw.

3. rechtliche Informationen

Datenfelder : Beteiligungsmaßnahmen, Förderungen, Obergrenzen, Steuersätze, usw.

4. Rahmenbedingungen

Datenfelder : Hierachie, Minimum % Gehalt, Maximum % Beteiligung am Gehalt, Obergrenze für alle Beteiligungsformen, usw.

Die einzelnen Datenfelder in der Aufzählung besitzen einen exemplarischen Charakter, der die Konzeption der entsprechenden Dateien verdeutlichen soll. In der Praxis weisen die Dateien einen weit höheren Komplexitätsgrad auf.
Die Verarbeitung der Datenfelder im Regelwerk erfolgt durch die Einbindung der Felder als Variablen in den Regelprämissen und den Konklusionen.

Die bisherige ES-Konzeption berücksichtigt - trotz der aufgezählten Dateien - nicht alle Aspekte, die für ein Anreizsystem formal und inhaltlich relevant sind und kann deshalb noch keine Entscheidungshilfe oder ein Kontrollsystem darstellen. Es fehlt die Involvierung der individuellen Wünsche der Mitarbeiter im System und das 'Handling' der mitarbeiterbezogenen Ergebnisse des Systems für einen sich anschließenden späteren Kontrollprozeß. Beide Punkte lassen sich in unterschiedlicher Weise in dem bisherigen ES integrieren. Aufgrund der Heterogenität und der Variabilität der Vorstellungen einzelner Mitarbeiter können die individuellen Wünsche nicht in Form einer Datei in das System einfließen, sondern nur über eine natürlichsprachliche Schnittstelle während des Inferenzprozesses vom System übernommen werden [264].

Die Ergebnisse hingegen lassen sich in einer weiteren Datei, die nach Abschluß einer ES-Sitzung jeweils modifiziert werden kann, ablegen. Die Datei könnte folgenden exemplarischen Aufbau besitzen:

Datenfelder : Personenidentifikation (Name, Vorname usw.), Hierarchie, Betriebszugehörigkeit, Zeitpunkt der vorletzten Änderung von monetären Anreizinstrumenten, Grundgehalt in %, variables Gehalt in %, Zeitpunkt der Gehaltskonzeption, Beteiligungsformen, Aufteilung zwischen Kern- und Wahlblock in %, andere Leistungen, Kosten der Leistungen, Gesamtkosten, usw.

Die in dieser Form erstellte Mitarbeiterdatei ließe sich, bei Applikation des gleichen Datenbanksystems, als eine Partition einer größeren Mitarbeiterdatei auffassen und entsprechend durch die vorhandenen Operationen in einem Datenbanksystem dort ein-

---

[264] Bei einer natürlichsprachlichen Schnittstelle ist der Wortschatz determiniert und so konzipiert, daß die verwendete Syntax vom ES interpretiert werden kann.

binden [265]. Die Abbildung II 23 zeigt zusammenfassend den Aufbau des gesamten Expertensystems mit beiden hinzugefügten Elementen.

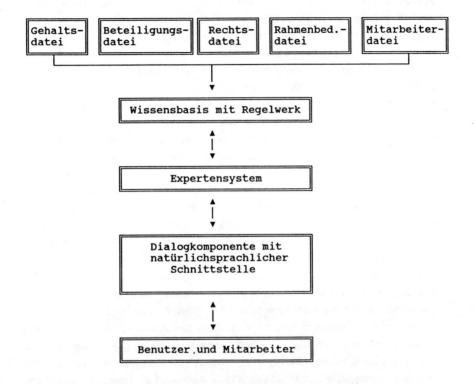

Abbildung II 23 : Statischer Aufbau des Gesamtkonzeptes eines Expertensystems für die Unterstützung und Steuerung eines außertariflichen Anreizsystems

Die Handhabung des in der Abbildung dargestellten Systems ist zweistufig und mit unterschiedlichen Zielsetzungen versehen. In der ersten Stufe erfolgt die Ermittlung einer individuellen und personenbezogenen Kombination zwischen den verschiedenen monetä-

---

[265] Die Einbindung könnte dann in Form einer "Joint-Bildung" durchgeführt werden und wäre damit ohne einen zusätzlichen Programmieraufwand möglich, wenn eine relationale Datenbank genutzt wird.

ren Anreizinstrumenten. Im Verlauf dieses Prozesses werden die individuellen Wünsche des betroffenen Mitarbeiters über die Dialogkomponente an das ES weitergegeben und während des Inferenzprozesses im Regelwerk mit den aus den verschiedenen Dateien stammenden Informationen verarbeitet.

Am Schluß der ersten Stufe, nachdem ein Vorschlag vom System erarbeitet und vom Benutzer akzeptiert wurde, kann dann der Lösungsvorschlag in die Mitarbeiterdatei übernommen werden und als Bestandteil einer größeren personenbezogenen Datenbank auch in anderen Systemen als Eingabedaten wieder genutzt werden.

Mit der zweiten Stufe verbindet sich der Kontrollprozeß über die Wirkung der gewählten Instrumente in ihrer Intensität und Kombination [266]. Der Kontrollprozeß stellt die individuellen Leistungen und das Leistungspotential in einen unmittelbaren Zusammenhang zu den individuell gewählten Anreizinstrumenten, ohne daß eine ex-post Ursache-Wirkung-Beziehung hergestellt wird. Dies kann nur geschehen, wenn die vorher selektierten Anreizinstrumente in eine Verbindung mit den erwarteten mitarbeiterbezogenen motivationalen Zielsetzungen gebracht werden, die dann als Soll-Größen für den Kontrollprozeß genutzt werden. Für den eigentlichen Kontrollprozeß müssen damit im Vorfeld ex-ante-Relationen zwischen den tatsächlichen Leistungen, den bisherigen Anreizinstrumenten und entsprechenden Alternativen entwickelt werden. Diese Relationen können nur auf Erfahrungswerten beruhen und nur durch die Entwicklung eines Regelwerks in eine operationale Fassung gebracht werden. Die dabei möglicherweise auftretenden Probleme liegen in dem Umstand, daß natürlich auch die Alternativen einer entsprechenden Prüfung in bezug auf die Erfüllung der Rahmenbedingungen, die maximale Kostengrenze und die

---

[266] Dem Kontrollprozeß muß eine Mitarbeiterbeurteilung vorangehen, da die alleinige Bestimmung von Kausalitäten zwischen den Maßnahmen und den Leistungen der Mitarbeiter unrealistisch ist.

individuellen Wünsche unterzogen werden müssen [267].

Die Verwendung des bisherigen Regelwerks zur Klärung dieser Fragen ließe sich nur erreichen, wenn der Inferenzprozeß durch eine andere Konzeption der Regeln anders angelegt wird. Dies bedeutet, daß das ES zunächst eine Lösungsempfehlung ohne die zu berücksichtigenden Restriktionen entwickelt und erst danach mit dem Vorschlag nochmals in das Regelwerk zurückgeht, um die Rahmenbedingungen zu überprüfen und gegebenenfalls den Vorschlag zu verwerfen. Diese Vorgehensweise hätte einen hohen Grad von Ineffizienz zur Folge, nämlich genau dann, wenn zwar eine Vielzahl von Lösungen angeboten wird, diese aber nicht der Überprüfung von Rahmenbedingungen standhält.

Es scheint daher zweckmäßiger zu sein, den Kontrollprozeß aus dem gesamten System wieder auszuklammern und ein eigenes Expertensystem als Kontrollinstrument zu entwickeln, das in der Lage ist, Alternativen, die den Rahmenbedingungen entsprechen, vorzuschlagen. Aber genau dafür werden wiederum die gleichen Informationen wie für die Entwicklung eines individuellen monetären Anreizinstrumentariums benötigt, so daß im Prinzip nur eine Möglichkeit für die Einbettung des Kontrollprozesses besteht : die Verwendung von zwei Regelwerken, die auf denselben Datenbeständen aufgebaut sind und auf die gleichen Dateien zugreifen.

Bei dieser Vorgehensweise ließe sich die Effizienz im Rahmen der ersten Stufe aufrechterhalten und zudem die Gefahr von Inkonsistenzen, die bei komplexen Regelwerken sehr hoch ist, vermeiden [268]. Ein weiterer Vorteil dieser Variante liegt in der Wartung und Pflege des Systems, das aufgrund der gleichen Eingabeinformationen nicht redundant modifiziert werden muß.

---

[267] Im Prinzip bestände dazu die Möglichkeit, das für die erste Stufe entwickelte Regelwerk für diesen Zweck zu nutzen, allerdings verläuft der Inferenzmechanismus bei diesem System genau umgekehrt, d.h. der Benutzer bestimmt die Rahmendaten und das ES entwickelt daraus einen Lösungsvorschlag.

[268] Inkonsistenzen in Regelwerken treten häufig in der Form auf, daß über eine Kette von Regeln die zuerst angenommenen Prämissen in einer Regel nicht mehr relevant sind und auch die entgegengesetzte Prämisse Gültigkeit besitzt.

Insgesamt hat man damit zwar den Selektionsprozeß von dem Kontrollprozeß bei der Festlegung eines personenbezogenen monetären Anreizinstrumentariums für den außertariflichen Bereich getrennt, aber in der Form, daß die Kontinuität, wie sie bei dem generellen Ablauf eines Entscheidungsprozesses gefordert wird, nicht verloren geht, sondern sogar vom Expertensystem unterstützt wird.

In der ersten Stufe wird damit wie bisher ein Lösungsvorschlag erarbeitet, der den gesetzten Rahmenbedingungen durch das Unternehmen und anderen Institutionen entspricht und parallel über die natürlichsprachliche Schnittstelle von dem betroffenen Mitarbeiter beeinflußt werden kann, bis nach einer erfolgten Akzeptanz das Ergebnis auf einem Sekundärspeichermedium abgelegt wird.

Die zweite Stufe (der Kontrollprozeß) beginnt mit dem Soll-Ist-Vergleich, der bei Überschreitung von vorher definierten Schwellenwerten zu einem alternativen Lösungsvorschlag führen kann. Für diesen Fall werden in dem zweiten Regelwerk die Teile mit den manifestierten Alternativen aktiviert und auf die in den Dateien festgelegten Rahmenbedingungen überprüft. Auch hier hat der Mitarbeiter die Möglichkeit, über die natürlichsprachliche Schnittstelle Einfluß auf das System bzw. Ergebnis zu nehmen, nur mit dem Unterschied, daß die gemachten Vorschläge nicht analytisch entwickelt werden, sondern synthetisch im Regelwerk verankert sind. Die Abbildung II 24 zeigt noch einmal das gesamte System in der beschriebenen Ausbaustufe.

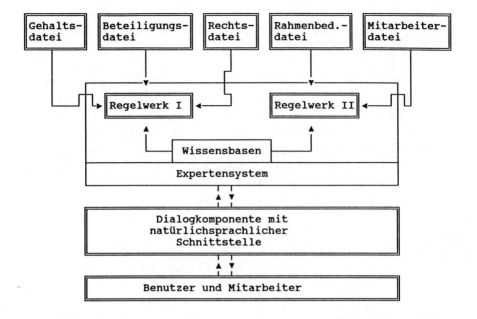

Abbildung II 24 : Statischer Aufbau des Gesamtkonzeptes eines Expertensystems für die Unterstützung und Steuerung eines außertariflichen Anreizsystems

Die Vorteile der in Abbildung II 24 aufgezeigten Konzeption resultieren aus folgenden Punkten :

1. Das System läßt sich in ein bestehendes Informationssystem für das Personalwesen integrieren, indem die Mitarbeiterdatei im schon bestehenden System eingebunden wird [269].

---

[269] Unter dem bestehenden System ist sowohl ein Datenbank- als auch ein Personalinformationssystem gemeint.

2. Die Verwendung des Expertensystems als ein Programmodul über eine Datenbank als Schnittstelle ist ebenfalls realisierbar und erlaubt damit eine nachträgliche separate Entwicklung und Wartung der Software.

Der Nutzen des dargestellten Systems korreliert jedoch in erster Linie mit der Zahl der außertariflichen Mitarbeiter in dem Unternehmen und mit der Bereitschaft, Beteiligungsmodelle, die über ein Tantiemensystem hinausgehen, zuzulassen. Für den Fall, daß Mitarbeiterbeteiligungen generell nicht vorgesehen sind, läßt sich das Expertensystem durch eine Reduktion des Regelwerks und der Eingabedateien zu einem reinen Gehaltsfindungssystem in quantitativer wie qualitativer Hinsicht reduzieren.

10.6 Die Aufgabengruppen in der Personalfreisetzung

Die Personalfreisetzung als personalwirtschaftliche Funktion beinhaltet den Abbau einer personellen Überdeckung in quantitativer, qualitativer und zeitlicher Hinsicht [270]. Der Abbau ist nicht gleichzusetzen mit einer Kündigungsmaßnahme, sondern kann situativ verschiedene Personalanpassungsmaßnahmen darstellen. Demzufolge wird bei einigen Autoren die Personalfreisetzung nicht als eine eigenständige Funktion der Personalwirtschaft behandelt, sondern als ein Teilgebiet, das einer Funktion zugeordnet wird, die im weitesten Sinne alle Prozesse von betrieblichen Personalveränderungen auf sich vereint [271]. Eine derartige Gliederung vernachlässigt jedoch die dieser Funktion eigenen Spezifika, deren Existenz schon - orientiert an dem klassischen Ablauf eines betrieblichen Entscheidungsrozesses - durch die Annahme und Konzeption eines in sich geschlossenen Personalfreisetzungsplanungssystems zum Ausdruck kommt, bei dem ausgehend von der Ursachenanalyse eigenständige Planungsprämissen herausgearbeitet werden [272]. Das Entstehen von Personalfreisetzungsmaßnahmen resultiert aus einer falschen Abschätzung des zukünftigen Personalbedarfs bzw. einer nicht exakten Personalbedarfsplanung. Die Ursachen für eine derartige Situation können vielfältiger Art sein. Zunächst ist festzuhalten, daß der Planungsprozeß immer unter dem Aspekt der Unsicherheit oder des Risikos verläuft und diesen zwar verringern, aber nie ausschließen kann.

---

[270] J. Hentze (1991c), S. 258

[271] Ch. Scholz (1991), S. 184

[272] H. J. Drumm (1989), S. 165ff.

Unsicherheitsfaktoren, die eine Personalfreisetzung nach sich ziehen können, lassen sich in sieben Gruppen unterteilen [273] :

1. Veränderung der gesamtwirtschaftlichen Entwicklung
2. Strukturelle Veränderungen
3. Saisonale Beschäftigungsschwankungen
4. Betriebsstillegungen
5. Standortverlegungen
6. Reorganisation des Unternehmens
7. Rationalisierungsmaßnahmen

Die potentiell situativ daraus abzuleitenden Freisetzungsaufgaben wären dann die Festlegung von nicht mehr relevanten Stellen und die Entwicklung von Verwendungsalternativen für das freigesetzte Personal, d.h. die Konzeption von Freistellungsmöglichkeiten ohne Beendigung des Arbeitsverhältnisses. Hierzu zählen alle Methoden der Arbeitszeitverkürzung sowie die Versetzung.

Lassen sich jedoch keine Alternativen mehr entwickeln, besteht der Zwang zur Beendigung von Arbeitsverhältnissen entweder durch die Kündigung oder durch die Förderung des freiwilligen Ausscheidens von Mitarbeitern und die vorzeitige Pensionierung [274]. Flankiert werden derartige Maßnahmen durch die Nutzung der natürlichen Personalfluktuation im Unternehmen und durch den Verzicht auf Neueinstellungen. Bei der Nutzung der natürlichen Fluktuation sollte zumindest in einem Interview mit dem Mitarbeiter nach den Gründen für das Ausscheiden aus dem Unternehmen geforscht werden [275]. Die Abbildung II 25 zeigt zusammenfassend die grundlegenden Arten der Personalfreistellung.

---

[273] J. Hentze (1991c), S. 256f.

[274] Insbesondere für Führungskräfte werden im zunehmenden Maße das amerikanische Verfahren des Outplacements auch in der Bundesrepublik eingesetzt.
H. H. Heymann/ J. Motz (1989), S. 649
Ein detaillierte Darstellung zum Outplacement-Konzept findet sich bei :
C. D. Fisher/L. F. Schoenfeldt/J. B. Shaw (1990), S. 662f.

[275] C. D. Fisher/L. F. Schoenfeldt et al. (1990), S. 673

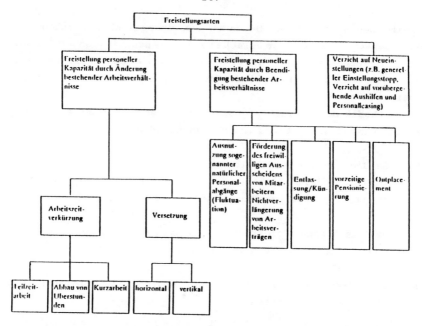

Abbildung II 25 : Grundlegende Arten der Personalfreistellung [276]

Die Entscheidung für eine der in Abbildung II 25 gezeigten Freistellungsarten erfolgt situativ und ist in der Regel mit sozialen Problemen für die Mitarbeiter verbunden, so daß eine systematische Planung allein aus diesem Grunde sowie unter ökonomischen Aspekten im Bereich der Personalfreistellung unerläßlich ist. Als Voraussetzung einer sinnvollen Freisetzungsplanung sieht Drumm die Schaffung von Informationsbasen als notwendig an [277].
Die erste Informationsbasis enthält Informationen über Umweltszenarien, aus denen Personalbedarfspläne abgeleitet werden können sowie für eine antizipative Freisetzungsplanung Informationen über die Entwicklung der Arbeitsmärkte, Technologien, rechtliche Rahmenbedingungen und die Organisationsstruktur. Die

---

[276] nach J. Hentze (1991c), S. 267

[277] H. J. Drumm (1989), 169ff.

zweite Basis beinhaltet Daten zu den ökonomischen Konsequenzen der Szenarien mit den entsprechenden Kostenentwicklungen. In der dritten Informationsbasis befinden sich die Fähigkeitsvektoren der Mitarbeiter, die Stellenanforderungen sowie Daten über die sozialen Folgen.
Die Methodik der Freisetzungsplanung betrachtet Drumm als Lösung eines Reihenfolgeproblems mit folgenden Phasen :

1. Saldierung des Personalbestands und Bruttobedarfs nach Personalkategorie, Planungshorizont und für verschiedene Planungszeitpunkte zur Ermittlung eines Planungsüberhangs.

2. Bestimmung und Selektion von Personalverwendungsalternativen in Abhängigkeit der Planungssituation.

3. Ermittlung der Voraussetzungen, Kosten und sozialen Folgen der wählbaren Strategien.

4. Entscheidung für eine wählbare Verwendungsalternative unter den Prämissen der negativen sozialen Folgen und der Einhaltung des vorhandenen Budgets.

Als eine akzeptanzfördernde Maßnahme sieht Drumm die Involvierung der betroffenen Mitarbeiter im Entscheidungsprozeß durch eine rechtzeitige Information über die zur Disposition stehenden Verwendungsalternativen.
Während die ersten beiden Schritte sich sehr stark an der Vorgehensweise bei der Personalbedarfsermittlung bzw. des Personaleinsatzes orientieren, zeichnen sich die Schritte 3 und 4 durch eigene Spezifika aus, die eine Betrachtung der Personalfreistellung als eigenständige Funktion sehr massiv untermauern.

Die potentiellen Verwendungsalternativen lassen sich je nach dem Charakter der Freisetzungsplanung, d.h. reaktiv bzw. antizipativ in zwei Kategorien differenzieren [278].

---

[278] J. Berthel (1989), S. 187

Zu den Alternativen in einer reaktiven Freisetzungsplanung zählen [279] :

- der Abbau von Überstunden,
- die Umsetzung mit bzw. ohne kurzfristige Umschulung,
- die Entlassung, z.B. mit sozial flankierenden Maßnahmen wie Übernahme durch kooperierende Unternehmen, Verlagsmodelle, Unterstützung bei der Suche nach einem neuen Arbeitsplatz.

Zusätzlich zu den aufgezählten Maßnahmen stehen bei der antizipativen Freistellungsplanung noch folgende Maßnahmen zur Disposition :

- Nutzung der natürlichen Fluktuation,
- vorzeitiger Ruhestand,
- Nichtverlängerung von Zeitverträgen,
- Einstellungsstopp,
- Rückführung in private Existenzen,
- Mobilitätsförderung durch Qualifikationsmaßnahmen,
- Versetzung auf bisher vakante Stellen.

Die Realisierbarkeit der aufgelisteten Maßnahmen hängt sehr stark von der Größe, der Organisationsstruktur und dem Angebotssortiment des jeweiligen Unternehmens ab. Besonders gravierende Maßnahmen, die durch eine Freisetzungsursache ausgelöst werden, welche unter den § 111 des BetrVG fallen, erfordern zusätzlich die Aufstellung von Sozialplänen.
Die Sozialpläne sollen bei Freisetzungsmaßnahmen, die einen wesentlichen Nachteil für die betroffenen Personen darstellen, zu einem Ausgleich beitragen [280].
Zudem besteht für den zukünftigen Personalbedarf und die daraus resultierenden Maßnahmen eine generelle Berichtspflicht der Unternehmerseite gegenüber dem Betriebsrat, die durch eine Bera-

---

[279] H. J. Drumm (1989), S. 170

[280] Der Sozialplan wird nach § 112 des BetrVG zusammen vom Betriebsrat und dem Unternehmer entwickelt.

tungspflicht ergänzt wird [281]. Weitere Möglichkeiten der Einflußnahme durch die Mitarbeiter bzw. ihre Vertretungsorgane ergeben sich bei allen Umgruppierungsmaßnahmen, Versetzungen sowie bei der Eingruppierung durch die Zustimmungspflicht des Betriebsrates nach § 99 Abs. 1 des BetrVG sowie das Recht auf Zustimmungsverweigerung bei einem Verstoß der im § 95 des BetrVG festgeschriebenen Auswahlrichtlinien [282].

Bei Kündigungen besitzt der Betriebsrat zudem das Recht auf Anhörung und ein Widerspruchsrecht gegen Kündigungsmaßnahmen [283]. Die Kündigungsmaßnahme ist jedoch trotz eines Widerspruches von seiten des Betriebsrates wirksam und kann nur durch die Initiative des Betroffenen in Form einer Klage vor dem Arbeitsgericht aufgehoben werden. Der Arbeitnehmer kann in einer solchen Situation die Weiterbeschäftigung bis zum Abschluß des Verfahrens vor dem Arbeitsgericht verlangen.

Besonderen Kündigungsschutz genießen Schwerbehinderte, werdende Mütter, ältere Arbeitnehmer und Wehrpflichtige, der durch weitere rechtliche Regelungen festgeschrieben ist [284].
Vor diesem Hintergrund gestalten sich Freistellungsmaßnahmen, die mit einer Beendigung des Arbeitsverhältnisses verbunden sind, als sehr kompliziert und sollten deshalb nur nach Überprüfung sämtlicher sonstiger Alternativen in Betracht gezogen werden.

---

[281] nach § 92 des BetrVG (Abs. 1)

[282] Die Auswahlrichtlinien werden in der Praxis branchenspezifisch vorgegeben und besitzen in der Regel eine Gewichtung von einzelnen Sozialdaten, die dann als Auswahlkriterien herangezogen werden.

[283] Nach § 102 BetrVG (Abs. 1 und 2). Die außerordentliche Kündigung regelt der § 103 des BetrVG, z.B. wenn es sich bei den Betroffenen um Mitglieder des Betriebsrates handelt.

[284] Z.B. durch das Schwerbehindertengesetz, das Arbeitsplatz- und Mutterschutzgesetz, das Arbeitsförderungsgesetz usw.

Das Gebiet der Personalfreistellung ist damit sehr sensibel und beinhaltet für die betroffenen Mitarbeiter weitreichende Konsequenzen, die stark in das soziale Beziehungsgefüge hineinreichen. Insofern sind generell die Applikationsmöglichkeiten von EDV-Systemen in der Personalfreistellung in einem sehr starken ethischen Kontext zu betrachten. Zudem ist es in der Praxis kaum vorstellbar, daß eine Arbeitnehmervertretung ein derartiges zweckgebundenes EDV-System billigen wird [285].

Die Entwicklung eines EDV-Systems für die Unterstützung der Aufgaben in der Personalfreistellung ist jedoch theoretisch durchaus denkbar und könnte auch in der Praxis eine verbesserte Entscheidungsqualität bewirken. Einen Ansatzpunkt für die Konzeption eines EDV-Systems für die Funktion der Freistellung bietet die von Drumm skizzierte Methode der Personalfreistellungsplanung, deren ersten beiden Stufen durch Aufgaben geprägt sind, die auch in der Personalbedarfsermittlung bzw. im Personaleinsatz anzutreffen sind. Die Ermittlung eines Planungsüberhangs wäre ein weiterer Schritt, der über die Personalbedarfsanalyse hinausgeht, jedoch von den gleichen konventionellen Softwareprogrammen unterstützt werden kann [286]. Die in der zweiten Phase angestrebte Bestimmung von Personalverwendungsalternativen ließe sich ebenfalls mit einem edv-gestützen Profilabgleichssystem realisieren. Erst die dritte und vierte Phase erfordern neue EDV-Komponenten, die einen realen Nutzenzuwachs bei ihrer Verwendung versprechen und auf die vorher beschriebenen Elemente aufsetzen. Die dritte Stufe der Methode beinhaltet im Prinzip die Bestimmung der Kriterien und deren Ausprägungen für die in der vierten Phase zu treffenden Entscheidungen. Die dabei verwendeten Kriterien sind nicht alle operationalisierbar und lassen demzufolge als edv-gestütztes System zur Unterstützung der Entscheidungsfindung in der Phase 4 keine konventionel-

---

[285] Der Betriebsrat besitzt u.a. nach § 87 des BetrVG ein Mitbestimmungsrecht bei der Einführung von derartigen EDV-Systemen.

[286] vgl. Kapitel 10.1

len Programmodule mehr zu [287]. Wissensbasierte Systeme ließen sich jedoch sehr wohl dahingehend konstruieren, daß eine tatsächliche Verbesserung der Entscheidungsqualität erfolgt [288]. Dazu ist die Aufstellung eines Maßnahmenkataloges notwendig, der neben den Maßnahmen die damit zu erwartenden Kosten und in Abstufung der Intensität die sozialen Folgen beinhaltet. Diese Informationen wären in einem weiteren Schritt in eine für die Wissensbasis transferierbare Form zu bringen, ohne daß auf die vorher beschriebenen qualitativen Aspekte verzichtet werden muß.

Als Möglichkeiten der Datenorganisation bietet sich die Speicherung in tabellarischer Form, z.B. in einer Datenbankdatei an. Die darin enthaltenen Maßnahmendeskriptionen sind nicht situativ formuliert. Die situative Adaption kann erst in einer späteren Phase erfolgen [289]. Die tatsächliche Situationsbeschreibung ist zwar auch nur in vorstrukturierter Form durchführbar, sie kann jedoch nicht als Basisinformation in eine Wissensbasis aufgenommen werden, da diese Informationsart zu spezifisch variiert. Ein sinnvoller Weg ist deshalb ein Adaptionsprozeß über eine natürlichsprachliche Schnittstelle, der vor bzw. während des Inferenzmechanismus angestoßen wird. Die Verarbeitung dieser beiden aufgezählten Informationsgebiete kann über ein noch näher zu spezifizierendes Regelwerk nur die Darlegung von sozialen Folgen und enstehenden Kosten bei den präferierten Alternativen in Relation zu dem konkreten vorher bestimmten Personalüberhang und dessen Abbau zum Ergebnis haben. Vorschläge, die sich auf individuelle Freisetzungsmaßnahmen zielen, werden von diesem System

---

[287] Z.B. sind die sozialen Folgen sowohl generell als auch im Detail nicht exakt in quantitativer Form deskriptierbar, sondern nur in eine normative Stufung bestimmbar.

[288] Diese Aussage ist unter der Prämisse zu verstehen, daß es sich um eine rein theoretische Diskussion handelt, die sozial-ethische Aspekte ausschließt.

[289] Diese Vorgehensweise ist in der Struktur von Wissensbasen begründet, die eine zu detaillierte Speicherung von Daten und Fakten nicht zuläßt, da ansonsten eine zu große Redundanz das Informationsvolumen derart vergrößert, daß letztendlich keine vertretbaren Antwortzeiten daraus bei der späteren Verwendung im Inferenzprozeß resultieren.

nicht erbracht. Die Abbildung II 26 verdeutlicht in schematisierter Form das Beziehungsgefüge der einzelnen Elemente des Systems zu einem Gesamtkonzept.

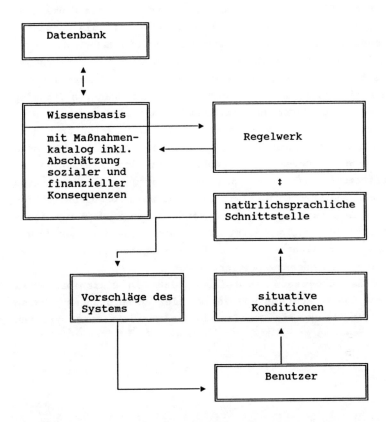

Abbildung II 26 : Wissensbasiertes Konzept zur Entscheidungsunterstützung in der Personalfreistellung

Die über die natürlichsprachliche Schnittstelle in das System eingebrachten Informationen fungieren im Regelwerk in erster Linie als Prämissen der zu entwickelnden Regeln, über die die situative Adaption stattfindet. Die von dem System erzielten Ergebnisse beinhalten dann die entsprechenden finanziellen und sozialen Folgen einer Alternative bei einer spezifischen Situation. Im Vergleich zu den anderen vorgestellten Konzepten für den Einsatz von wissensbasierten Systemen in der Personalwirtschaft fehlt bei diesem Konzept die Sekundärspeicherung der erzielten Ergebnisse, z. B. für eine spätere Informationsweiterverarbeitung. Sie scheint auch nicht sinnvoll, da die Konzeption eines solchen Systems bewirkt, daß auch weiterhin die Entscheidungskompetenz nicht von dem Benutzer auf ein EDV-System verlagert wird und damit nicht die Erfolgskontrolle von Maßnahmen über das System vorgenommen werden kann. Dieser Aspekt ist besonders relevant, da für einen auch nur eingeschränkten Transfer der Entscheidungskompetenz vom Menschen auf eine Maschine bisher ein rechtsfreier Raum existiert. Eine Diskussion über derartige Systeme ist deshalb zum bisherigen Zeitpunkt als noch nicht relevant zu bezeichnen, obwohl es nur eines kleinen weiteren Schrittes bedarf, um aus dem in Abbildung II 26 skizzierten Konzept ein Instrument zu entwickeln, das rein formal und rational diese Entscheidungen treffen kann, indem nach der Folgenabschätzung der einzelnen Alternativen über eine Erweiterung des Regelwerkes die Alternative mit den geringsten zu erwartenden negativen Konsequenzen selektiert wird.

Es ist daher auch kaum vorstellbar, daß ein wissensbasiertes System mit den in Abbildung II 26 skizzierten Leistungsmerkmalen bei der Einführung die Zustimmung des Betriebsrates erhalten wird.

10.7 Die zentralen Aufgabengruppen in der Personalwirtschaft

Zu den zentralen Aufgabengruppen sollen in diesem Zusammenhang die Aufgabenbereiche zählen, die sich nicht eindeutig einer personalwirtschaftlichen Funktion zuordnen lassen. Hierzu zählen

- Die Personalkostenrechnung und -kostenplanung,
- Die Lohn- und Gehaltsabrechnung,
- Die Informationspflicht gegenüber dem Betriebsrat,
- Die Information von externen Stellen,
- Die Information der Belegschaft.

Diese Aufgabengruppen besitzen fast ausschließlich einen administrativen Charakter und lassen sich durch Routinetätigkeiten bewältigen.

Allen zentralen Aufgabengruppen ist gemein, daß ihre Bearbeitung nur mit sehr starken Informationsprozessen erfolgen kann, die von den unterschiedlichen personalwirtschaftlichen Funktionen bzw. den einzelnen Organisationseinheiten des Unternehmens stammen.

Das klassische EDV-Instrument für die Unterstützung in diesen Aufgabengruppen ist daher das Personalinformationssystem, mit dem eine zentrale Konzentration der notwendigen Informationen möglich ist [290]. Die von dem PIS stammenden Daten wären die Basis z. B. für eine Weiterverarbeitung in der Personalkostenrechnung, sofern diese Funktion nicht schon im PIS integriert ist. Eine Unterstützung der Informationsaufgaben gegenüber den verschiedenen Institutionen bzw. der Belegschaft ist ebenfalls kaum mit Hilfe eines Expertensystems denkbar, so daß die Anwendung von wissensbasierten Systemen zur Aufgabenunterstützung keinen

---

[290] Der Leistungsumfang der PIS geht in der Regel über die für diese Aufgabengruppen erforderlichen Funktionen hinaus und erstreckt sich auch auf viele administrative Gebiete in den anderen personalwirtschaftlichen Funktionen, was die zentrale Datenkonzentration sogar erheblich erleichtert. Einige Anwendungsmöglichkeiten finden sich bei :
R. L. Mathis/ J. H. Jackson (1982), S. 455

nennenswerten zusätzlichen Nutzen für die zentralen Aufgabengruppen erwirken würde, da deren Form keine Entscheidungsprozesse bedingt und deren Entscheidungsproblem nur schlecht strukturierbar ist. Dies trifft auch für die Personalkostenplanung zu, wo die planungsrelevanten Daten aus den einzelnen Unternehmenssegmenten schon eine derartig hohe Qualität aufweisen, daß ein Prognosesystem, auf der Basis von konventioneller Software, als ein unterstützendes Element für die Personalkostenplanung als ausreichend angesehen werden kann.

11. Die Integration von wissensbasierten Systemen

Die dargestellten Applikationsmöglichkeiten von Expertensystemen im Personalbereich haben gezeigt, daß alle Systeme mindestens drei Schnittstellen benötigen, ohne die der Einsatz dieser Systeme unmöglich ist. Dies sind einmal die Schnittstelle zum Experten, die Schnittstelle zum Endbenutzer und die Schnittstelle zu einem Informationssystem, z. B. einer Datenbank.
Die damit verbundene Problematik resultiert aus den unterschiedlichen Strukturen der wissensbasierten Endbenutzersysteme und der vorhandenen traditionellen "DV-Landschaft" [291]. Expertensysteme werden zum überwiegenden Teil auf völlig anderen Rechnern implementiert, sie verwenden andere Programmiersprachen und lassen sich daher sowohl von der Hardware als auch von der Software nur sehr kompliziert in die bestehende unternehmensbezogene DV-Konzeption integrieren. Insbesondere die Softwareintegration wirft sehr schwerwiegende Probleme auf. Während die konventionellen Informationssysteme mit ihrem Entwickler und dem Endbenutzer interagieren, verlaufen diese beiden Interaktionsarten bei den wissensbasierten Systemen parallel, d.h. das System entwickelt sich bei der Benutzung ständig weiter und verändert damit auch seine Wissensbasis. Dieser Fakt muß jedoch bei der Verbindung zu einem bestehenden Informationssystem berücksichtigt werden, da ansonsten die Gefahr besteht, daß die Wissens-

---

[291] M. Jarke (1990), S. 473

basis zu groß und unübersichtlich wird, weil einige Teile der Basis nicht mehr ausgelagert und auf das Informationssystem übertragen werden können [292].

Eine Verbesserung der Interaktion zwischen beiden Systemen ist nur durch Modifikationen bei beiden Systemen möglich, z. B. durch die Anpassung der ES über die Implementierung von Zugriffsmechanismen auf das Informationssystem und durch die Erweiterung des Informationssystems durch deduktive Elemente. Speziell für das Anwendungsgebiet der Personalwirtschaft würde dies bedeuten, daß insbesondere die Personalinformationssysteme Veränderungen erfahren müßten. Es trifft jedoch nicht auf alle Konzeptionen der Personalinformationssysteme zu, da gerade die neueren Entwicklungen bei den PIS zeigen, daß das Datenmanagement aus dem Personalinformationssystem ausgegliedert und auf standardisierte Datenbanken übertragen wird. Ein zweiter Punkt ist die fortschreitende Modularisierung der Personalinformationssysteme, die dezentralere aufgabenbezogenere Anwendungen zuläßt [293]. Der Trend bei den PIS geht damit ebenfalls in die Richtung, Datenbanksysteme in Form eines Endbenutzers zu verwenden und damit eine Trennung zwischen den gespeicherten Daten und deren Anwendung in einzelnen Programmroutinen vorzunehmen.

Ein anderer Aspekt ist die Frage nach einer Verknüpfung der aufgabenbezogenen Expertensysteme untereinander und dem Aufbau eines "Meta-Systems" für alle ki-geeigneten Aufgaben im Personalbereich.

---

[292] Vereinfacht ausgedrückt, fungieren Expertensysteme als Endbenutzer von Informationssystemen, was nur durch die Implementation der Zugriffsmechanismen, z. B. der Anfragesprachen usw., möglich ist.

[293] J. Hentze/ A. Heinecke (1989i), S. 23

11.1 Die Integration von Expertensystemen in ein vorhandenes Personalinformationssystem

Die moderneren Personalinformationssysteme weisen alle eine gemeinsame Eigenschaft auf, sie sind mehr oder weniger hardwareunabhängig. D. h., sie lassen sich unter verschiedenen Betriebssystemen installieren und können somit auf unterschiedlichen Hardware-Architekturen eingesetzt werden. Die zweite Eigenschaft ist die funktionsbezogene Dezentralisierung der einzelnen Anwendungen in modulare Programmeinheiten, die sich unabhängig voneinander einsetzen lassen, aber auch miteinander kombinierbar sind.
Die dritte Eigenschaft ist die Abkehr von einem eigenen Datenmanagementsystem, wie es noch bei den Personalinformationssystemen in den 70er Jahren der Fall war, hin zu der Nutzung von Standarddatenbanksystemen mit eigenem Dateimanagement, die optimierte Zugriffsmechanismen auf die Daten bieten und mehr Flexibilität bei der Gestaltung von Dateien und Datenrecords zulassen. Damit erfolgt - wie bei den Expertensystemen - auch bei Personalinformationssystemen formal eine Kopplung zwischen der eigentlichen Datenbank und dem Anwendungssystem.
Diese Situation begünstigt die Integrationsmöglichkeiten von Expertensystemen in bestehende Personalinformationssysteme sehr intensiv und erlaubt es, das unterlegte Datenbanksystem mit seinen Dateiverwaltungsfunktionen als Schnittstelle zwischen beiden Systemen zu nutzen. Andererseits wird die Strukturierung der Datenrecords bei den ES und damit die Dateiformate für die Daten und Fakten der Wissensbasis sehr restringiert und können die Effektivität des wissensbasierten Systems stark schmälern. Es ist also eine Überprüfung der bisher im Personalinformationssystem verwendeten Dateiformate und -felder unabdingbar, und zwar mit dem Ziel, möglichst über die Dateimanagementfunktion Routinen zu konzipieren, die einen 'join' bzw. die Konzeption von partiellen Datenformaten für das ES aus den vorhandenen

Dateien erlauben [294]. Ein weiterer Aspekt der Integration von Expertensystemen in ein bestehendes Personalinformationssystem ist die Frage der Datenkonsistenz, d. h., daß immer die Verarbeitung und der Zugriff von beiden Systemen auf den gleichen aktuellen Stand der Daten gewährleistet sein muß und darüber hinaus vom Expertensystem nur neue Daten geschaffen werden, die eine Weiterverarbeitung durch das Personalinformationssystem erlauben, sofern die ursprünglichen Daten aus dem gemeinsam genutzten Datenpool stammen.

Die Integration von wissensbasierten Systemen und bestehenden PIS bietet jedoch auch wesentliche Vorteile, die auf der unterschiedlichen Konzeption beider Systeme basieren. Während Expertensysteme nur für einen kleinen Anwendungsbereich und nur bei spezifischen Konstellationen sich als effektiv erweisen, sind Personalinformationssysteme Instrumente, die universellere und vorwiegend auf administrativer Ebene gelagerte Aufgaben im Personalwesen unterstützen. Es sind also nicht gegenseitig substituierbare Systeme, sondern Systeme, die bei einer sinnvollen Kombination Synergieeffekte erwarten lassen, insbesondere durch die wissensbasierte Unterstützung bei dispositiv gelagerten Aufgabenstellungen.

Insofern stellen Expertensysteme im Personalwesen eine zweckmäßige Ergänzung des bisherigen Funktionsumfangs von Personalinformationssystemen dar, der sich bisher zum überwiegenden Teil auf die Unterstützung von administrativen Tätigkeiten beschränkte und der der in der Literatur häufig formulierten Forderung nach einer Erweiterung um dispositive Elemente nicht entsprechen konnte, da nur konventionelle höhere Programmiersprachen für die Implementation zur Verfügung standen.

Die Abbildung II 27 zeigt das schematisierte Konzept der Integration von Expertensystemen in ein bestehendes PIS mit einem unterlegten Datenbanksystem als Schnittstelle.

---

[294] Unter dem Begriff 'join' oder auch Verbund zwischen verschiedenen Dateien ist die Gestaltung einer neuen Datei aus Dateienfeldern verschiedener bestehender Dateien zu verstehen.
Schlageter/ Stucky (1983), S. 87

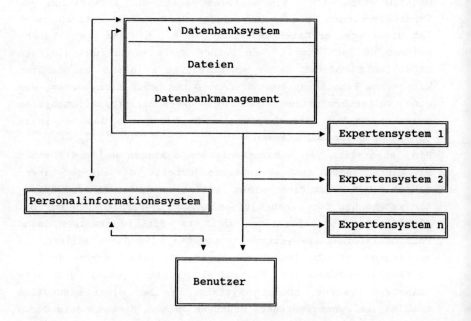

Abbildung II 27 : Die Integration von Expertensystemen in ein
Personalinformationssystem

Die Abbildung II 27 verdeutlicht auch die Möglichkeit, mehrere wissensbasierte Systeme auf einem Datenbanksystem zu installieren, um einen möglichst hohen Synergieeffekt zu erzielen. Dies kann durch die Verarbeitung von ki-relevanten Dateien in mehreren Expertensystemen erfolgen und entspricht damit der Methode, die verwendeten Wissensbasen möglichst klein zu konzipieren, um keine Effizienzprobleme bei den Inferenzprozessen hervorzurufen.

Eine vollständige Integration wäre dann geschaffen, wenn die in der Datenbank gehaltenen Dateien und ihre Datenfelder sowohl von dem PIS als auch von einem Expertensystem verwendet werden können und Daten des einen Systems vom anderen System wechselseitig modifizierbar sind.

11.2 Die Integration von Expertensystemen in eine vorhandene Personaldatenbank

Viele Unternehmen verwenden kein Personalinformationssystem sondern eine standardisierte Datenbank, die den Spezifika der Personaldaten angepaßt wurde und durch eine Methodenbank erweiterbar ist [295].
Insbesondere bei der Nutzung von Standarddatenbanksystemen gestaltet sich die Integration von Expertensystemen relativ unkompliziert, wenn für die Entwicklung des ES eine Shell verwendet wurde, die implementierte Schnittstellen zu Standarddatenbanken in Form von Übergaberoutinen besitzt und diese sich in das Regelwerk als Input-Output-Prozeduren für die Fakten einbinden lassen [296].
Die systemabhängigen Übergaberoutinen sind jedoch noch keine hinreichenden Bedingungen für eine vollständige Integration. Diese kann erst durch die Überprüfung der Konsistenz der Dateiinhalte nach den Zugriffen von beiden Systemen erzielt werden. Dies impliziert die Bereitstellung der jeweils aktuellsten Daten für eine Verarbeitung und die Unterdrückung von Zugriffen auf Datensegemente des einen Systems, während parallel eine Aktualisierung über das andere System durchgeführt wird. Ein weiterer Gesichtspunkt ist die konsequente Berücksichtigung der Dateiformate und Struktur der Datenrecords. Erst die Festlegung gemeinsamer Dateiformate und -felder für beide Systeme - das ES und die Datenbank - ermöglicht das Prinzip der Nutzung eines einzigen Datenpools.
Die formale Integration des Expertensystems in eine Personaldatenbank erfolgt in ähnlicher Weise wie bei einem Personalinformationssystem, nur daß die Datenbank in diesem Fall nicht mehr die Schnittstelle darstellt, sondern nur die physischen Dateien.

---

[295] J. Hentze, A. Heinecke (1989a), S. 20

[296] H.-J. Bullinger/ G. Wasserlos (1989), S. 22

Die Abbildung II 28 verdeutlicht noch einmal zusammenfassend das Integrationskonzept.

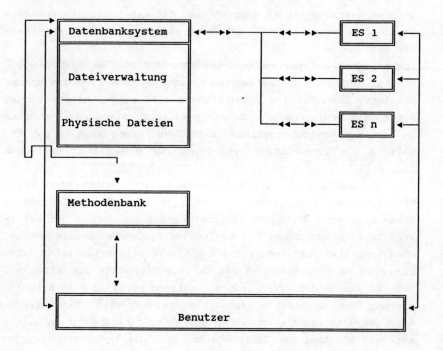

Abbildung II 28 : Die Integration eines ES in ein Datenbanksystem

11.3 Alternative Integrationsmöglichkeiten von Expertensystemen in bestehende EDV-Konfigurationen

Die Integration von nachträglich entwickelten wissensbasierten Systemen für die Aufgabenbewältigung in der Personalwirtschaft in ein geschlossenes EDV-System für den Personalbereich, das eine eigenständige Datenverwaltung besitzt und nur auf einer speziellen Hardware implementierbar ist, läßt sich nicht mehr über ein Standarddatenbanksystem als Schnittstelle realisieren. Zum einen sind beide Systeme nur auf einer unterschiedlichen Hardware einsetzbar, zum andern weist das konventionelle System noch keine Schnittstellen zu Standardsoftware-Modulen auf.

Die sich dadurch bietenden Konditionen für eine Integration von wissensbasierten Systemen lassen sich deshalb als ungünstig bezeichen, zumal dann, wenn das KI-System auf einer völlig anderen Hardware-Konzeption realisiert wurde.
In einem solchen Fall können verschiedene Strategien für einen Datenaustausch in Dependenz mit der vorgefundenen Hardware genutzt werden :

1. Die Verwendung von bereitgestellten herstellerabhängigen Terminalemulationen.
2. Die Verwendung von spezifischen Konvertierungsroutinen für die unterschiedlichen Dateiformate und der Transfer über serielle Schnittstellen nach genormten Übertragungsprotokollen.

Die erste Variante läßt sich nur dann in Betracht ziehen, wenn das geplante ES auf einem Personal-Computer implementiert wird und das auf der Hardware für geschlossene Systeme aufgesetzte Betriebssystem eine dezentrale Speicherung von den angelegten Dateien auf dem PC zuläßt. Die abgelegten Dateien müssen jedoch vor einer Nutzung durch das ES entsprechend in ein für das ES lesbares Format konvertiert werden.

Die zweite Variante ist unabhängig von der Existenz einer Terminalemulation durchführbar, sie bedingt jedoch die Entwicklung von eigenen Konvertierungs- und Transferroutinen, die den Datentransfer über die serielle Schnittstelle verwalten. Beide Varianten lassen exakt gesehen keine "echte" Integration eines wissensbasierten Systems zu, da der Datentransfer nur einseitig, d.h. vom konventionellen System zum wissensbasierten System erfolgt und keine Konsistenz zwischen den dezentralen und zentralen Daten gewährleistet ist. Die Konsequenz dieser Integrationslösung ist eine zusätzliche Restriktion des Funktionsumfangs des ES, da es nicht mehr möglich ist, neue Fakten über das ES zu erzeugen und für eine Weiterverarbeitung zu speichern. Das wissensbasierte System würde damit nur noch einen deduktiven Ablauf haben, der auf dem aktuellen Stand des konventionellen Systems aufbaut und über die Kombinatorik zu neuen Ergebnissen führt, die nicht in das bestehende System eingebracht werden können.

Insofern sollten beide Varianten sehr sorgfältig vor der Entwicklung eines wissensbasierten Systems geprüft werden, um der Situation entgegenzutreten, daß nach der Realisierung keine vertrebare Relation zwischen dem Entwicklungsaufwand und dem Nutzen des neuen Systems besteht.

Verbessernd auf die Situation kann sich die Unterstützung von seiten des Hardware-Herstellers auswirken, wenn z. B. für spezielle Rechnerarchitekturen die Option zur Installation von Terminalnetzen mit einem oder mehreren Host-Rechnern vorhanden ist, werden die notwendigen Datentransferprozesse massiv von der Hardware und Systemsoftware unterstützt [297]. Dies ist jedoch für jeden Einzelfall entsprechend zu prüfen.

---

[297] Z.B. bei der Verwendung von mittleren und größeren IBM-Anlagen in einem Terminalnetz mit der IBM-spezifischen SNA-Architektur.
F.-J. Kauffels (1989), S. 377ff.

III. Potentielle Realisierungshemmnisse für Expertensysteme in der Praxis

12. Determinanten der Applikationsmöglichkeiten von Expertensystemen im Personalbereich

Die Analyse des Applikationspotentials hat gezeigt, daß die Determinanten für die Entwicklung von wissensbasierten Systemen im Personalbereich nicht nur auf der Struktur und dem Charakter von Aufgabengruppen in den personalwirtschaftlichen Funktionen basieren, sondern auch technische Aspekte einbeziehen. Hinzu kommt die Aufgabenart und die Form der Problemlösung, die als weitere entscheidende Parameter den Nutzungsgrad eines wissensbasierten Systems bestimmen.

Die Diskussion hat auch gezeigt, daß Expertensysteme immer nur einen kleinen Teil einer personalwirtschaftlichen Funktion betreffen und daß damit die These, daß ein System für eine Funktion bzw. für die Aufgaben des gesamten Gebietes der Personalwirtschaft unrealistisch ist.

Dies wiederum ist ein wichtiges Argument, das die teilweise verbreitete Vorstellung widerlegt, wissensbasierte Systeme könnten langfristig die Aufgabe von Personalinformationssystemen wahrnehmen und diese substituieren. Während Personalinformationssysteme insbesondere für die administrativen Aufgaben eingesetzt werden und integrativ die aus den einzelnen personalwirtschaftlichen Funktionen stammenden Informationen behandeln [1], besitzen die Expertensysteme ein kontrapositionäres Prinzip : sie eignen sich für dispositive Aufgaben und verarbeiten fundierte, aber restriktiv zu haltende Datenbestände, die in der Regel nur aus einem kleinen Bereich einer personalwirtschaftlichen Funktion stammen.

---

[1] Die gleiche Aussage trifft auch für andere Systeme, z. B. Datenbanksysteme zu, die für den gleichen Zweck in der Personalwirtschaft eine Verwendung finden.

12.1 Das Kriterium der bestehenden EDV-Struktur

Es drängt sich damit die Fage auf, wie überhaupt Experten- und Personalinformationssysteme oder ähnliche Implementierungen sinnvoll nebeneinander in der Personalarbeit genutzt werden können und welche Aufgabenbereiche welchem System zugeordnet werden können.

Dazu ist zunächst eine Zusammenfassung der Applikationsmöglichkeiten der Expertensysteme in bezug auf die Aufgabengruppen innerhalb der personalwirtschaftlichen Funktionen und ein anschließender Vergleich mit dem generellen Leistungsumfang von Personalinformationssystemen erforderlich. In der Praxis besitzt diese Vorgehensweise nur Gültigkeit, wenn das bisher installierte System hardwareunabhängig ist, d.h. auf ein Datenbanksystem aufbaut und über eine Kommunikationssprache, die in die Anfragesprache der Datenbank umgesetzt wird, auf das Datenverwaltungssystem zugreift. Erst bei einer derartigen Konstellation ließe sich situativ betrachtet von echten Entscheidungsalternativen bei spezifischen Aufgaben zwischen dem PIS und dem ES sprechen, da nur in diesem Fall Datenbestände von beiden Systemen genutzt werden können. Andere Bedingungen lassen nur bei theoretisch vorhandenen Wahlmöglichkeiten eine Entscheidung zugunsten des schon installierten Systems zu, weil sonst neue Datenbestände für das Expertensystem erst aufgebaut werden müßten, was mit einem sehr hohen Aufwand verbunden ist. Die Diskussion über die Anwendungsmöglichkeiten von wissensbasierten Systemen in der Personalwirtschaft hat gezeigt, daß es unter technischen und ökonomischen Aspekten und unter Berücksichtigung spezifischer betrieblicher Konditionen durchaus sinnvoll ist, Expertensysteme für folgende Aufgaben in den einzelnen personalwirtschaftlichen Funktionen zu realisieren :

1. Personalbedarfsermittlung
    - ES für die Erstellung von Anforderungsprofilen
    - ES für die Erstellung von Fähigkeitsprofilen
    - ES für die Unterstützung bei der Verwendung eines Methodenverbundes bei der qualitativen Personalbedarfsermittlung (insbesondere bei der Szenarientechnik)
    - ES für die Szenarienbeurteilung

2. Personalbeschaffung
- ES für die Abgrenzung der Beschaffungsmärkte
- ES für die Auswahl des Beschaffungsweges
- ES für die Kontrolle des Beschaffungsprozesses und der Initiierung von Korrekturmaßnahmen
- ES als Instrument der Eignungsdiagnostik

3. Personalentwicklung
- ES für die Bestimmung des Entwicklungsvolumens
- ES für die Selektion der Entwicklungsmaßnahmen
- ES als Kontrollinstrument für Entwicklungsmaßnahmen
- ES für die strategische Planung in der Personalentwicklung

4. Personaleinsatz
- ES für eine Stellenbesetzungskontrolle und -korrektur

5. Personalerhaltung
- ES für die Gehaltsfindung und Wahl von Mitarbeiterbeteiligungen im außertariflichen Bereich

6. Personalfreisetzung
- ES für die Bestimmung von Freistellungsmaßnahmen

Die von den Personalinformationssystemen zum überwiegenden Teil unterstützten Aufgaben unterscheiden sich sehr stark von dieser Aufzählung und lassen sich in fünf Hauptfunktionen gliedern [2]:

- Die Personalabrechnung,
- Die Zeitermittlung,
- Die Personalplanung,
- Die Stammdatenverwaltung und
- Administration

---

[2] J. Hentze/ A. Heinecke (1989b), S. 61

Insbesondere die Personalplanung wird nicht von allen Systemen unterstützt und beschränkt sich auf quantitative Methoden [3].
Die in den Hauptfunktionen enthaltenen Gebiete lassen sich der Abbildung III 1 entnehmen.

Die Personalabrechnung	Die Stammdatenverwaltung
. Berechnung v. Löhnen und Gehältern . Lohnsteuerabrechnung . Sozialversicherungen . Pfändung und Darlehn . Telefonabrechnung usw. **Die Zeitermittlung** . Anwesenheitskontrolle . Fehlzeitenstatistik . Gleitzeitermittlung . Urlaubsabrechnung . Schichtpläne . Krankenstand **Die Personalplanung** . Einsatzplanung . Fortbildungsplanung . Sozialprogramme . Lohn- u. Gehaltspolitik . Bedarfsplanung	. Änderungsdienste . Arbeitsvertragsdaten . Besteuerungsdaten . Ausbildungsdaten . Tätigkeiten . bisherige Beschäftigung . Beurteilungsdaten . etc. **Die Administration** . Entlassungen . Versetzungen . Leistungsbewertung . Disziplinarmaßnahmen . Terminüberwachung . Einstellungen . etc.

Abbildung III 1 : Mögliche Funktionen eines Personalinformationssystems [4]

---

[3] Eine vertiefende Diskussion über die Grenzen von Personalinformationssystemen findet sich bei :
H. G. Grünefeld (1987), S. 50f.

[4] J. Hentze/ A. Heinecke (1989b), S. 61

Die Abbildung verdeutlicht, daß wissensbasierte Systeme für den Personalbereich keine Substitute für Personalinformationssysteme sein können, sondern tatsächlich eher eine Komplettierung für den bisherigen Anwendungsbereich von Personalinformationssystemen darstellen, der sich primär auf administrative Aufgabengebiete beschränkt hat.

Expertensysteme bieten damit überhaupt eine reale Chance, diesen häufig bemängelten einseitigen administrativen Schwerpunkt der PIS, der aus der Implementierung mit Hilfe von konventioneller Software resultiert, zu verlagern und ein flexibleres EDV-Instrumentarium innerhalb der Personalarbeit einzusetzen.

Dies läßt sich jedoch nur unter einigen Voraussetzungen realisieren, von denen die wichtigste eine Definition einer Schnittstelle zwischen den beiden Systemen ist.

Wie schon an anderer Stelle darauf hingewiesen wurde, besitzen die modernen Personalinformationssysteme eine gewisse Hardwareunabhängigkeit und ein isoliertes Datenverwaltungsmanagement, das auch durch unterschiedliche Datenbanksysteme wahrgenommen werden kann.

Die Datenbanken sind im Prinzip der 'Schlüssel' zu einer praxisnahen Lösung des Integrationsproblems, sofern von beiden Systemen Schnittstellen implementiert sind, die einen Datenaustausch und ein separates Datenmamagement über die Datenbank zulassen.

Dem Benutzer obliegt in einem solchen Fall nur noch der Dateienentwurf, bei dem die Schwierigkeit darin besteht, Datensätze zu finden, die für beide Systeme für abgeschlossene Anwendungen auch die entsprechenden Datenfelder beinhalten und damit auch einen sinnvollen Datenaustausch zwischen PIS und ES erlauben [5].

Die Applikationsmöglichkeiten von wissensbasierten Systemen korrelieren - wie die Kombination mit einem Personalinformationssystem verdeutlicht - sehr stark mit der Existenz und dem Leistungsumfang von standardisierten Datenmanagementsystemen. Diese Tatsache ist ein entscheidener Vorteil, der insgesamt eine

---

[5] Ein Beispiel für einen sinnvollen Datenaustausch sind die Stellenanforderungsprofile, die sowohl vom PIS als auch vom ES genutzt werden.

potentielle wirtschaftliche Vertretbarkeit dieser neuen Software-Technologie liefert. Einerseits erlaubt diese Konzeption den nachträglichen Einsatz von Expertensystemen in eine bestehende EDV-Struktur, andererseits läßt sich der Entwicklungsaufwand für diese Systeme insofern reduzieren, daß eine Konzentration auf das Regelwerk in Relation zu den schon vorhandenen Datenbeständen und dem zu transferierenden Expertenwissen nur zu erfolgen hat [6].

Ähnlich wie bei den Personalinformationssystemen gestaltet sich auch die Kombination von wissensbasierten Systemen mit anderen EDV-Instrumenten im Personalwesen, immer unter der Prämisse, daß das bereits vorhandene System ein unabhängiges Datenverwaltungsmanagement besitzt, zu dem die Shell für ein Expertensystem eine Schnittstelle aufweist.

Bei Berücksichtigung dieser Prämisse wäre es damit auch möglich, das Konzept der Methodenbanken mit einem wissensbasierten System zu kombinieren, indem das potentielle Expertensystem wie eine isolierte Methodenkomponente behandelt wird [7], die jedoch eine dispositive Funktion unterstützen soll.

---

[6] Dieser Entwicklungsaufwand ist unumgänglich, da es unmöglich ist, standardisierte Expertensysteme bzw. Regelwerke für bestimmte Einsatzbereiche zu beziehen.

[7] Zu der Funktion von Methodenbanken finden sich detailliertere Ausführungen u.a. bei :
J. Hentze / A. Heinecke (1989a), S. 20

Generalisierend lassen sich damit die Expertensysteme in eine
EDV-Struktur in der in Abbildung III 2 schematisiert dargelegten
Form einbinden.

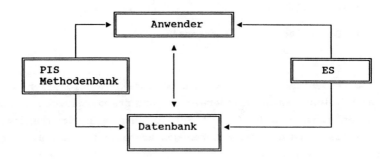

Abbildung III 2 : Einbindung eines ES in eine EDV-Struktur

Diese Einbindung verspricht jedoch nur dann einen synergetischen
Effekt in bezug auf die Applikationsmöglichkeiten von Expertensystemen, wenn

1. die Datenstrukturen in der als Schnittstelle fungierenden
   Datenbank ohne größere Modifikationen von beiden gekoppelten Systemen verwendbar sind und

2. keine Konsistenzprobleme dabei entstehen.

Andernfalls ist das schon vorhandene Datenmaterial für den Aufbau einer Wissensbasis des Expertensystems nicht nutzbar und die
Effektivität des neuen Systems aufgrund der unterschiedlichen
Datenvolumina in Frage zu stellen.
Sollte dennoch ein wissensbasiertes System implementiert werden,
wäre dies nur mit dem Aufbau einer eigenen Wissensbank möglich,
was den Anwendungsbereich sehr schmälert.

Die realistischen betrieblichen Applikationsmöglichkeiten in Abgrenzung zum Applikationspotential für Expertensysteme sind damit sehr eng mit den eventuell vorhandenen EDV-Strukturen verbunden.

12.2 Das Kriterium Fachpersonal

Expertensysteme sind im Vergleich zur konventionellen Software für bestimmte Anwendungsbereiche nicht standardisierbar, sondern müssen immer mit Hilfe von Entwicklungswerkzeugen anwendungsspezifisch und unternehmensbezogen erstellt werden. Dies bedingt eine Zusammenarbeit von dafür ausgebildeten Mitarbeitern und eventuell Vertretern von Software-Unternehmen, falls das eigentliche Software-engineering betriebsextern erfolgen soll. Ein weiterer Aspekt ist der durchzuführende Wissenstransfer von dem für das Anwendungsgebiet zuständigen Experten zum ES-Entwickler. Gelingt es z.B. nicht, dieses Wissen in einem Regelwerk abzubilden, was ursächlich auf die Nicht-Strukturierbarkeit des vom Experten vermittelten Wissens zurückzuführen ist, ist eine erfolgreiche Anwendung eines ES in Frage zu stellen, da die Qualität des Regelwerkes nicht ausreicht, um das Wissensspektrum einer Person bei gegebener Problemdefinition in eine operationale Handlung umzusetzen. Der Erfolg der Realisation und Anwendung basiert damit in einer massiven Form auf dem Wissenstransfer zwischen dem Experten und knowledge-engineer.

Die dritte Gruppe sind die eigentlichen Benutzer bzw. Anwender des Systems. Ihr Einfluß auf die tatsächlichen Applikationsmöglichkeiten scheint zwar auf den ersten Blick sehr groß, ist jedoch aufgrund der einfachen Handhabbarkeit der wissensbasierten Software-Programme, die eine gute Benutzerführung bieten, zu relativieren. Akzeptanzprobleme, die in früheren Zeiten bei der Einführung von EDV-Systemen sehr häufig aufgetreten sind, sind bei wissensbasierten Implementationen nicht zu erwarten und können daher als entscheidendes Kriterium für den Erfolg oder Mißerfolg dieser neuen Technologie vernachlässigt werden. Relevanter sind Kenntnisse über die Arbeitsweise von wissensbasierten Systemen, die es dem Benutzer ermöglichen, die einzelnen Konklusionen bzw. Inferenzschritte des Systems nachzuvollziehen und gegebenenfalls durch situative Konstrukte Fehlleistungen vom System zu überprüfen. Dies führt u. a. auch dazu, daß es dem Benutzer nach einer gewissen Einarbeitungszeit möglich ist, den Funktionsumfang des ES abzuschätzen und zu erkennen, inwiefern sein Problem überhaupt mit Hilfe des Systems gelöst werden kann.

Ein weiterer wichtiger Aspekt ist die ständige Modifizierung des Wissens im System, das natürlich nur durch eine dynamische Erweiterung bzw. Veränderung dem sich wandelnden Expertenwissen angeglichen werden kann. Die notwendigen Impulse können dazu sowohl von der Expertengruppe als auch von den Benutzern gegeben werden, von denen z. B. durch ihre Kenntnisse über das System nicht korrekte Konklusionen notiert werden, die gerade in der ersten Phase der Anwendung auftreten können.

12.3 Rechtliche Determinanten bei der Applikation von wissensbasierten Systemen

Wie schon mehrmals angedeutet wurde, ist die Einführung von neuen EDV-Systemen, die personenbezogene Daten verarbeiten sollen, nicht ohne die Einbeziehung des Betriebsrates möglich. Dies hat sich beispielsweise sehr stark an der Diskussion zu Beginn der 80er Jahre über die Einführung von Personalinformationssystemen gezeigt, die, sei es aus Unkenntnis oder auch aufgrund von berechtigten Forderungen des Betriebsrates, sehr häufig scheiterte bzw. zu einer Unruhe innerhalb der Belegschaft eines Unternehmens führte.
Die gleiche Problematik kann sich auch in ähnlicher Art und Weise bei der Diskussion über den Sinn und Zweck von wissensbasierten edv-gestützten Systemen wiederholen bzw. sogar verstärken, da diese Art von Software weit über die Grenzen von Personalinformationssystemen hinausgehen kann, denn je nach der Konzeption der wissensbasierten Systeme kann es sich nur um ein Informationsbeschaffungsinstrument handeln oder darüber hinaus um ein System der aktiven Einflußnahme auf personalwirtschaftli-

che Entscheidungsprozesse. Dies ist genau dann der Fall, wenn vom System entsprechend ausgearbeitete Vorschläge dem Entscheider unterbreitet werden bzw. der Entscheider die Selektion einer der im Verlauf des Entscheidungsprozesses präferierten Alternativen dem System überläßt. Genau für diese Situation besteht zur Zeit noch ein rechtsfreier Raum.

Die Grundlage zur Einflußnahme des Betriebsrates im Hinblick auf den Einsatz von Expertensystemen im Personalwesen bildet daher noch der § 87 BetrVG Abs.1 Nr. 6, wo es heißt :

"(1) Der Betriebsrat hat, soweit eine gesetzliche und tarifliche Regelung nicht besteht, in folgenden Angelegenheiten mitzubestimmen:

.... 6. Einführung und Anwendung von technischen Einrichtungen, die dazu bestimmt sind, das Verhalten oder die Leistung der Arbeitnehmer zu überwachen..."

Der Arbeitgeber kann nur mit Zustimmung des Betriebsrates die Einführung bzw. Anwendung dieser Systeme durchsetzen. Er hat jedoch bei einer nicht zustande gekommenen Verständigung die Möglichkeit, die Einigungsstelle anzurufen und bei einem für ihn negativen Spruch eine arbeitsgerichtliche Klage anzustreben. Der § 87 Abs.1 Nr. 6 trifft zwar nicht in jedem Falle auf alle Personalinformationssysteme zu [8], er ist jedoch für alle dargestellten Applikationsmöglichkeiten von Expertensystemen bindend, da es sich bei allen Systemen um EDV-Instrumente handelt, die quantitatve und qualitative personenbezogene Kriterien verarbeiten, vergleichen und z.T. Konsequenzen daraus ziehen.

Ein weiterer Aspekt ist die Berücksichtigung des Individualrechts des Arbeitnehmers, dessen Persönlichkeitssphäre durch die Speicherung seiner Daten und die Zugriffs- und Kontrollmöglichkeiten des Arbeitgebers bzw. von Mitgliedern des Betriebsrates verletzt werden kann. Die daraus abzuleitenden Rechte des Arbeitnehmers sind in § 79 des BetrVG und § 18 Abs. 4 des BDSG verankert, nach denen nur ein kleiner Kreis zusammen mit einem betrieblichem Datenschutzbeauftragten Zugang zu den Daten be-

---

[8] Ausgenommen sind z. B. Personalinformationssysteme, die reinen Abrechnungszwecken dienen (z.B. für die Lohn- und Gehaltsabrechnung zu ermittelnden Fehlzeiten).

sitzt und einer Geheimhaltungspflicht unterliegt. Zudem ist die Speicherung von persönlichen Daten durch den Arbeitgeber nur erlaubt, wenn die gewonnenen Daten als unverzichtbar für den Arbeitgeber zu betrachten sind [9]. Dazu gehören u.a. nicht die Bewerberdaten nach Abschluß des Einstellungsentscheidungsprozesses oder personenbezogene Daten, die ohne einen schon absehbaren Bezug im Vorfeld einer Anwendung erhoben worden sind. Diese Normen würden damit z. B. dem längerfristigen Aufbau von Wissensbasen bei den Expertensystemen, sofern es sich um persönliche Daten handelt, entgegenstehen und diesen allein auf die Berufung des Bundesdatenschutzgesetzes verhindern. Weitere Individualrechte des Arbeitnehmers sind das Recht auf Einsichtnahme in die Personaldatei (§ 83 BetrVG), das Beschwerderecht (§ 84,85 BetrVG) sowie das Recht auf Auskunft und Löschung (nach § 26 bzw. § 27 BDSG).
Im Betriebsverfassungsgesetz finden sich darüber hinaus noch kollektive Regelungen, die bei spezifischen Konditionen greifen.

Im einzelnen bestehen [10]

- Mitbestimmungsrechte bei der edv-technischen Bewerberauswahl (nach § 94 Abs. 1 und Abs. 2) [11],

- Mitbestimmungsrechte bei der Ermittlung von Fehlzeitenstatistiken (nach § 87 Abs. 1 Nr.1) und

- Mitwirkungsrechte bei Umstellung der Personalabrechnung vom OFF-Line- auf den ON-Line-Betrieb (nach § 90 Nr. 2)

Diese Aufzählung verdeutlicht, daß die Einführung von betrieblichen Expertensystemen im Personalbereich sehr schnell an ihre Grenzen stößt und durch die Einflußnahme von seiten des Be-

---

[9] W. A. Oechsler / T. Schönfeld (1986), S. 731

[10] nach W. A. Oechsler/T. Schönfeld (1986), S. 726; M. Herberger (1991), S. 176

[11] Das Mitbestimmungsrecht schließt z.B. auch die Aufstellung der Beurteilungskriterien ein.

triebsrates bzw. des einzelnen Arbeitnehmers bestimmte Datenarten gar nicht erst erhoben werden dürfen oder nur in einer Form, die die Effektivität und die Vorteile von wissensbasierten Systemen nicht mehr zum Tragen kommen läßt [12].
Während bei der Einführung und Nutzung von Personalinformationssystemen in der Praxis immer noch der Weg über Betriebsvereinbarungen zwischen Betriebsrat und Arbeitgeber beschritten wurde, läßt sich diese Lösung kaum auf das Problem der Anwendung von Expertensystemen im Personalbereich transferieren, da die Betriebsvereinbarungen sehr detailliert formuliert sind und restriktiv gehandhabt werden. Ausgangspunkt für die Betriebsvereinbarungen ist der sogenannte 'Positivkatalog', der die erlaubten Anwendungen eines Systems abschließend regelt. Hauptsächliche Bestandteile sind u.a. [13]:

- Beschränkung der bereits vorhandenen und zukünftigen Datenquellen,
- Verbot der Speicherung über den Zweck des Beschäftigungsverhältnisses hinaus,
- abschließende Aufzählung der zulässigen Informationsverarbeitungsformen,
- grundsätzliches Verknüpfungsverbot verschiedener EDV-Systeme,
- Verpflichtung zur Vernichtung der Daten nach einer bestimmten Zeit,
- Informationspflicht des Arbeitgebers über alle Stufen der Planung und Einführung eines Systems,
- Regelungen über die Zugriffberechtigungen,
- Anonymisierung nach Ablauf einer festgelegten Frist und

---

[12] Beispielsweise wäre die Bewerberauswahl mittels eines Expertensystems nur dann möglich, wenn der Betriebsrat den herausgearbeiteten Selektionskriterien zustimmen würde, andernfalls muß beim Datenmaterial ein Kompromiß eingegangen werden, der zu einem qualitativ wesentlich schlechteren Ergebnis beim Einsatz eines Expertensystems führen kann.

[13] H. H. Wohlgemuth (1989), S. 67

- die Präferierung des Bundesdatenschutzgesetzes, falls sich dort günstigere Regelungen ergeben sollten.

Ein derartig restriktiver Katalog als Bestandteil von Betriebsvereinbarungen bei der Einführung von wissensbasierten Systemen würde dazu führen, daß ein Interessenausgleich zwischen Arbeitgeber und Arbeitnehmer nicht stattfindet.
Diese Situation und auch die Diskussion über die Einführung dieser neuen Softwaretechnik kann jedoch auch nicht zu dem Ergebnis führen, daß nun völlig auf diese Technik für dieses Anwendungsgebiet verzichtet wird [14].
Die bisherigen gesetzlichen Regelungen und auch die Konstruktion über die Betriebsvereinbarungen sind jedoch nicht hinlänglich ausreichend, um auch für dieses Problem einen "sozialverträglichen Kompromiß" zwischen der Arbeitnehmer- und Arbeitgeberseite zu schließen. Es besteht damit noch ein Handlungsbedarf, der die Einbindung dieser neuen wissensbasierten Systeme und gleichzeitig die Berücksichtigung der berechtigten Arbeitnehmerinteressen zum Ziel hat.

---

[14] Nach der bisherigen Rechtsprechung kann der Betriebsrat die Einführung von EDV-Instrumenten nicht unterbinden, da eine derartige Situation nicht mehr der Zuordnung der formalen Entscheidungsbefugnis des Arbeitgebers entspricht.
W. A. Oechsler/T. Schönfeld (1986), S. 729;
M. Herberger (1991), S. 176

Abbildung III 3 faßt den bisherigen Stand betriebsverfassungsrechtlicher Normen bei der Anwendung von EDV-Systemen im Personalbereich, die personenbezogene Daten verarbeiten, zusammen.

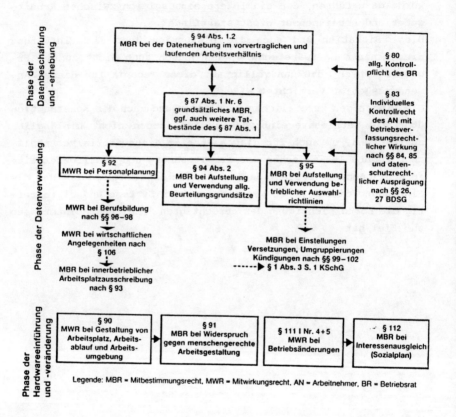

Abbildung III 3 : Betriebsverfassungsrechtliche Normen bei der Anwendung im Personalbereich [15]

---

[15] W. A. Oechsler / T. Schönfeld (1986), S. 725

12.4 Die Arbeitnehmervertretung

Die Situation bei der Einführung von ES im Personalwesen ist mit der von Personalinformationssystemen vergleichbar, allerdings wird mit wissensbasierten Systemen ein völlig anderes Niveau der personenbezogenen Datenverarbeitung tangiert, das bisher im innerbetrieblichen Bereich noch nicht in der Form existiert hat. Bisherige Bearbeitungsformen beschränkten sich auf das Speichern von Daten und die Verknüpfung dieser Daten in verschiedenen anwendungsbezogenen Methoden. Die Expertensysteme eröffnen jedoch die Möglichkeit, diese Primärdaten durch die Bearbeitung im Regelwerk ausschließlich systemimmanent zu modifizieren und für weitere Bearbeitungsschritte in anderen Systemen bereitzustellen [16]. Diese Form der personenbezogenen Datenverarbeitung bedarf völlig neuer Kontrollmechanismen, die, wie die rechtliche Situation schon darlegt, weit über die bisher bestehenden hinausgehen. Z. B. lassen sich Fälle nicht ausschließen, daß spezifische personenbezogene Eigenschaften und Kriterien in einer Datenbank existieren, die in konkludierter Form aus einem Regelwerk eines ES entstanden sind, aber nicht den Tatsachen entsprechen, da das Regelwerk selbst nicht dem Validitätsprinzip entsprechend konform reagiert. In solchen Situationen ist es unabdingbar, Kontrollmechanismen zu installieren, die eine weitere Verarbeitung dieser enstandenen Primärdaten unterbinden.
Es muß die Aufgabe der Arbeitnehmervertretung sein, diese Kontrollfunktion wahrzunehmen und die Rahmenbedingungen für die personenbezogene Verwendung von Expertensystemen im innerbetrieblichen Bereich zu bestimmen [17].
Theoretisch wäre als erster Schritt das Instrument der Betriebsvereinbarung zwischen der Arbeitnehmervertretung und der Unternehmensleitung denkbar und sicherlich als notwendige Voraus-

---

[16] Darunter ist die systeminterne Aufbereitung von Daten zu verstehen, die ohne eine menschliche Kontrolle zu neuen Ergebnissen führen kann und damit das Entscheidungs- und Kontrollpotential einer Maschine überläßt.

[17] Sofern in der jetzigen Situation die bisherigen rechtlichen Grundlagen die Nutzung von Expertensystemen überhaupt zulassen.

setzung unabdingbar aber nicht hinreichend. Es muß darüber hinaus gewährleistet sein, daß ein einzelner Arbeitnehmer im Prinzip auf seinen Wunsch hin über die Verwendung seiner persönlichen Daten in einem Expertensystem informiert wird, um eventuell gegen daraus individuell resultierende und objektiv nicht zu rechtfertigende Benachteiligungen aufgrund von Fehlinterpretationen des Systems entgegentreten zu können.

Einem derartigen Postulat sollte schon im Vorfeld der Betriebsvereinbarungen Rechnung getragen werden, aber unter detaillierteren Vorzeichen. Dies bedeutet zunächst einmal die Klärung des Begriffes 'persönliche Daten'. Wenn beispielweise über das ES nur auf personengruppenbezogener Ebene neue Daten und Informationen generiert werden, wären restriktiv handhabbare Informationsprozesse kaum durchführbar und würden die Effizienz von wissensbasierten Systemen durch den damit verbundenen Mehraufwand in Frage stellen. Insofern ist eine differenzierte Betrachtungsweise unerläßlich.

Handelt es sich tatsächlich um eine personenbezogene Entscheidungssituation, die zu bestimmten Konsequenzen führen kann und mit Hilfe eines wissensbasierten Systems gelöst wurde, sollte die betroffene Person davon in Kenntnis gesetzt werden, und zwar in der Form, daß die Entscheidungsentwicklung nachvollzogen werden kann. Diese Forderung ließe sich auch technisch unterstützen, indem zusätzlich zu dem eigentlichen Inferenzmechanismus für einen derartigen Fall ein Hintergrundprotokoll geführt wird, das die einzelnen Schritte bis zum Ende des Inferenzprozesses aufzeichnet. Anhand eines derartigen Protokolls ließen sich die einzelnen Begründungen für einen spezifischen Entscheidungsvorschlag des wissensbasierten Systems sukzessiv auflisten bzw. über einen Textgenerator in einer verständlichen Form aufbereiten, die dem betroffenen Mitarbeiter zur Verfügung gestellt werden könnte.

Allerdings zeigen sich auch bei dieser Vorgehensweise einige Schwachstellen, insbesondere bei den Kontrollmöglichkeiten, da es auch weiterhin möglich ist, das wissensbasierte System für personalwirtschaftliche Einzelentscheidungen zu nutzen, ohne die Arbeitnehmervertretung oder den jeweiligen Mitarbeiter davon in Kenntnis zu setzen.

Es besteht somit auch eine Notwendigkeit, den Zugang zu solchen Systemen durch die Arbeitnehmervertretung zu kontrollieren, und zwar nicht nur im Hinblick auf die Autorisierung der Personen, sondern auch auf die Form und den Inhalt der Anwendungen des Systems. Für diesen Zweck bieten sich z.B. Verfahren an, die bei edv-gestützten Informationssystemen angewandt werden. Insbesondere die Implementierung von Zugangsprotokollen, durch die sowohl der jeweilige Benutzer eines Systems fixiert wird, wie auch zum Teil die Zugriffe auf bestimmte Dateien, können ein wirksames Kontrollinstrument darstellen, indem die Zugänge innerhalb eines bestimmten Zeitraumes in schriftlicher Form der Arbeitnehmervertretung vorgelegt werden.

Zusammenfassend ist festzuhalten, daß die Kontrolle von wissensbasierten Systemen gerade bei der Verarbeitung von personenbezogenen Daten unerläßlich ist und gerade im betrieblichen Bereich durch die Arbeitnehmervertretung wahrgenommen werden sollte. Der eigentliche Kontrollprozeß ist jedoch wesentlich komplexer und schwieriger durchzuführen als bei den Personalinformationssystemen und kann im Prinzip nur dann erfolgreich sein, wenn zusätzlich zu den eigentlichen Anwendungen im ES Programm-Module installiert werden, die die durchgeführten ES-Sitzungen inhaltlich protokollieren, transparenter gestalten und nicht vom jeweiligen Benutzer manipulierbar sind. Diese Forderung sollte in eine mögliche Betriebsvereinbarung neben den darin zu verankernden organisatorischen Regelungen für die Benutzung eines ES im personalwirtschaftlichen Bereich eingehen. Ein zweiter Bestandteil einer Betriebsvereinbarung muß die Festschreibung eines permanenten Zugangsrechts zu den abgelegten Daten sein, das je nach Situation dem betroffenen Mitarbeiter oder der Arbeitnehmervertretung, wenn es sich um eine personengruppenbezogene Entscheidung handelt, zu gewähren ist.

13. Ausblick

Die Verwendung von wissensbasierten Systemen, die insbesondere in den industriellen Unternehmungen sehr häufig schon anzutreffen sind [18], werden auch nicht vor dem Personalbereich ausgegrenzt werden können, zumal sie, wie die vorangegangenen Ausführungen gezeigt haben, Funktionen innerhalb der Personalarbeit wahrnehmen können, die bisher von keinem EDV-System geleistet werden können. Expertensysteme sind damit kein Substitut oder eine Alternative für ein edv-gestütztes Instrument im Personalwesen einer Unternehmung, sondern eine Ergänzung, die bei einer sinnvollen Applikation die Entscheidungsqualität deutlich verbessern kann.

Aber gerade diese Eigenschaften der wissensbasierten Systeme obstruieren ihre Einführung und erfordern neue Rahmenbedingungen, die zum jetzigen Zeitpunkt im innerbetrieblichen Bereich noch nicht geschaffen werden können, da die prinzipiellen rechtlichen Determinanten vom Gesetzgeber für die personenbezogene Anwendung noch nicht geklärt worden sind. Dies gilt sowohl für das Bundesdatenschutzgesetz als auch in deduktiver Form für das Betriebsverfassungsgesetz, das sich schon bei der Einführung von Personalinformationssystemen in den 70er Jahren als unzureichend erwiesen hat.

Eine realistische Einschätzung zum jetzigen Zeitpunkt und bei den bisherigen Rahmenbedingungen für die Expertensysteme im Personalbereich kann deshalb nur zu dem Ergebnis führen, daß es nicht möglich sein wird, ein wissensbasiertes System aufbauend auf personenbezogenen Daten gegen die verschiedenen betrieblichen Interessensgruppen durchzusetzen und einzuführen.

Daß diese Situation keinen langfristigen Bestand haben wird, läßt sich allein durch die enormen Möglichkeiten der ES ableiten, die Frage ist nur, wann werden die Rahmenbedingungen geändert, um diesen Prozeß zu beschleunigen.

---

[18] Nach P. Mertens beläuft sich die Zahl der Expertensysteme in der Industrie in der Bundesrepublik auf 1287. P. Mertens (1990b), S. 33

Hierzu sind verschiedene Maßnahmen erforderlich, die durch unterschiedliche gesellschaftliche Gruppen initiiert werden müssen.

1. Der Gesetzgeber ist gefordert, die Regelungen für die Verarbeitung von personenbezogenen Daten auf der Basis von wissenbasierten Systemen zu schaffen, d. h. es muß eindeutig fixiert werden, in welcher Weise, für welche Zeitspannen und mit welchen Kontrollmechanismen es erlaubt ist, personenbezogene Daten durch ein System modifizieren zu lassen, das neue Daten ohne menschliche Eingriffe erzeugen kann.

2. Die Arbeitnehmervertretungen müssen zusammen mit den Arbeitgeberverbänden den bisher bestehenden rechtsfreien Raum in der Form abbauen, daß es unmöglich ist, die jetzige Situation von seiten der Unternehmen zu Fehlentwicklungen zu nutzen [19], die einer sinnvollen Diskussion über die Anwendung solcher Systeme langfristig nur abträglich sein können.

---

[19] Es sei an dieser Stelle darauf hingewiesen, daß schon vereinzelt auf dem Softwaremarkt KI-Produkte für den Personalbereich angeboten werden, bei denen es sich zwar nur um reine deduktive Systeme handelt, die aber jetzt schon permanent zu echten wissensbasierten Systemen weiterentwickelt werden.

3. Das Thema Expertensysteme sollte nicht tabuisiert, sondern in einer breiten Öffentlichkeit generell diskutiert werden, um nicht die gleichen Fehler wie im Rahmen der Einführung von Personalinformationssystemen zu wiederholen, bei der vielfach aus Unkenntnis der Thematik Argumente angeführt worden sind, die zu keinen Fortschritt beitrugen, da sie bei einer objektiven Betrachtung keinen sachlichen Bezug mehr besaßen. Es muß daher auch die Aufgabe der Wissenschaft sein, die Möglichkeiten von wissensbasierten Systemen in einer transparenten Form darzulegen und damit häufig anzutreffenden Spekulationen über die Möglichkeiten dieser Systeme entgegenzutreten.

In diesem Sinne läßt sich auch diese Arbeit interpretieren, die in erster Linie einen Denkanstoß liefern soll, der als ein kleiner Beitrag für eine Diskussion über Expertensysteme mit ihren Vor- und Nachteilen gewertet werden kann.

LITERATURVERZEICHNIS

Ackermann, K.-F./ Reber, G. (1981) : Entwicklung und gegenwärtiger Stand der Personalwirtschaftslehre, in : Personalwirtschaft, (Hrsg. : Ackermann, K.-F./ G. Reber), Stuttgart 1981, S. 3-53

Ampler, P. (et al.) (1975) : A versatile System for Computer Controlled Assembly, Journal Artificial Intelligence, No. 6, 1975

Anderson, D. (1989) : Artificial Intelligence and Intelligent Systems : The Implications, New York, Chister, Brisbane, Toronto 1989

Appelrath, H. J. (1983) : Inferenzmechanismen auf Relationalen Datenbanken, Diss, Dortmund 1983

Appelrath, H. J. (1985) : Von Datenbanken zu Expertensystemen, Informatik-Fachbericht 102, Berlin, Heidelberg, New York 1985

Appelrath, H. J. (1987) : Das EUREKA-Projekt PROTOS, in : Wissensbasierte Systeme, GI-Kongreß 87, (Hrsg. : Brauer. W., Wahlster, W., S. 1-11

Augustin, S./ Reminger, B. (1989) : Expertensysteme als Instrument der Informations-Logistik, in : IO Management Zeitschrift, 58. Jg., 1989, S. 67-70

Bach, W.-Ch. (1980) : Personalbemessung, Gießen 1980

Bailer, H. (1990) : Methoden zur Personalauswahl, in : K. Rischar : Optimale Personalauswahl, Köln 1990, S. 53-87

Barth, G./ Christaller, T. u.a. (1991) : Künstliche Intelligenz -Perspektive einer wissenschaftlichen Diziplin und Realisierungsmöglichkeiten, in : IS, 14. Jg., Heft 4, 1991, S. 201-206

Beach, D. S. (1980) : Personnel, 4. Aufl., New York 1980

Becker, F. (1988) : Personalführung im Rahmen einer strategischen Führung, in : ZfP, 2. Jg., Heft 3, 1988, S. 197-214

Beyer, H.-T. (1981) : Determinanten des Personalbedarfs, Bern, Stuttgart 1981

Beyer, H.-T. (1990) : Personallexikon, München 1990

Berthel, J. (1989) : Personal-Management, 2. Aufl., Stuttgart 1989

Bibel, W./ Siekmann, G. H. (Hrsg.) (1982) : Künstliche Intelligenz, Berlin, Heidelberg, New York 1982

Bibel, W. (1982) : Deduktionsverfahren, in : Künstliche Intelligenz, (Hrsg.) Bibel, W./ Siekmann, J. H., Berlin, Heidelberg, New York 1982, S. 99-140

Bisani, F. (1976) : Personalwesen - Grundlagen, Organisation und Planung - , Opladen 1976

Bisani, F. (1977) : Personalführung, Opladen 1977

Bisani, F. (1983) : Personalwesen - Grundlagen, Organisation und Planung - , 3. Aufl., Opladen 1983

Bisani, F. (1990) : Personalführung, 3. Aufl., Wiesbaden 1990

Boch, D. (1989) : Computergestützte Personalplanung bei der Siemens AG, in : Handbuch der moderenen Datenverarbeitung, Heft 149, 26. Jg., 1989, S. 128-138

Braun, W. / Kossbiel, H. / Reber, G. (Hrsg.) (1972) : Grundfragen der betrieblichen Personalpolitik, Wiesbaden 1972

Brauer, W./ Radig, A. (Hrsg.) (1985) : Wissensbasierte Systeme, GI-Kongreß 1985 (Informatik-Fachbericht 112) Berlin 1985

Brauer, W./ Wahlster, W. (Hrsg.) (1987) : Wissensbasierte Systeme, Berlin, Heidelberg, New York 1987

Bretz, H./ Maaßen, H. (1989) : Anreizsysteme : Von der "Mitarbeitererhaltung" zur "Strategischen Mobilisierung" der operativen Führung. in : ZFP, Heft 2, 1989, S. 139 - 152

Brockhoff, K. (1979) : Delphi-Prognosen im Computer-Dialog, Tübingen 1979

Brodie, M. L./ Mylopoulos, J./ Schmidt, J. W. (1989) : On conceptual Modelling, Berlin, Heidelberg, New York 1989

Buchanan, B. G./ Shortliffe, E. H. (1984) : Rule-Bases Expert Systems, Reading, Mass. 1984

Buchberger, B. (1982) : Computergestützter Algorithmenentwurf, in : Künstliche Intelligenz, (Hrsg.) Bibel, W. / Siekmann, J. H., Berlin, Heidelberg, New York 1982, S. 141-202

Bühner, R./ Kleinschmidt, P. (1989) : Rechnergestützter Personaleinsatz - dargestellt am Beispiel einer Fertigungsinsel-Organisation, in: Die Betriebswirtschaft, 49 Jg., Heft 6, 1989, S. 761-768

Büttner, U. u.a. (1988) : Expertensysteme zur Jahresabschluß- analyse für mittlere und kleinere Unternehmen, in ZFB, 58. Jg., 1988, S. 229 - 251

Bullinger, H.-J./ Warschat, J./ Raether, C. (1987) :
Expertensysteme in der industriellen Produktion, in :
Wissensbasierte Systeme, (Hrsg : Brauer, W./ Wahlster,
W.), Informatik-Fachberichte 155, Berlin, Heidelberg, New
York 1987, S. 35-52

Bullinger, H.-J./ Fähnrich, K.-P. (Hrsg.) (1988) :
Expertensysteme, Ehningen 1988

Bullinger, H.-J./ Wasserloos, G. (1989) : Die Entwicklung
praxisgerechter Expertensysteme, Landsberg am Lech 1989

Bungers, D. / Müller, B. S./ Raulefs, P. (Hrsg.) (1984) :
Grundlagen aus der Künstlichen Intelligenz, Arbeitspapier
der GMD, Bonn 1984

Byars, L. L./ Rue, L. W. (1987) : Human Resource Management,
Homewood, Illinois 1987

Byhan, W. C. (1975) : The Use of Assessment Centres in
Management Development, in : Management Development and
Training Handbook, B. Taylor / G. L. Lippitt (Hrsg.),
London 1975, S. 63 - 83

Casio, W. F./Award, E. M. (1981) : Human Resource Management,
an Information System Approach, Reston/Virginia 1981

Chruden, H. J./ Sherman, A. W. (1976) : Personnel Management,
5. Aufl., Cincinnati 1976

Cleary, J. G. (1988) : Acquisation of uncertain rules in a
probabilistic logic, in : Knowledge Acquisation for
Knowledge-based Systems, B. R. Gaines/ J. H. Boose
(Hrsg.), London, San Diego, New York, Toronto 1988,
S. 325-334

Collins, H. M. (1990) : Artificial Experts -Social
Knowledgement and Intelligent Machines-, MIT Press,
Cambridge, Massachusetts, 1990

Conradi, W. (1983) : Personalentwicklung, Stuttgart 1983

Crasemann, C. / Krasemann, H. (1988) : Der Wissens-Ingenieur,
in : IS, Heft 11, 1988, S. 43-48

Curth, M. A. / Lang, B. (1990) : Management der
Personalbeurteilung, München, Wien 1990

Domsch, M. (1975) : Personaleinsatzplanung, in : Handwörterbuch
des Personalwesens, E. Gaugler (Hrsg.), Stuttgart 1975,
Sp.1513-1525

Domsch, M. (1980) : Systemgestützte Personalarbeit,
Wiesbaden 1980

Domsch, M. / Reinecke, P. (1982) : Partizipative Personalentwicklung, in : Personalentwicklung (Hrsg.) H. Kossbiel, Sonderheft 14, ZfbF, 1982, S. 64-81

Dreyfuss, H. L. (1986) : Die Grenzen der künstlichen Intelligenz. - Was Computer nicht können -, Frankfurt 1986

Drumm, H. J. (1982) : Theorie und Praxis der Personalentwicklungsplanung, in : Personalentwicklung, ZfbF Sonderheft 14, H. Kossbiel (Hrsg.), Wiesbaden 1982 S. 50-63

Drumm, H. J. (1989) : Personalwirtschaftslehre, Berlin, Heidelberg, New York 1989

Drumm, H. J./ Scholz, Ch. (1988) : Personalplanung, Planungsmethoden und Methodenakzeptanz, 2. Aufl., Bern, Stuttgart 1988

Drumm, H. J. (Hrsg.) (1989) : Individualisierung der Personalwirtschaft, Bern, Stuttgart 1989

Eckardstein, D. v./ Schnellinger, F. (1973): Betriebliche Personalpolitik, München 1973

Eckardstein, D. v./ Schnellinger, F. (1975): Personalmarketing, in : Handwörterbuch des Personalwesens, E. Gaugler (Hrsg.), Stuttgart, 1975, Sp. 1592-1599

Eckardstein, D. v. / Schnellinger, F. (1978): Betriebliche Personalpolitik, 3. Aufl., München 1978

Eckardstein, D. v./ Schnellinger, F. (1988): Die Qualifikation der Arbeitnehmer in neuen Entlohnungsmodellen, Frankfurt a.M., Bern, New York 1988

Ellis, P. (1983) : Expert-systems, a Key innovation in professional and managerial problem solving, in : Information Age, Vol. 5, 1983, No. 1, S. 2-6

Ende, W. (1982) : Theorien der Personalarbeit im Unternehmen, Königstein/Ts. 1982

Fähnrich, K.-P. (1988) : Konzeption und Realisierung von Expertensystemen, in : Expertensysteme, Hrsg. Bullinger, H.-J. / Fähnrich, K.-P., Ehningen 1980, S. 147-177

Fahrion, R. (Hrsg.) (1988) : Kybernetische Aspekte moderner Kommunikationstechnik, Berlin 1988

Feigenbaum, E. A./McCorduck, P. (1983) : The Fifth Generation - Artificial Intelligence and Japan's Computer Challenge to the World, London 1983

Feigenbaum, E. (1985) : The land of the Rising 5th Generation, in : The Information Technology Revolution, (Hrsg.) T. Forrester, MIT Press, Cambridge Massachusetts 1985

Fenly, Ch. (1988) : Expert Systems, Concepts and Applications, Washington D.C., 1988

Fiedler, F. E. (1964) : A Contingency Model of Leadership Effectiveness, in : Advances in Experimental Social Psychology,(Hrsg.) L. Berkowitz, New York, London, 1964, S. 149-190

Finzer, P. (1991) : Der Einsatz von Expertensystemen im betrieblichen Personalwesen, in : ZfP, 5. Jg., Heft 2, 1991, S. 149 - 161

Fisher, C. D./ Schoenfeldt, L. F./ Shaw, J. B. (1990) : Human Resource Management, Boston 1990

Flecken, H. (1991) : Unterstützung der Personalarbeit durch die Kopplung von PC und Großrechner, in : Zeitschrift für Personalforschung, 5. Jg., Heft 2, 1991, S. 121 - 128

Forester, T. (1985) : The Information Technology Revolution, MIT Press, Cambridge Massachusetts 1985

Frank, U. (1988): Expertensysteme : Neue Automatisierungspotentiale im Büro- und Verwaltungsbereich ?, Wiesbaden 1988

Frank, U. (1989) : Expertensysteme : Ein erfolgversprechender Ansatz zur Automatisierung dispositiver Tätigkeiten, in : DBW, 49. Jg., 1989, S. 19-36

Freiling, M./Alexander, J./Messick, S. (et al.) (1985) : Starting a knowledge engineering projekt: A step-by-step approach, in : Artificial Intelligence Magazin, 6. Jg., Heft 3, 1985, S. 150-164

Fröhlich, W. (1987) : Strategisches Personal-Marketing, Düsseldorf 1987

Früchtenicht, H. (Hrsg.) (1988) : Technische Expertensysteme, Wissenpräsentation und Schlußfolgerungsverfahren, Wien 1988

Gabriel, R. / Frick, D. (1991) : Expertensysteme zur Lösung betriebswirtschaftlicher Probleme, in: ZfbF, 43. Jg., Heft 6, 1991, S. 544 - 565

Gaines, B. R./ Boose, J. H. (ed.) (1988) : Knowledge Acquisation for knowledge-based systems, Academic Press, London, San Diego u.a., 1988

Gerpott, T. J. (1990) : Erfolgswirkungen von Personalauswahlverfahren. in : ZFO, Heft 1, 1990, S. 37 - 44

Giannesini, F. u.a. (1986) : Prolog, Bonn 1986

Gliss, P. (1989) : Datenschutz und Prüftechniken bei mitbestimmten DV-Systemen, in : Handbuch der modernen Datenverarbeitung, Heft 149, 26. Jg., 1989, S. 79-89

Graham, I,/ Llewelyn Jones, P. (1988) : Expert Systems, Knowledge, Uncertainty and Decision, London, New York 1988

Grimson, E. L./ Patil, R. S. (ed.) (1987) : Artificial Intelligence in the 1980s and Beyond, MIT Press, Cambridge Massachusetts, 1987

Grünefeld, H.-G. (1987) : Personalberichterstattung mit Informationssystemen, Wiesbaden 1987

Guski, H.-G. / Schneider, H. J. (1983) : Betriebliche Vermögensbeteiligung, Teil 1, 2. Aufl., Köln 1983

Guski, H.-G. / Schneider, H. J. (1986) : Zwölfmal mehr Kapital, Köln 1986

Haber, C. (Hrsg.) (1985) : Künstliche Intelligenz, Repräsentation von Wissen und natürlichsprachlichen Systemen, Informatik-Fachbericht 92, 1985

Hackstein, R./ Nüssgens, K. H./ Uphus, P. H. (1971) : Personalwesen in systemorientierter Sicht, in : Fortschrittliche Betriebsführung, 20 Jg., 1971, Heft 1, S. 27 - 41

Hackstein, R. u.a. (1974) : Ergonomie und Personalplanung, Luxenburg 1974

Halloran, J. (1986) : Personnel and Human Resource Management, Englewood Cliffs 1986

Harmon, P. / King, D. (1989) : Expertensysteme in der Praxis, 3. Aufl., München, Wien 1989

Hart, P. (et al) (1972) : Artificial Intelligence - Research and Applikations, Techn. Report, SRI, Menlo Park, Californien 1972

Haugeland, J. (1987) : Künstliche Intelligenz - Programmierte Vernunft, Hamburg 1987

Haugg, F. (1987) : Modelle zur künstlichen Intelligenz, - Entwicklung, Techniken und Beispiele - , München 1987

Haugg, F. / Omlor, S. (1987) : LISP auf PC's, Methoden und Techniken der symbolischen Datenverarbeitung, München, Wien 1987

Havranek, Ch. (1988) : Wie Computer in der Personalpolitik helfen, in : Harvard-Manager, Heft 4, 1988, S. 35-40

Hayes-Roth, F./Waterman, D. A./Lenat, D. B. (1983) : Building Expert Systems, Reading, Massachusetts, New York u.a. 1983

Heinen, E. (1976) : Grundfragen der entscheidungsorientierten Betriebswirtschaftslehre, München 1976

Heinen, E. (1983) : Industriebetriebslehre, 7. Aufl., Wiesbaden 1983

Heneman III, H. G./Schwab, D. P./Fossum, J. A./Dyer, C. D. (1980) : Managing Personnel and Human Resources, Homewood Illinois 1980

Hentze, J. (1980) : Arbeitsbewertung und Personalbeurteilung, Stuttgart 1980

Hentze, J. (1986a) : Personalwirtschaftslehre Bd. 1, 3. Aufl., Bern, Stuttgart 1986

Hentze, J. (1986b) : Personalwirtschaftslehre Bd. 2, 3. Aufl., Bern, Stuttgart 1986

Hentze, J. (1991a) : Personalwirtschaftslehre Bd. 1, 5. Aufl., Bern, Stuttgart 1991

Hentze, J. (1991b) : Personalwirtschaftslehre Bd. 2, 5. Aufl., Bern, Stuttgart 1991

Hentze, J. (1991c) : Das Entscheidungsfeld Personalfreistellung im personalwirtschaftlichen Zielsystem, in : Charles Lattmann, Bruno Staffelberg (Hrsg.) : Die Personalfunktion der Unternehmung im Spannungsfeld von Humanität und wirtschaftlicher Rationalität, Würzburg 1991, S. 257 - 274

Hentze, J./ Brose, P. (1990) : Personalführungslehre, 2.Aufl.,Bern, Stuttgart 1990

Hentze, J./ Kammel, A. (1988) : Ansatzpunkte für eine Flexibilisierung der Führungskräfteentlohnung. in : ZfP, Heft 1, 1988, S. 41 - 56

Hentze, J./ Heinecke, A. (1989a) : EDV im Personalwesen, in: Personal, 41. Jg., Heft 1, 1989, S. 18-21

Hentze, J./ Heinecke, A. (1989b) : EDV im Personalwesen : Personalinformationssysteme, in : Personal, 41 Jg. Heft 2, 1989, S. 60-63

Hentze, J./ Heinecke, A. (1989c) : EDV im Personalwesen : Expertensysteme, in : Personal, 41. Jg., Heft 3, 1989, S. 102-106

Hentze, J./ Heinecke, A. (1989d) : EDV im Personalwesen : Der EDV-Einsatz in den funktionalen Bereichen der Personalwirtschaft, in : Personal, 41. Jg., Heft 5, 1989, S. 194-199

Hentze, J./ Heinecke, A. (1989e) : EDV im Personalwesen : Der EDV-Einsatz in der Personalentwicklung, in : PERSONAL, 41. Jg., Heft 6, 1989 S, 222-226

Hentze, J. / Heinecke, A. (1989f) : EDV im Personalwesen :
EDV-gestützte Unternehmensplanspiele in der Personalentwicklung, in Personal, 41. Jg., Heft 7, 1989, S. 278-283

Hentze, J./ Heinecke, A. (1989g) : EDV im Personalwesen :
EDV-Unterstützung des Personaleinsatzes, der Personalerhaltung und -freistellung, in : Personal, 41. Jg., Heft 8, 1989, S. 332-336

Hentze, J./ Heinecke, A. (1989h) : EDV im Personalwesen :
Konzept edv-orientierten Personalwirtschaft, in : Personal, 41. Jg., Heft 10, 1989, S. 422-426

Hentze, J./ Heinecke, A. (1989i) : Konzepte vorhandener Personalinformationssysteme - dargestellt anhand einer Produktauswahl, in : Handbuch der modernen Datenverarbeitung, 26. Jg., Heft 149, S. 12-24

Herberger, M. (1991) : Personalinformationssysteme und Mitbestimmung, in : ZfP, 5. Jg., Heft 2, 1991, S. 175 - 187

Herweg, R. (1989) : Einsatz von PCs für Personaldatenverarbeitung und andere sensitive Anwendungen, in : Handbuch der modernen Datenverarbeitung, Heft 149, 26. Jg., 1989, S. 90-96

Heymann, H.-H./ Motz, J. (1989) : Outplacement (Newplacement), in : Handbuch Personalmarketing, H. Strutz (Hrsg.), Wiesbaden 1989, S. 648-657

Hoeppner, W. (1988) : Künstliche Intelligenz, Informatik -Fachberichte Nr. 181, Berlin, Heidelberg, New York 1988

Hoffmann, F. (1984) : Computergestützte Informationssysteme, München, Wien 1984

Holly, W. H./Jennings, K. M. (1983) : Personnel Management, Functions and Issues, Chicago, New York 1983

Huckert, K. (1991) : Lokale Netzwerke im Personalmanagement, in : ZfP, 5. Jg., Heft 2, 1991, S. 111 - 120

Jackson, P. (1989) : Expertensysteme, 2. Aufl., Berlin 1989

Jarke, M. (1990) : Wissensbasierte Systeme - Architektur und Einbettung in betriebliche DV-Landschaften, in : Handbuch Wirtschaftsinformatik, Hrsg. : K. Kurbel/ H. Strunz, Stuttgart 1990, S. 459-480

Jeserich, W. (1981) : Mitarbeiter fördern und auswählen - Assessment-Center-Verfahren, München, Wien 1981

Jochmann, W. (1991) : Einzel-Assessment und Assessment-Center im Methodenvergleich, in : Die Personalführung, Heft 4, 1991, S.262-270

Jörg, G. (1989) : Ein Personalmanagement-Expertensystem in der Praxis, in : Personal, 41. Jg., Heft 10, 1989, S. 412-414

Johnson, L./ Keravnou, E.T. (1988) : Expert Systems Architectures, London 1988

Karras, D. / Kredel, L. / Pape, U. (1989) : Entwicklungs-Umgebungen für Expertensysteme, Berlin, New York 1989

Karbach, W. (1988) : Entwurfsmethodiken für wissensbasierte Systeme - Ein Überblick, GMD Bericht Nr. 22, September 1988

Karbach, W. (1988) : Methoden und Techniken des knowledge engineerings, Arbeitspapier der GMD 338, 1988

Karras, D./ Kredel, L./ Pape, U. (1987) : Entwicklungsumgebungen für Expertensysteme, Berlin 1987

Kapoun, J. (1989) : Künstliche Intelligenz und Expertensysteme in Industrie-, Handels- und Dienstleistungsbetrieben. Lausanne 1989

Kauffels, F.-J. (1989) : Rechnernetzwerksystemarchitekturen und Datenkommunikation, 2. Aufl., Mannheim, Wien, Zürich 1989

Kellner, A./ Belau, W./ Schielow, N. (1988) : Expertensysteme zur Überwachung und Diagnose, in : Expertensysteme, Hrsg. Bullinger, H.-J., Fähnrich, K.-P., Ehningen 1988, S. 93-112

Klee, H. W. (1989) : Zur Akzeptanz von Expertensystemen, Bergisch Gladbach, Köln 1989

Kleinhans, A. M. (1989) : Wissensverarbeitung im Management, Frankfurt 1989

König, W. / Niedereichholz, J. (1986) : Informationstechnologie der Zukunft, Heidelberg, Wien 1986

Kolbinger, J. (1961): Das betriebliche Personalwesen, Stuttgart 1961

Kompa, A. (1984) : Personalbeschaffung und Personalauswahl, Stuttgart 1984

Kompa, A. (1989) : Assessment-Center, Bestandsaufnahme und Kritik, 2. Aufl., München 1989

Kossbiel, H. (Hrsg.) (1982) : Personalentwicklung, ZfbF Sonderheft 14, Wiesbaden 1982

Kraemer, W. / A.-W. Scheer (1991) : Wissensbasierte Problemlösungen für betriebswirtschaftliche Anwendungsgebiete, in : DBW, 51. Jg., Heft 2, 1991, S. 211 - 229

Krallmann, H. (1987) : Expertensysteme im praktischen Einsatz, Berlin 1987

Kreis, R. (1989) : Betriebswirtschaftslehre, EDV-orientierte Einführung, 2. Aufl., München, Wien 1989

Kruse, H.-G./ Frank, U. (Hrsg.) (1989) : Praxis der Expertensysteme, München, Wien 1989

Kurbel, K. (1989) : Entwicklung und Einsatz von Expertensystemen - Eine anwendungsorientierte Einführung in wissensbasierte Systeme, Berling, Heidelberg, New York 1989

Kurbel, K. (1990) : Entwicklung von Expertensystemen, in : Handbuch Wirtschaftsinformatik, Hrsg.: K. Kurbel/ H. Strunz, Stuttgart 1990, S. 481-502

Kurbel, K./ Pietsch, W. (1989) : Expertsystem-Projekte, Entwicklungsmethodik, Organisation und Management, in: IS, 12. Jg., 1989, Heft 3, S. 133-146

Lattmann, Ch. (Hrsg.) (1987) : Personal-Management und strategische Unternehmensführung, Heidelberg 1987

Lattmann, Ch./ Staffelberg, B. (Hrsg.) (1991) : Die Personalfunktion der Unternehmung im Spannungsfeld von Humanität und wirtschaftlicher Rationalität, Würzburg 1991

Lebsanft, E. W./ Gill, U. (1987) : Expertensysteme in der Praxis - Kriterien für die Verwendung von Expertensystemen zur Problemlösung, in : Expertensysteme: Nutzen für Ihr Unternehmen,(Hrsg. E. Savory), München, Wien 1987, S. 135 - 149

Leonard-Barton, D. / Suiokla, J. J. (1989) : Expertensysteme setzen sich durch, in : Harvard Manager, 11. Jg., 1989, S.98-106

Liebel, H. / Oechsler, W. A. (1987) : Personalbeurteilung, Neue Wege der Leistungs- und Verhaltensbewertung, Bamberg 1987

Luck, K. v. (Hrsg.) (1989) : Künstliche Intelligenz, Informatik-Fachbericht 203, 1989

Lutze, R. (1989) : Expertensysteme, Prinzipien, Verfahren, Sprachen, Werkzeuge, München 1989

Mag, W. (1986) : Einführung in die betriebliche Personalplanung, Darmstadt 1986

Marr, R./ Stizel M. (1979) : Personalwirtschaft - ein konfliktorientierter Ansatz, München 1979

Martiny, L. / Klotz, M. (1989) : Strategisches Informationsmanagement, München 1989

Mathis, R. L./Jackson, J. H. (1982) : Personnel, St. Paul, New York, Los Angeles, San Fransisco 1982

McCarthy, J. (1978) : "History of LISP", in : SIGPLAN Notices, 13, S. 217-223

McClelland, D. C./Atkins, J. W. et. al. (1953) : The Achievment Motive, New York 1953

Meier, H. (1991) : Personalentwicklung, Wiesbaden 1991

Meiritz, W. (1984) : Eignungsorientierte Personaleinsatzplanung, Frankfurt a.M. 1984

Mentzel, W. (1989) : Unternehmenssicherung durch Personalentwicklung, 4. Aufl., Freiburg im Breisgau 1989

Mertens, P. (1983) : Künstliche Intelligenz und Expertensysteme, in : WiST, 12. Jg., 1983, S. 628-631

Mertens, P. (1988) : Expertensysteme in den betrieblichen Funktionsbereichen, in : Betriebliche Expertensysteme I, (Hrsg.) A.-W. Scheer, Wiesbaden 1988, S. 29-66

Mertens, P. (1989a) : Expertensysteme, in : Handwörterbuch der Planung, 1989, Sp. 476-486

Mertens, P. (1989b) : Expertisesysteme als Variante der Expertensysteme zur Führungsinformation, in : ZfbF, 41. Jg., 1988, Heft 10, S. 835-854

Mertens, P. (1990a) : Einsatzpotentiale und Anwendungsklassen für Expertensysteme, in : Handbuch Wirtschaftsinformatik, (Hrsg.) K. Kurbel/ H. Strunz, Stuttgart 1990, S. 523-542

Mertens, P. (1990b) : Status der Einführung von Expertensystemen in die Praxis: Industrie, in : CIM-Management, Heft 5, 1990, KI-Report, S. 32-35

Mertens, P./ Allgeyer, K. (1983) : Künstliche Intelligenz in der Betriebswirtschaft, in : ZfB, 53. Jg., Heft 7, 1983, S. 686-709

Mertens, P./ Allgeyer, K./ Däs, H. (1986) : Betriebliche Expertensysteme in deutschsprachigen Ländern - Versuch einer Bestandsaufnahme, Erlangen 1986

Mertens, P./ Borkowski, V./ Geis, W. (1988) : Betriebliche Expertensysteme - Anwendungen, Berlin, Heidelberg, New York 1988

Mertens, P./ Borkowski, V./ Geis, W. (1990) : Betriebliche Expertensysteme - Anwendungen, 2. Aufl., Berlin, Heidelberg, New York 1990

Mescheder, B. (1985) : Prolog - Implementierungssprache der künstlichen Intelligenz, in : Künstliche Intelligenz und Expertensysteme, (Hrsg.) St. E. Savory, München, Wien 1988, S. 91-108

Meyer, B. E./ Schneider, H.-J./ Stübel, G. (1983) : Computergestützte Unternehmensplanung, Berlin, New York 1983

Middlemist, R. D./ Hitt, M. A./ Greer, Ch. R. (1983) : Personnel Management, Jobs, People and Logic, Englewood Cliffs, New Jersey 1983

Minsky, M. L. (1966) : Artificial Intelligence, San Francisco, London 1966

Minsky, M./ Papert, S. (1974) : Artificial Intelligence, Eugene,Oreggon 1974

Mülder, W. (1989) : Organisatorische Implementierung von Personalinformationssystemen, in : Handbuch der modernen Datenverarbeitung, Heft 149, 26. Jg.,1989, S. 25-39

Müller-Stewens, G./ Pautzke, G. (1989) : Führungskräfteentwicklung, organisatorisches Lernen und Individualisierung, in : Individualisierung der Personalwirtschaft, (Hrsg.) H. J. Drumm, Bern, Stuttgart 1989, S. 137-147

Neudecker, M. (1987) : Die innerbetriebliche Führungskräfteschulung - eine explorative Studie zu ihrer Effizienz, Berlin u.a. 1987

Neumann, B. (1982): Bildverstehen, in : Künstliche Intelligenz, (Hrsg.) Bibel, W. / Siekmann, J. H., Berlin, Heidelberg, New York, S. 285-356

Neumann, H.-W. (1984) : Entscheidungsunterstützung bei mehrfachen Zielen durch freie Algorithmenwahl im Computerdialog, Frankfurt/M., Bern, New York, Nancy 1984

Nilsson, N. J. (1980) : Principles of Artificial Intelligence, Palo Alto 1980

Noelke, U. (1985) : Das Wesen des Knowledge Engineering, in : Künstliche Intelligenz und Expertensysteme, (Hrsg.) St. E. Savory, München, Wien 1985, S. 109-124

Oechsler, W. A. (1988) : Personal und Arbeit, Einführung in die Personalwirtschaft unter Einbeziehung des Arbeitsrechts, 3. Aufl., München, Wien 1988

Oechsler, W. A./ Schönfeld, T. (1986) : Computergestützte Personalinformationssysteme, in : Die Betriebswirtschaft, 46. Jg., 1986, S. 720-735

Olfert, K./ Steinbuch, P. A. (1990) : Personalwirtschaft, 4. Aufl., Kiel 1990

Ortmann, G. (1984) : Der zwingende Blick - Personalinformationssysteme - Architektur der Diziplin, Frankfurt 1984

O'Shea, T./ Self, I. (1986) : Lernen und Lehren mit Computern, - Künstliche Intelligenz im Unterricht, Therwel 1986

Panse, W./ Müller, K.-D./ Schulz, P. (1983) : Betriebliche Personalwirtschaftslehre, 2. Aufl., Baden-Baden, Homburg 1983

Parsaye, K./ Chignell, M. (1988) : Expert Systems for Experts, New York, Chichester, Brisbane, Toronto 1988

Pinegger, T./ Dornhoff, P. (1990) : Sprachen und Werkzeuge für wissensbasierte Systeme, in : Handbuch Wirtschaftsinformatik, Hrsg.: K. Kurbel/ H. Strunz, Stuttgart 1990, S. 503-522

Pfohl, H.-Chr./ Braun, G. E. (1981) : Entscheidungstheorie - normative und deskriptive Grundlagen des Entscheidens, Landsberg am Lech 1981

Pfützner, R. (Hrsg.) (1988) : Taschenbuch Mensch und Arbeit, München 1988

Pleitner, H. J. (Hrsg.) (1986) : Aspekte einer Managementlehre für kleinere und mittlere Unternehmungen, Berlin 1986

Potthoff, E./Trescher, K. (1986) : Controlling in der Personalwirtschaft, Berlin, New York 1986

Puppe, F. (1986) : Expertensysteme, in : IS, Heft 1, 9. Jg., 1986, S. 1-13

Puppe, F. (1987) : Diagnostik-Expertensysteme, in : IS, 10. Jg., Heft 6, 1987, S. 293-308

Puppe, F. (1988) : Einführung in Expertensysteme, Berlin, Heidelberg, New York 1988

Rahmstorf, G. (Hrsg.) (1988) : Wissensrepräsentation in Expertensystemen, Heidelberg 1988

Rauh, M. (1985) : Expertensysteme für Praktiker heute und morgen, in: Wissensbasierte Systeme, GI Kongress 1985, (Hrsg.) W. Brauer, B. Radig, S. 246-256

Raulefs, P. (1982) : Expertensysteme, in : Künstliche Intelligenz, (Hrsg.) Bibel, W./ Siekmann, J. H., Berlin, Heidelberg, New York 1982, S. 61-99

Remer, A. (1978) : Personalmanagement, Berlin, Heidelberg, New York, 1978

Reminger, B. (1989) : Expertensystem zur Unterstützung der strategischen Technologieplanung, München 1989

Reusch, P. J. A. (1989) : Anwendungsbeispiele für Expertensysteme in der Personalwirtschaft, in : Die Personalführung, Heft 12, 1989, S. 1140-1144

Reusch, P. J. A. / Flottmann, J. / Schäper, W. (1991) : Personaldisposition mit Expertensystemen, in: Die Personalführung, Heft 6, 1991, S. 402 - 408

Rich, E. (1988) : Künstliche Intelligenz, Hamburg 1988

Richter, M. (1985) : Personalführung im Betrieb, München, Wien 1985

Richter, M. M. (1989) : Prinzipien der Künstlichen Intelligenz, Stuttgart 1989

Rischar, K. (1990) : Optimale Personalauswahl : mit Assessment-Center, Köln 1990

RKW-Handbuch (1990) : Personalplanung, 2. Aufl., Neuwied 1990

Rolle, G. (1988) : Expertensysteme für Personalcomputer, Würzburg 1988

Rumpf, H. (1979) : Personalbestandsplanung mit Hilfe von Fähigkeitsvektoren, Dissertation 1979

Rumpf, H. (1991) : Computergestützte Personalentwicklung, in : ZfP, 5. Jg., Heft 2, 1991, S. 141 - 147

Savory, S. (Hrsg.) (1987) : Expertensysteme : Nutzen für Ihr Unternehmen, München, Wien 1987

Scarpello, V. G./ Ledvinka, J. (1988) : Personnel/Human Resource Management, enviroment and functions, Boston 1988

Scheer, A.-W. (1985) : EDV-orientierte Betriebswirtschaftslehre, 2. Aufl., Berlin, Heidelberg, New York 1985

Scheer, A.-W. (1988a) : Wirtschaftsinformatik, Berlin, Heidelberg, New York, Tokio 1988

Scheer, A.-W. (Hrsg.) (1988b) : Betriebliche Expertensysteme I, Wiesbaden 1988

Scheer, A.-W. (Hrsg.) (1989) : Betriebliche Expertensysteme II, Wiesbaden 1989

Schefe, P. (1986) : Künstliche Intelligenz - Überblick und Grundlagen, Mannheim 1986

Schlageter, G./ Stucky, W. (1983) : Datenbanksysteme, Konzepte und Modelle, Stuttgart 1983

Schmidbauer H. (1975): Personal-Marketing, Essen 1975

Schmidhäusler, F. J. (1990) : EIS - Executive Information System - Zur Computerunterstützung des Topmanagements. in : ZFO, Heft 2, 1990, S. 118 - 127

Schmitt, P. H. (1987) : Vererbungshierarchien der Prädikatenlogik, in: Wissenspräsentation in Expertensystemen (Hrsg.) G. Rahmstorf, Berlin, Heidelberg, New York 1987, S. 79-97

Schnupp, P./ Leibrandt, V. (1986) : Expertensysteme, - Nicht nur für Informatiker, Berlin, Heidelberg, New York 1986

Scholz, Chr. (1989) : Personalmanagement, München 1989

Scholz, Chr. (1989b) : Einführung in das Personal Computing, Berlin, New York 1989

Scholz, Chr. (1991) : Personalmanagement, 2. Aufl., München 1991

Scholz, Chr. (1991b) : EDV im Personalwesen, in : ZfP, 5. Jg., Heft 2, 1991, S. 97 - 110

Scholz, Chr./ Baumann, H. (1989) : Die Verbreitung des Personal-Computers in der Personalabteilung. Eine empirische Bestandsaufnahme, München 1989

Schwetzler, B. (1989) : Mitarbeiterbeteiligung und Unternehmensfinanzierung, Wiesbaden 1989

Seitz, D. (1989) : Personalinformationssysteme, in : Handbuch Personalmarketing, (Hrsg.) H. Strutz, Wiesbaden 1989, S. 115-124

Shanahan, M./ Southwick, R. (1989) : Search, Inference and Dependencies in Artificial Intelligence, New York, Chichester, Brisbane, Toronto 1989

Sherman, A. W. / Bohlander, G. W. / Chruden, H. J. (1988) : Managing Human Resources, 8. Aufl., Cincinnati u.a. 1988

Shirai, Y./Tsujii, Jun-ichi (1984) : Artificial Intelligence, Concepts, Techniques and Applications, Chichester, New York, Brisbane, Toronto 1984

Simons, G. L. (1986) : Die fünfte Computergeneration, München 1986

Spang, St./ Kraemer, W. (Hrsg.) (1991) : Expertensysteme, Entscheidungsgrundlage für das Management, Wiesbaden 1991

Staehle, W. H. (1990) : Management, 5. Aufl., München 1990

Stehle, H. (1985) : Mitarbeiterbeteiligung - ein Mittel zur Leistungssteigerung und Unternehmensfinanzierung, Stuttgart 1985

Stoyan, H. (1988) : Programmiermethoden der Künstlichen
    Intelligenz, Berlin, Heidelberg, New York 1988

Strube, A. (1982) : Mitarbeiterorientierte Personalent-
    wicklungsplanung, Berlin 1982

Strunz, H. (Hrsg.) (1985) : Planung in der Datenverarbeitung,
    Berlin, Heidelberg, New York 1985

Strutz, H. (Hrsg.) (1989) : Handbuch Personalmarketing,
    Wiesbaden 1989

Struß, P. (1986) : Gibt es Expertensysteme ?, in : Computer-
    Magazin, 15. Jg., 1986, S. 49-53

Stuber, F. (1990) : KI in Standard-Software, in : HMD,
    Heft 154, 1990, S. 110-117

Szolovitz, P. (1987) : Expert System Tools and Techniques :
    Past, Present and Future, in : AI in the 1980s and Beyond,
    (Hrsg.) E. L. Grimson/ S. P. Ramesh, Cambridge,
    Massachusetts 1987, S. 46-74

Taylor, B. / Lippitt, G. L. (Hrsg.) (1975) : Management
    Development and Training Handbook, London 1975

Tietz, B. (1987) : Wege in die Informationsgesellschaft,
    Stuttgart 1987

Thuy, N. H. C. / Schnupp, P. (1989) : Wissensverarbeitung
    und Expertensysteme, München 1989

Thom, N. (1984) : Personalentwicklung als Instrument der
    Unternehmensführung, (Habil.-Schrift), Köln 1984

Turing, A. M. (1950) : Computing Machinery and Intelligence,
    in : Mind, 1950, S. 433-460

Wächter, H. (1979) : Einführung in das Personalwesen,
    Herne 1979

Wächter, H. (1981): Das Personalwesen: Herausbildung einer
    Diziplin, in : BfuP, Heft 5, 1981, S. 462-473

Wagner, D. (1989) : Organisation, Führung und
    Personalmanagement, Freiburg im Breisgau 1989

Wagner, D. (1991) : Cafeteria-Modelle in der
    Unternehmenspraxis, in : Die Personalführung, Heft 1,
    1991, S. 44-49

Waszkewitz, B. (1980) : Personalwirtschaft, Gernsbach 1980

Waterman, D. A. (1986) : A Guide to Expert Systems, Mass. 1986

Weber, J. (1991a) : Einführung in das Controlling, Teil 1 :
    Konzeptionelle Grundlagen, 3. Aufl., Stuttgart 1991

Weber, J. (1991b) : Einführung in das Controlling, Teil 2 : Instrumente, 3. Aufl., Stuttgart 1991

Wildemann, H. (Hrsg.) (1987) : Expertensysteme in der Produktion, München 1987

Wildgrub, W. (1986) : Neue Entwicklungen zum"Computergestützten Adaptiven Testen", in : Methner, H. (Hrsg.) : Psychologie in Betrieb und Verwaltung, Bonn 1986, S.103-107

Wilkens, D. C./Clancey, W. J./Buchanan, B. G. (1988) : Knowledge base refinement by monitoring abstract knowledge, in : knowledge Acquisation for knowledge-based Systems, (Hrsg.) B. R. Gaines/ J. H. Boose, London, San Diego New York, Toronto 1988, S. 183-195

Winograd, T. (1972) : Understanding Natural Language, Academic Press, New York 1972

Winston, P. H. (1987) : Künstliche Intelligenz, Bonn 1987

Wohlgemut, H. H. (1989) : Individual- und kollektivrechtlicher Arbeitnehmerdatenschutz, in : Handbuch der moderen Datenverarbeitung, Heft 149, 26. Jg., 1989, S. 62-68

Wunderer, R. (1983) : Entwicklungstendenzen im Personalwesen -Beurteilung aus theoretischer und prktischer Warte, in : DBW, 43 Jg., Heft 2, 1983, S. 217-236

Zelewski von, St. (1986) : Das Leistungspotential der Künstlichen Intelligenz, Bd. 1 - Bd. 4, Bonn 1986

Zelewski von, St. (1988) : Soziale Verantwortbarkeit des Einsatzes von "Künstlicher Intelligenz", in : WiSt, 17. Jg., 1988, S. 18-22

Zink, K. J. (Hrsg.) (1985) : Personalwirtschaftliche Aspekte neuer Technologien, Berlin 1985

Lebenslauf

Name	Albert Heinecke
Geburtsdatum	9.05.1959
Geburtsort	Peine
Familienstand	ledig; keine Kinder

Bildungsgang

Schule :

1966 - 1969	Grundschule
1969 - 1978	Gymnasium (Gymnasium Groß Ilsede)
Juni 1978	Abitur (Gymnasium Groß Ilsede)

Studium :

1.10.1979 - 19.12.1985	Studium der Informatik an der Technischen Universität Braunschweig
19.12.1985	Verleihung des Hochschulgrades "Diplom Informatiker" der TU Braunschweig, Fachbereich I
1.4.1986 - 21.10.88	Wirtschaftswissenschaftliches Aufbaustudium an der TU Braunschweig
21.10.88	Verleihung des Hochschulgrades "Diplom Wirtschaftsinformatiker" der TU Braunschweig, Fachbereich I

Wehrdienst

3.6.1978 - 30.9.1979

Berufstätigkeit

1.1.1982 - 30.9.88	wiss. Hilfskraft am Institut für Wirtschaftswissenschaften, Abt. Unternehmensführung der Technischen Universität Braunschweig
seit 1.11.88	wissenschaftlicher Mitarbeiter am Institut für Wirtschaftswissenschaften, Abt. Unternehmensführung der Technischen Universität Braunschweig

Auslandsaufenthalte

Oktober 1989	Durchführung eines Seminars für Führungskräfte am Institut für Wirtschaftsforschung und Management in Sofia, Bulgarien
Oktober 1990	Durchführung eines Seminars für Führungskräfte am Institut für Wirtschaftsforschung und Management in Sofia, Bulgarien